Global Trade English

2판

글로벌시대의
주요 국제비즈니스계약 포함

무역영어

오원석 · 이병문

三 英 社

[제2판] 머리말

저자는 과거 본서에 해당하는 "국제비즈니스영어(제3판)" 발행 후, 2015년 "글로벌 시대의 주요국제비즈니스계약 포함 무역영어"로 책명을 변경하여 신간으로 출간했으며 2019년 1판 4쇄까지 발행해온 바 있다.

이번 개정의 주요목적은 먼저 최근 개정된 정형거래조건에 관한 해석규칙의 반영에 있다. 즉, Incoterms 2020을 본서에 반영하여 실무가들로 하여금 무역서신, 무역계약서, 각종 무역결제 관련 서류 등의 작성에 유의토록 하였다. 두 번째는 그간 본서의 독자와 교강사들이 지적해 준 reader's friendly한 편집요구, 즉 독자들이 읽고 학습하기 편한 활자체와 여백 등을 고려하여 재편집을 시도하였다. 이를 통해 독자들로 하여금 좀 더 보기 편하고 효율적인 학습이 가능하도록 하였다. 세 번째는 그간 참고자료로 수록되었던 각종 무역서류를 현재 실무계에서 실제 활용하고 있는 서류들로 업데이트하여 보다 실무 현장에 가까운 학습이 되도록 하였다.

바라건대 본서를 활용하시는 독자와 교강사들에게 각종 수험시로, 업무지침서로, 그리고 각종 교육현장에서 충실한 교재로서의 역할을 충실히 다할 수 있다면 더 없는 영광일 것이다. 끝으로 최근 삼영사의 사장으로 부임하신 고성익 사장님께 심심한 감사를 전해드리고 싶으며, 고성익 사장님을 중심으로 출판사의 새로운 도약과 무궁한 발전을 기원한다. 그리고 항상 그러하였듯 원고정리와 교정 작업에 수고를 아끼지 않은 삼영사 편집부 여러분에게 감사의 말을 전한다. 아울러 이 책을 집필하는데 있어서 무역실무 관련 각종 서류의 취합 등에 수고를 해주신 김진규 관세사에게 고마움의 마음을 표하고자 한다.

2020. 2월

저자 씀

머리말

우리나라는 한국전쟁 이후 급격한 경제성장을 이룩하여 오늘날 글로벌화된 세계 경제환경하에서 가장 성공한 국가 중 하나로, 그리고 글로벌화 시대의 최대 수혜국 중 하나로 평가받고 있다. 이를 뒷받침 하듯 우리나라의 최근 무역점유율 순위는 중국, 미국, 독일 등에 이어 세계 8위를 차지하고 있고, 1인당 국민소득 수준도 3만달러에 육박할 만큼 세계 경제를 주도할 수 있는 경제대국의 자리를 확고히 하고 있다. 이는 우리나라가 최근 글로벌 세계경제 환경의 급격한 변화에 발빠르게 적극 대응한 결과라 할 수 있다.

그러나 저출산 고령화 프레임 속에서 최근 늘어난 가계부채와 취업난 등으로 내수가 크게 위축된 상황하에서 국가간 환율 전쟁으로 인한 수출부진을 극복하지 못할 경우 한국경제는 더 큰 위기에 처할 것으로 예측된다. 이러한 위기하에서 한국경제는 새로운 성장 동력의 점진적인 발굴과 국제거래 형태의 다변화에 보다 적극적인 대응이 필요한 시점이라 할 수 있다.

이에 본서는 글로벌 무역 및 통상 인력의 올바른 양성이라는 대의에 따라 물품이라는 유형재 중심의 기존 "무역영어"에서 다변화하는 무역거래형태를 반영코자, 국제대리점계약, 국제합작투자계약, 국제기술도입계약, 국제플랜트수출계약 등을 포함한 신 개념의 "무역영어" 서적을 출간하기에 이르렀다.

본서의 특징은 첫째, 구성을 크게 "무역통신문편"과 "영문계약편"으로 구분하였다. 먼저 무역통신문편에서는 계약당사자간 교환되는 각종 통신문을 위주로 집필한 반면, 영문계약편에서는 무역거래의 다변화에 따른 주요 국제비즈니스계약을 다루었다.

둘째, 무역통신문편의 내용을 실제 무역거래 절차에 따라 크게 계약체결이전단계, 계약체결단계와 계약이행단계로 구분하고, 현장에서 직접 쓰이는 각 단계별 통신문을 다루었다. 이를 위해 해당 통신문의 내용 구성을 도표화하고, 그 주요표현에 대해 다양한 예문을 제시함으로 학습 효과를 제고하였다.

셋째, 무역통신문의 전달 방법이 기존 우편 내지 FAX 방식에서 E-mail 등 전자적인 방식이 주로 사용되는 바, 우편, FAX 및 E-mail 등에 의한 방식별 작성법과

머리말

활용사례를 제시하였다.

넷째, 계약당사자간 교환하는 무역통신문 외에 운송, 보험, 결제 등에 사용되는 각종 무역서류의 예를 제시하고 작성법을 학습토록 하였다.

다섯째, 영문계약편에서는 무역거래 형태의 다변화에 발맞추어 5가지 주요 국제비즈니스계약을 중심으로 계약의 기본원리와 주요조항의 해설을 담고 있다. 이들 주요 국제비즈니스계약은 무역거래의 근간이라 할 수 있는 국제물품매매계약을 비롯하여 국제대리점계약, 국제합작투자계약, 국제기술도입계약, 국제플랜트수출계약 등을 포함하고 있다.

비록 본서의 내용이 다양한 무역거래에 수반되는 각종 무역통신문과 서류 및 계약서 등의 세부적인 내용을 모두 담고 있지는 않으나, 무역 분야에 입문하는 학생과 업계에게는 바람직한 참고서 역할을 할 수 있기를 바라는 마음이다. 마지막으로 이 책의 출간을 허락해주신 삼영사의 고덕환 사장님과 고성익 부사장님께 심심한 감사를 전하며, 원고정리와 교정 작업에 수고를 아끼지 않은 성균관대 정희진 박사과정에게 감사의 말을 전한다.

2015년 8월

저자 씀

Contents

〈무역통신문편〉

PART 1 무역통신문의 이해 / 19

Chapter 1 무역통신문의 의의 및 기초 / 20

Contents

PART 2 무역통신문의 작성과 실제 / 87

Chapter 1 무역거래절차의 개요 / 88

Chapter 2 계약체결 이전 단계의 무역통신문 / 97

Contents

Chapter 4 계약이행 단계의 무역통신문 / 171

Contents

〈영문계약편〉

Contents

Contents

무역통신문편

제1부 무역통신문의 이해

제2부 무역통신문의 작성과 실제

P · A · R · T 1

무역통신문의 이해

제1장 무역통신문의 의의 및 기초

제2장 무역통신문의 구성과 형식

CHAPTER 1

무역통신문의 의의 및 기초

I 무역통신문의 의의

개인간 우편서신을 통한 의사전달은 최근 정보기술의 비약적인 발달과 보편화에 따라 그 중요성을 잃어가고 있으며, 이는 전화 등을 포함한 유・무선 통신과 컴퓨터 통신수단에 의해 빠르게 대체되고 있는 실정이다. 한편 개인간의 의사소통이 아닌 영업에 관련된 상인간의 의사소통에 있어서도 간단한 사안은 전화 등을 통해 구두로 전달하여 해결하는 경우가 적지 않다. 그러나 영업의 경우는 아무리 사소한 것이라도 구두 약속만으로 거래를 성사시켜 이를 이행하고 마무리짓는 경우는 드물어 상인들은 통상적으로 정식 계약서를 작성하지는 않더라도 e-mail, fax, telex 등에 의한 최소한의 서면증거를 남겨둔다.

이는 첫째로, 당사자들 사이의 거래관계가 아무리 좋은 신의에 기반을 둔 것이라 할지라도 구두상으로 제반 세부사항이나 거래조건들을 분명히 하기 어렵기 때문이며, 둘째로, 거의 모든 영업에는 금전적인 또는 기타 첨예한 경쟁적 이해관계가 수반되기 마련이어서 미래에 발생할지 모르는 분쟁에 대비하여 당사자간 합의사항들을 구체적으로 문서화해둘 필요성 때문이다. 따라서 거래당사자들은 계약체결 이전부터 계약체결과 그 이행과 종료에 이르기까지 관련되는 모든 의사의 교환을 서면화된 문서로 남겨둠으로써 상대방과의 불필요한 오해나 분쟁을 미연에 방지하고, 원만한 거래관계를 지속하게 하는 역할을 한다 할 수 있다.

서면화된 통신문은 특히 외국에 있는 상인과의 무역거래에서 더더욱 중요하다 할 수 있는데, 이는 서로 다른 국가에 거주하고 있는 당사자간의 문화, 법,

관습, 언어 등의 차이가 국내거래와는 달리 보다 극명하기 때문이다. 이러한 외국 상인과의 무역거래에서 쓰이는 통신문을 **무역통신문**이라 하고, 이는 우편이나 인편으로 주고받는 서신뿐만 아니라 무역거래와 관련하여 일반 공중전화교통망(PSTN)이나 인터넷(Internet)을 통하여 송·수신되는 telex, fax, e-mail 및 EDI message 등 문자로 기록되는 모든 형태의 서신을 의미한다.

무역거래에서는 당사자간에 별도의 합의가 없는 한, 만국공용어라 할 수 있는 영어로 의사소통하는 것이 일반적이다. 따라서 **무역영어**라고 하면 외국과의 상거래에서 일어나는 통신에 사용되는 영어라고 할 수 있다. 그러나 외국과의 통신에서 사용되는 용어나 표현들은 우리가 일반적으로 인식하고 있는 뜻과는 특이한 의미를 지닌 것을 종종 보게 된다. 즉, 무역영어를 영어로는 Business English, Commercial English, Trade English 또는 Business Communication 등으로 표현하고 있다. 이를 우리말로 번역하여 상업영어, 무역영어, 상업통신문 등으로 부르고 있으나, 무역거래를 제외하고는 영문을 사용할 필요가 없기 때문에 우리나라의 입장에서 보면 '상업'이라는 포괄적인 용어보다 구체적인 무역이라는 용어가 보다 선명한 표현으로 여겨진다.

Ⅱ 무역통신문 영작의 기초

무역통신문 작성의 목적은 일방당사자의 의사를 상대방에게 정확하고 명료하게 **통지**하거나 **설득**하는 것이다. 그러나 수많은 유능한 무역업자들조차도 그러한 무역통신문의 작성을 시도할 때마다 영작문 자체에 대한 혼란과 어려움을 종종 호소한다. 이는 그들의 의사를 표현하는 영작에 있어 무엇을 말하고자 하는지와 어떻게 말해야 할지에 대한 혼란과 어려움에 기인하며, 실제 집필에 들어가서 부딪치게 되는 영문법 및 철자법 그리고 통신문의 형식에 관련된 혼란과 어려움에서 비롯된다.

훌륭한 영작은 기본적으로 전하고자 하는 의사를 분명히 하는 것이 중요하며, 이를 전달하는데 있어 통신문 작성시 그 개요를 어떻게 효과적으로 잘 짜느냐에 달려 있다. 다음은 효과적인 영작문을 위한 세 가지 기본단계(Prewriting, Writing, Revising)에 대한 개관을 서술하고자 한다.

1 ▸▸ 제1단계 : Prewriting

무역통신문 영작의 제1단계는 통신문을 작성하기 전 사전 준비단계(prewriting)로 통신문 작성의 목적을 확고히 하고 제2단계(writing)의 이행을 위한 자료수집의 단계이다. 즉, 무역통신문을 통해 이루고자 하는 목적의 설정과 그 목적을 어떻게 하면 이룰 수 있을지 결정을 해야 하는 단계인 것이다. 이를 세분화하여 순서대로 살펴보면 다음과 같다.

(1) Preparation

모든 효율적인 무역통신문 작성의 사전준비(preparation)는 스스로에게 다음의 질문을 던짐으로서 각 질문에 대한 명료한 대답을 줄 수 있어야 한다.

1. What is the purpose of this message? Why am I writing it?
2. Who is the audience? Whom do I want to influence?
3. What do I want to say? What is the scope of my project?
4. What result or action do I want?

첫 번째 질문은 무역통신문 작성의 주제를 확고히 할 것을 주문하는 질문으로, 실제 무역통신문의 작성에 앞서 무역통신문을 통해 얻고자 하는 목적(purpose)을 명료히 설정해야 한다. 이때 작성하고자 하는 무역통신문이 새로운 제품에 대한 안내서인지, 새로운 거래의 개설을 위한 거래제의서인지, 아니면 거래주문서인지 그 목적을 간단한 문장이나 문단으로 메모를 남기는 것은 목적의 설정에 많은 도움이 될 것이다.

두 번째 질문은 무역통신문을 읽는 독자를 바로 알 것을 요구하는 질문으로, 고객에 대한 올바른 이해는 효율적인 무역통신문 작성의 밑거름이 될 수 있다. 고객은 무엇을 알기를 원하고 있는지 정확히 인지해야 하고, 무역통신문을 접하고 난 후 무엇을 할 수 있게 될지를 파악해야 한다. 또한 나 자신을 고객의 위치에 두고 고객의 입장에 서서 내 주제를 바라보고 무역통신문 작성에 임해야 한다. 즉, 무역통신문의 주제에 대한 고객의 이해력의 정도와 전문성 등을 고려해야 하며, 고객이 알고자 하는 내용이 무엇인지 정확히 파악해야 한다.

세 번째 질문은 앞서의 두 질문과 밀접한 연관이 있는 것으로 무역통신문을 통해 **무엇을 말하고자 하는지** 그리고 **무역통신문 작성의 주제를 어디까지로 한정할 것인지**를 구체적으로 결정하기를 요구하는 질문이다. 무역통신문 작성에 앞서 독자가 알고자 하는 정보와 단지 알고 있으면 좋을 정보를 구별함으로서 무역통신문의 주제를 제한하여 구체화해야 하며 이에 초점을 맞추어야 한다.

마지막 질문은 무역통신문을 통해 이루고자 하는 **결과를 분명히 할 것**을 요구하는 질문으로 작성된 무역통신문은 고객에게 작성자가 원하는 것은 무엇인지 또는 고객이 어떠한 행동을 취해줄 것을 바라는지 명료히 서술해야 한다. 예를 들면, 만일 선적지연이 발생하고 선사에 이러한 문제에 대한 통신문을 작성해야 할 때, 작성자는 선적지연의 문제에 대한 조사만을 원하는지, 아니면 이에 대한 해결책 등을 요구하는지 정확히 서술할 필요성이 있다.

(2) Background Research

사전준비단계의 최초 세 가지 질문에 의해 요구되는 바를 충실히 이행하다 보면 어떠한 정보들이 무역통신문의 작성에 필요한지를 알 수 있게 되고, 이를 수집하여 취합하고 정리하는 것이 바로 **자료수집(background research)**의 단계이다. 무역통신문 작성에 필요한 자료의 양은 그 주제나 목적에 따라 단지 몇 분에서 몇 시간 또는 경우에 따라 몇 달이 걸릴 정도로 다양할 것이다. 따라서 경우에 따른 자료수집의 효율성 제고를 위해서는 도서관, 국내외 공공기관, 무역관련 지원단체 등에서 활용가능한 다양한 자료조사 방법들을 익혀야 할 필요가 있다.

한편 다양한 자료의 수집시 항상 유의할 점은 **정보의 정확성**에 있다. 이는 상사거래의 특성상 한두 가지의 사소한 실수도 고객으로 하여금 무역통신문 전체에 대한 신뢰성에 대한 의심을 유발할 수 있기 때문이다. 따라서 통신문 내용 중 물품에 대한 가격이나 전화번호 등의 숫자표기에서부터 회사 및 수신인 이름의 철자표기에까지 그 정확성에 만전을 기하여야 할 것이다.

2 ▸▸ 제2단계 : Writing

앞서 제1단계인 무역통신문 작성의 사전준비단계에서 우리는 무역통신문 작성의 목적을 명료히 설정하고 그 주제를 제한하여 구체화 했으며, 무역통신문을 읽는 고객에 대한 이해를 바로 하였고, 이를 통해 무역통신문 작성에 필요한 정보를 수집하였다. 이제 무역통신문 작성의 제2단계는 제1단계의 사전준비단계를 바탕으로 한 **무역통신문 초안의 구상과 집필의 단계**이다. 이를 세분화하여 순서대로 살펴보면 다음과 같다.

(1) Organizing

무역통신문 내용의 **조직(organizing)단계**에서는 제1단계에서 수집된 자료들을 무역통신문 작성의 목적에 맞게 조직을 한다. 만일 기계류의 조립에 대한 설명서를 작성코자 한다면 해당 기계가 어떻게 조립되는지 설명하기 위한 '단계별' 조립법을 선택하는 것이 보다 효율적일 것이다. 한편 특정 고객에 한하여 특별한 오퍼를 제안하고자 한다면 해당 오퍼의 가장 중요한 정보를 앞에 두고 기타 세부사항이 뒤따르도록 하는 것이 보다 효율적일 것이다. 결국 모든 무역통신문 작성의 목적은 보다 효율적인 의사전달을 위하여 어떻게 수집된 자료를 정리하고 조직해야 하는지에 대한 해답을 주고 있다 할 수 있다.

(2) Outlining

일단 무역통신문 작성을 위해 수집된 자료의 조직이 완료되면 이제 말하고자 하는 내용과 이를 서술하는 순서에 대한 **개요짜기(outlining)**에 들어간다. 개요짜기는 건물의 설계도나 청사진과 같은 역할을 하기에 글이 문장에서 문장으로, 문단에서 문단으로 논리적 전개를 하는데 상당한 도움을 주며 논리전개상 수집된 자료의 부족 또는 오류를 무역통신문 초안의 작성 이전에 드러나도록 한다. 따라서 개요짜기가 자세하면 자세할수록 무역통신문 작성을 보다 용이하게 한다 할 수 있다.

(3) Writing the First Draft

무역통신문 작성을 위한 개요짜기가 완성되면, 이제는 **무역통신문의 초고를 작성**한다(writing the first draft). 많은 수의 실무자들은 이 단계에서 일상적인 실수를 범하게 되는데 이는 무역통신문을 한번에 완벽하게 작성하려 하는 욕심에 기인한다. 다시 말해 영작의 완벽함에 너무 신경을 쓴 나머지 무역통신문을 작성하고 수정하고 조율하는데 상당한 시간을 낭비한다. 초고는 단지 완성된 글이 아닌 그 시작임을 기억해야 한다.

따라서 초고의 작성시 다양한 미사여구나 글의 배열에 신경쓰지 말고 가능한 간결하고 재빠르게 완성하여야 한다. 초고의 작성은 작성하고자 하는 무역통신문의 앞부분, 중간부분 또는 끝부분 어디에서 시작을 해도 상관이 없고, 초고의 작성과정 중 드러나는 논리의 결여, 정보의 불충분, 어색한 표현이나 올바르지 못한 문법 등의 문제는 퇴고의 단계에서 다루면 된다. 다만 초고를 작성하는 동안 항상 상대방을 염두에 두고 한다면 글의 초점을 유지하는데 도움이 될 것이다.

3 ▸▸ 제3단계 : Revising

무역통신문 작성의 마지만 단계는 완성된 초고를 수정하고 교정하는 **퇴고(revising)단계**이다. 퇴고단계는 가능하면 초고 작성 후 몇 시간에서 며칠간의 공백기를 두고 들어가는 것이 좋다. 그리고 그러한 퇴고의 과정은 작성자의 관점이 아닌 독자의 관점에서 퇴고의 절차를 밟으며, 가능하다면 작성된 초고를 제3자에 건네주어 그들의 의견을 묻는 것이 좋다. 이렇게 함으로써 보다 효율적으로 초고의 오류나 모순을 찾고 이를 수정하는데 도움을 줄 것이다.

(1) Revision Checklist

초고의 **퇴고단계에서 유의하여야할 사항(revision checklist)**은 다음과 같다.

우선 초고를 여러 차례 읽어 보도록 하되, 모든 것을 한번에 수정하려고 하면 안 된다. 초안상의 사실관계나 정보 등을 검토하고, 숫자 등의 수정시에는 초안상 다른 곳에 명기된 숫자와 모순되지 않게 일괄적으로 수정해야 한다. 그리고 글의 주제가 일관되도록 유지하고, 고객을 한 단계에서 다음 단계로 이끌어가면서 그 주제가 문단에서 문단으로 자연스럽게 전이되도록 한다. 한편 단락의 주제에 해당하는 문장은 고객에게 무엇이 논의되고 있는지에 대한 아이디어를 제공하도록 해야 하고 뒤따르는 문장들은 주제를 보다 상세히 설명한다.

한편 본문은 명확한지, 특별한 용어나 어구에 대해 정의를 해야 할 필요가 있는 것은 아닌지, 문장을 통한 설명이 완벽하게 이루어지고 있는지, 본문의 단일문장이나 단락에 너무나 많은 정보를 집약시키고 있는 것은 아닌지, 상대방에게 의도하는 주제가 명확하게 전달되고 있는지 검토해야 한다. 또한 문맥이 매끄러운지 살펴보면서 문장의 스타일이나 문법에 대한 오류가 있었는지 확인함과 동시에 과다하게 사용된 단어나 어구를 찾아서 제거하도록 한다.

그리고 너무나 짧은 단문들 또는 이와 반대로 너무나 길고 복잡한 장문들로 문장이 구성되어 있는 것은 아닌지 확인하여 이를 적절한 문장의 길이로 재구성하도록 한다. 마지막으로 무역통신문에 철자와 오·탈자, 구두점 표기상의 오류가 있는지 여부를 살펴보아야 한다. 이상의 퇴고시 유의하여야 할 사항들은 아래 "Ⅲ. 무역통신문의 작성요건"에서 보다 자세히 살펴보고 이를 훈련하는 기회를 가질 것이다.

(2) Check Your Tone

무역통신문의 작성시 유지하는 어조는 작성자가 상대방과 설정하고자 하는 관계에 중요한 영향을 끼친다. 어조는 무역통신문의 주제와 상황에 따라서 격식을 차린 또는 차리지 않은 것일 수도 또는 심지어 유머러스할 수도 있다. 가령, 금융기관, 기업임원, 이사회에 보내는 서신은 일반적으로 격식이 있는 그러면서도 상당히 보수적인 어조를 사용하는 반면, 판매촉진을 위한 서신에서는 고객과 보다 더 친숙하고 친밀감을 주기 위해서 일상적이면서도 재미있는 어조를 유지하는 것이 보편적일 것이다. 그러나 어느 효율적인 어조를 사용하든지 유의할 점은 부적절한 단어나 어구의 사용으로 원래 추구하던 어조에서 벗

어나는 우를 범하지 말아야 한다는 것이다.

예를 들어, 상당히 보수적인 고객에게 속어나 은어를 사용한다든지 또는 판매촉진을 위한 광고용 전단에 제품의 명세 등을 전문적인 용어를 빼곡히 사용하여 설명하는 것은 일관된 어조의 확립에 부정적인 영향을 끼치고 결과적으로 상대방과의 적절한 관계 설정에 도움을 줄 수 없을 것이다.

(3) Proofreading

일단 완성된 수정본은 이제 마지막의 세심한 **교정단계(proofreading)**를 거치게 된다. 이 단계는 미처 발견하지 못한 여기저기에 숨어있던 무역통신문 작성상의 내용상의 착오나 문서의 타이핑 과정상의 오·탈자 등을 찾아낼 수 있는 마지막 기회이기에 보다 꼼꼼히 읽어 보아야 할 것이다. 무역통신문 작성상의 사소한 착오로 후일 직면하게 될지 모르는 당황스러운 상황을 면하기 위해서라도 수차례에 걸친 세심한 교정에 유의하도록 하자.

Ⅲ 무역통신문의 작성요건

앞서 우리는 무역통신문의 효과적인 영작을 위한 세 가지 기본단계(Prewriting, Writing, Revising)에 대한 개관을 살펴보았다. 이러한 영작의 세 가지 기본단계의 궁극적 목적은 무역통신문의 2대기능인 **통지 또는 설득**을 효율적으로 달성하는데 있다 할 수 있다. 한편 이와 같은 목적을 달성하기 위해서는 기본적으로 앞서 언급된 무역통신문 영작의 세 가지 단계를 충실히 따라야 할 것이며 각 단계를 거치는 과정 중에 다음과 같은 무역통신문 작성을 위한 세부 요건을 항상 염두에 두어야 하는데, 이를 "무역통신문의 일반요건"과 "무역통신문의 문장구성상의 요건"으로 나누어 각 요건별 실제를 예를 들어 자세히 살펴보도록 하자.

1 ▸▸ 무역통신문의 일반요건

(1) 명료성(Clearness)

무역통신문에서 작성자의 의도를 수신인에게 명확하게 이해시키기 위해서는 그 내용이 **명료**해야 한다. 그러기 위해서는 구두점(punctuation), 단어(word) 등이 정확해야 하고, 또 표현이 구체적이어야(concrete) 하며 대명사(pronoun)나 관계대명사(relative pronoun)는 지칭하는 것이 명확해야 한다. 다음의 예를 보도록 하자.

예 1 : Pronoun

Jones & Co. maintain excellent relations with their New York distributors, but they are still not doing as much advertising as they expect them to do.

⇩ ⇩ ⇩ ⇩

Jones & Co. maintain excellent relations with their New York distributors, but the distributors are still not doing as much advertising as Jones & Co. expect them to do.

예 2 : Punctuation

Before you order your stock records should be checked.

⇩ ⇩ ⇩ ⇩

Before you order, your stock records should be checked.

예 3 : Concrete Expression

Thank you for your recent order.

⇩ ⇩ ⇩ ⇩

Thank you for your order No. 2031 of March 1.

예 4 : Words

We will send you by airfreight two cartons containing 20 sets of calculators.

⇩ ⇩ ⇩ ⇩

We will send you by airfreight two cartons each containing 20 sets of calculators.

(2) 간결성(Conciseness)

무역통신문의 작성자는 자신이 표현하고 싶은 내용을 최소한의 단어로 **간결**하게 기재하여야 한다. 이는 그 내용이 간결하지 못하면 수신인에게 지루함을 주게 되고 그렇게 되면 내용전달의 정확성과 설득력을 상실하게 되기 때문이다. 그러나 무역통신문의 내용이 지나치게 간결하게 된다면 때론 예의를 결하기 쉬우며 전달하고자 하는 내용이 불충분하기 쉬우므로 주의를 기울여야 할 것이다. 따라서 무역서신을 간결한 문장으로 작성하기 위해서는 먼저 생각을 정리하여 핵심을 잡고 이를 표현할 단어를 선정하여야 한다. 다음의 간결하지 못한 문장과 이를 간결한 문장으로 수정한 예를 보도록 하자.

예 1

With regard to the Letter of Credit, we have already instructed our bank to amend by cable.

⇩ ⇩ ⇩ ⇩

We have already instructed our bank to amend the Letter of Credit by cable.

예 2

Knowing that most workers today are eager for advancement on whatever kind of job they may take, I should like to inform you that in our company we promote all employees–even those who have not been with us for a very long period of time–just as soon as they have proved themselves

capable of doing a good job.

⇩ ⇩ ⇩ ⇩

Knowing that most workers desire advancement, we promote employees as soon as they prove capable.

※ *WASTEFUL EXPRESSIONS WITH CONCISE EQUIVALENTS*

as a matter of fact ················	in fact
at all times ················	always
at an early date ················	soon
at this time ················	now
at your earliest convenience ················	promptly
all the people who are interested ················	all interested people
according to Mr. Smith in the opinion of Mr. Smith ················	Mr. Smith says or thinks
due to the fact that ················	because
held a meeting with him ················	met him
for the purpose of getting ················	to get
in a position to do ················	can do
in compliance with your request ················	as requested
in the amount of ················	for
in the course of ················	during
in the event that ················	if
made the announcement that ················	announced
prior to ················	before
subsequent to ················	after

(3) 강력성(Forcefulness)

무역통신문이 강력한 호소력을 가지려면 첫째, 문장에서 사용되는 동사는 get, hold, keep, make, meet, put, run, set 및 take 등 일반적 행위동사(general action verb)가 아닌 구체적 행위동사(specific action verb)를 사용해야 한다. 둘째, 수동태 문장을 지양하고 가능한 한 능동태의 문장을 구사하도록 한다. 셋째, 동사뿐만 아니라 모든 단어는 구체적 의미를 가진 어휘를 사용하도록 노력해야 한다. 다음의 예를 살펴보도록 하자.

예 1

The market averages *were up* four points on Thursday

⇩ ⇩ ⇩ ⇩

The market averages *climbed* four points on Thursday.

예 2

The delivery of the stock certificates should *be accomplished* by you not later than noon, Thursday.

⇩ ⇩ ⇩ ⇩

You should *deliver* the stock certificates not later than noon, Thursday.

예 3

This contract *has a requirement* that it be signed by you by June 8.

⇩ ⇩ ⇩ ⇩

This contract *requires* your signature by June 8.

예 4

It is indicated that a diversification of products will *be begun* by this competitor.

⇩ ⇩ ⇩ ⇩

Apparently, this competitor will *begin to* diversify his products.

예 5

Your check will *be sent* upon receipt of the enclosed form.

⇩ ⇩ ⇩ ⇩

We will *send* your check when we receive the enclosed form.

2 ▸▸ 무역통신문의 문장구성요건

(1) 조직성(Organizedness)

무역통신문의 내용을 **조직적인 문장**으로 쓰면 상대방에게 작성자의 의도가 명료하게 전달되고 설득력도 갖게 된다. 그러기 위해서는 먼저 생각을 정돈하고 그 생각을 논리적 비약이 없도록 적절한 순서로 배열해야 한다. 다음의 비조직적인 서신을 조직적으로 재구성한 서신의 예를 살펴보도록 하자.

예 1 : 비조직적인 서신

Mr. Mark Armstrong
7 Dniper Road
Pittsburgh, Pennsylvania 15206

Dear Mr. Armstrong

Regarding Form 310D recently requested and received and properly completed with a view to our considering the waiver of premium payments under your policy, I am writing you.
As you are aware, an insured is allowed to apply for the waiver of premium benefit if he should become totally disabled. Your application was sent to our Medical Department which returned it to me.
Beginning with your July 5 premium payment for the above numbered policy No. 3980606, the company will waive payment. If your check for this payment has already been sent, a refund will be made in the near future. As long as you remain totally disabled as defined in the policy, the Disability Benefit Provision will be in force. And if these conditions are maintained, the company will waive payment of future premiums as they fall due. If you have any questions during your period of total disability, please let me know.

예 2 : 조직적인 서신

Mr. Mark Armstrong
7 Dniper Road
Pittsburgh, Pennsylvania 15206

Dear Mr. Armstrong :

Thank you for filling in the form requesting a waiver of your premium payments.
We have waived premiums on your policy beginning with your July payment. If you have already paid it, we'll refund it to you soon.
As long as you are totally disabled as defined in your policy, we will continue to waive payment.
Do you have any questions? If so, please let me know.

(2) 자연성(Naturalness)

무역서신의 내용은 **자연스러운 문장**으로 상대방과 이야기하듯이 써야 한다. 왜냐하면 무역서신의 내용에 진부하고 '상투적인 문구'(stereotyped phrase)를 사용하면 상대방에게 기계적인 편지의 인상을 주기 쉽기 때문이다. 그러므로 무역서신의 내용은 회화시 사용하는 용어나 표현을 씀으로써 상대방에게 기계적이라는 인상을 주지 않고 자연스럽고 따뜻한 느낌을 주게 하여야 한다. 다음의 상투적인 문장을 자연스러운 문장으로 수정한 예를 보도록 하자.

예 1

In the event that this does not meet with your approval, please notify this writer as to your wishes.

⇩ ⇩ ⇩ ⇩

Please let me know if you approve this.

예 2

Please endeavor to terminate the investigation as expeditiously as possible.

⇩ ⇩ ⇩ ⇩

Please try to end the investigation as soon as you can.

예 3

Thanking you for your kind attention to this order, we remain.

⇩ ⇩ ⇩ ⇩

We shall appreciate your careful attention to this order.

예 4

The writer wishes to acknowledge receipt of your letter.

⇩ ⇩ ⇩ ⇩

Thank you for your letter.

예 5

The favour of your early reply will be obliged.

⇩ ⇩ ⇩ ⇩

I shall be glad to hear from you soon.

(3) 친근성(Friendliness)

무역통신문의 내용은 항상 상대방에게 도움이 되려고 하며 관심을 갖고 있다는 것을 문장에 나타내야 한다. 이를 위해서는 가능한 한 부정적인 단어는 피하고 **긍정적 표현**을 하려고 애써야 한다. 다음의 예를 통해 긍정적인 표현법을 살펴보도록 하자.

예 1

Our office is closed after four o'clock.

⇩ ⇩ ⇩ ⇩

Our office is open until four o'clock.

예 2

If you neglect to return the dividend request form, the dividends will not be forwarded to you.

⇩ ⇩ ⇩ ⇩

If you send us the dividend request form, we will send your dividends to you.

예 3

I have no experience other than clerking in my fathers grocery store.

⇩ ⇩ ⇩ ⇩

Clerking in my father's grocery store for three summers taught me the value of serving people courteously and promptly.

예 4

To our regret we failed to receive your payment.

⇩ ⇩ ⇩ ⇩

Everyday we have expected your payment.

(4) 예의(Courtesy)

무역통신문의 내용도 중요하지만 상대방에게 불쾌감을 주지 않도록 **예의**를 꼭 지켜야 한다. 이를 위하여 서신에서 "your kind inquiry", "your esteemed order", "your valued custom"과 같은 상투적으로 공손한 문구를 사용할 것이 아니라 상대편의 요구에 진지하게 대하고, 속히 회신하며, 상대편의 의견을 존중하고 약속을 지키며 신뢰를 증진할 수 있도록 공손하고 자제하는 태도를 나타내야 한다.

예 1

You are requested to open an L/C in our favor immediately.

⇩ ⇩ ⇩ ⇩

Your prompt L/C in our favor would be much appreciated.

예 2

We are astonished at your news that you made a delay in shipment.

⇩ ⇩ ⇩ ⇩

We are sorry to hear that there was a delay in shipment.

예 3

You are requested to answer immediately without fail.

⇩ ⇩ ⇩ ⇩

Your prompt answer would be highly appreciated.

예 4

You have no right to be upset, for which we could not help the fact that our serviceman failed to correct the difficulty with your washer.

⇩ ⇩ ⇩ ⇩

Thank you for telling us about the continuing difficulty with your washer. Our serviceman will make additional repair without delay.

※ 아래와 같은 표현이 예의를 표시하는 데 자주 사용된다.

① We are pleased ..... ② I appreciate ..... ③ Thank you for ..... ④ Please let me know if ..... ⑤ Will you please ..... ⑥ May I ask you to ..... ⑦ It was nice of you to ..... ⑧ I am glad to ..... ⑨ I am sorry that ..... ⑩ We regret to say .....

3 ▸▸ 기타 문장 작성상의 요건

무역통신문의 작성시 무역통신문은 일반적인 요건과 문장구성요건 외에도 각각의 문장조직이나 내용을 작성하는데 있어 다음과 같은 문장작성상의 요건 또한 갖추어야 한다.

(1) 인칭대명사(Personal Pronoun)

무역통신문의 내용에 작성자가 때때로 개인적 책임을 피하기 위하여 "I believe" 대신에 "It is believed...", "We should appreciate..." 대신에 "It would be appreciated.."와 같이 'It'이라는 비인칭 대명사를 사용하는 경향이 있으나 **인칭대명사**를 사용하는 편이 긴밀한 상거래관계를 형성하는 데 도움이 된다. 따라서 근래에는 무역통신문의 내용에 개성을 강하게 풍기는 'You', 'We', 'I'와 같은 인칭대명사를 사용하는 경향이 증대되고 있다. 한편 인칭대명사 가운데도 'I'나 'We'보다 'You'를 사용하도록 하며, 또 **'You' attitude**를 갖도록 노력해야 한다. 다음의 비인칭대명사를 이용한 문장을 인칭대명사로 바꾸어 좀 더 친밀감 있는 문장으로 수정한 예를 살펴보도록 하자.

예 1

This is in reply to your letter dated on March 15, 2020.

⇩ ⇩ ⇩ ⇩

We are replying to your letter dated on March 15, 2020.

예 2

It is the understanding of a written that you are unable to make delivery within four weeks of order.

⇩ ⇩ ⇩ ⇩

I understand that you are unable to make delivery within four weeks of order.

예 3

It has been a pleasure to work mutually on this project.

⇩ ⇩ ⇩ ⇩

I have enjoyed working with you on this project.

예 4

It is very kind of you to say so.

⇩ ⇩ ⇩ ⇩

You are very kind to say so.

(2) 숫자표기법(Writing Numbers)

무역서신에서 숫자를 써야 할 경우 이를 아라비아 숫자 그대로 쓸 것인지 아니면 문자로 풀어 쓸 것인지 종종 주저하게 된다. 이 경우 **숫자표기법**은 10이하의 숫자는 문자로 풀어 쓰고 그 이상이 되면 아라비아 숫자를 그대로 쓰면 된다. 한편 0으로 이루어진 큰 숫자(예, 10,000)의 경우는 문자로 풀어쓰거나 아라비아 숫자와 문자의 조합으로 표기해도 무방하다.

예

- The letter was eight pages long.
- The company laid off almost two thousand workers.
- The insurance covers 352 married workers.
- The tanker held over 25 million (or 25,000,000) gallons of oil.

그러나 이 원칙에 예외가 있다.

첫째, 문장의 첫 머리에는 숫자를 쓰지 않는 것이 좋고, 문장이 하나 이상의 숫자를 포함하고 있는 경우 문장을 재구성하여 가능한 숫자가 먼저 나오지 않도록 한다.

예

Avoid: 43 people attended the conference.

Better: Forty-three people attended the conference.

Avoid: Twelve out of 15 employees preferred the shorter work week.

Better: The shorter work week was preferred by 12 out of 15 employees.

둘째, 숫자를 연속하여 사용해야 할 경우는 아라비아 숫자로 쓴다.

예

- We bought 24 sheets of music, 7 music stands, and 36 batons.
- The Boy Scouts brought in 25 pounds of newspapers, 5 used tires, and 9 bags of aluminum cans.

셋째, 일자와 연은 통상 숫자로 쓰며, 어느 달의 일자 표시가 전치사와 함께 표기되는 경우는 아라비아 또는 문자로 풀어쓴 서수로 표기한다.

예

We received a number of phone calls on January 22, 2020 (or 22 January 2020).

- Bills are sent on the second (or the 2nd) of March.

넷째, 주소의 번지는 숫자로 쓴다.

예

- 1476 Lynn Avenue
- 35 Eastcotes
- 10900 Ventura Boulevard

다섯째, 책의 장과 페이지는 숫자로 쓴다.

예

- Read from Part Ⅰ, Chapters 2 through 6, to Part Ⅲ.
- Check these names against those on pages 144 and 150.

여섯째, 소수점과 퍼센트는 숫자로 쓴다.

예

- The company borrowed $44 million at 10 percent interest.
- Sales have declined 2.5 percent over the past quarter.

일곱째, 기온과 A.M. 또는 P.M.으로 표시되는 시간은 아라비아 숫자로 표기하되 o'clock를 사용할 때는 문자로 쓴다.

예

- The freezer should be kept at 21° Fahrenheit.
- We will arrive at either 11:35 A.M. or 2:15 P.M.
- You are invited to attend a cocktail hour at five o'clock.

여덟째, 정확한 연령의 표시는 아라비아 숫자로 표기하되 대략적인 연령은 아라비아 숫자 또는 문자로 표기한다.

예

- At 41, Edgar Thornton is our youngest vice-president.
- Our computer is only 2 years and 7 months old.
- She is 33, and he is about 40.
- He is almost eighty.

아홉째, 용적, 중량, 거리 등은 아라비아 숫자로 표기한다.

예

- For this report, use paper that is 8⅕ by 11 inches.
- Each box weights 75 lbs. 4 oz.
- Using air freight, we can cut 7 miles out of the route.

열째, 금액은 기본적으로 아라비아숫자로 표기하되 명사를 꾸며주는 형용사가 금액으로 구성된 경우는 문자로 표기한다.

예

- The order costs $10.
- It costs £9 and sells for £15.
- This ten-dollar pen leaks.
- They charge a ten-cent fee.

(3) 구두점 표기법

① Period

Period는 문장의 끝에나 약자 뒤에 사용한다.

예

- We will ship your order on the third of each month.
- Ave. (Avenue)
- F.O.B. (free on board)
- M.B.A. (master of business administration)
- Nov. (November)

② Comma

Comma는 첫째, 일련의 항목들을 구분하여 열거하고자 할 때 (series commas) 사용된다.

예

- We learned how to use the keyboard, daisy wheel printer, and modem.
- We have five models : red, blue, yellow, green, and black.

둘째, 등위접속사(예: and, but, or, for, yet 등)에 의해 독립절을 대등하게 이어주고자 할 때(joining independent clauses) 사용된다.

예

- Please have Mr. Church reply by Thursday, and I will have his check ready for him.
- The meeting was canceled, for no one could get to the office.
  cf. 독립절이 너무 짧은 경우는 comma를 사용하지 않는다.
  예〉 Have him go ahead and I will follow soon.

셋째, 문장 내 중간에서 부차적인 설명이나 표현을 설명하고자 할 때(nonessential material) 사용된다.

예

- Sheila Brown, who was appointed director last year, has been recommended for membership in the local Jaycees.
- The Control Data order, the one we discussed, has been sent.
- The arrangements depend, of course, on the number of people coming.

넷째, 날짜, 주소, 서두인사(salutation), 결문인사(complimentary close), 이름과 그에 뒤따르는 직함 등 관용적으로(traditional comma uses) 종종 사용된다.

예

- We would like to set March 15, 2020, as our target date.
  cf. 연도의 표시 없는 달과 일자의 표시는 comma의 사용이 불필요하다.

예〉 The stock offering on May 10 was for 5,000 shares.

- You can write Mr. Jennings at 35 Eastcotes, Tile Hill, Coventry, CV4 9AL, U.K.
- Dear Mr. Beal,
- Sincerely yours,
- Bill Waters, Jr.
- Sarah Wellington, Ph.D.

③ Parentheses

Parentheses(괄호)는 그 괄호 안에 있는 단어를 제거해도 문장에 지장이 없는 경우로 문장의 의미상 필수적인 요소는 아니나 부차적인 정보를 제공하기 위해 사용한다.

예

- Our price(for the whole job) is U.S. $500.
- Our survey indicates a declining loss rates (see Figure 3).
- Benjamin Franklin(1706~1790) founded the Saturday Evening Post.

④ Apostrophe

Apostrophe는 소유격 및 복수의 표시 등에 사용된다.

예 1 : 소유격

- the president's opinion
- women's ready to wear
- the managers' staff
- Someone's ID card is here.
- Margo and Andrew's Office
- two week's pay
- a minute's work

예 2 : 복수

- How many 6's were in the problem?
- Do not use %'s in this letter; put in percentage's.

예 3 : 기타

- I've located the address.
- Mr. Hudson graduated in '39.

⑤ Colon

Colon은 첫째, equal sign(=)과 같은 뜻이며, 설명을 추가하거나 일련의 항목이 따라오는 문장 다음에 쓰인다.

예

- The countries which participated in the conference were the following: Peru, Yugoslavia, Jordan, and Greece.
- Three factors influenced our decision: an expended market, an inexpensive source of raw materials, and a ready source of labor.

둘째, 서신의 서두인사(salutation)나 시간을 표시할 때 사용된다.

예

- Dear President Field:
- 5 : 00 P.M.

셋째, 동격을 강조할 때 사용된다.

예

- Our progress is due to the efforts of one man: Mr. Jackson.

⑥ Semicolon

Semicolon은 첫째, 'and', 'but', 'nor', 'or'와 같은 등위접속사를 사용하지 않으면서 상반되지 않는 두 개의 독립절을 연결코자 사용되거나, 또는 두 개의 독립절을 'accordingly', 'however', 'for example', 'therefore', 'instead' 등 접속부사 앞에서 사용된다.

예

- People make history; unusual people make history interesting.
- Check off the items you wish restocked; leave blank those items you have in sufficient supply.
- Our hiring practices need to be improved; for example, we are not reaching the junior colleges.
- He received a copy of the complaint; he has suggested, accordingly, that his assistant look into the matter.

둘째, comma가 있는 series에서 set와 set사이에 사용된다.

예

- Follow this procedure: first, get your application forms; next, fill them out; last, pay the charges.

⑦ Dash

Dash는 문장 내에서 화자의 생각의 단절을 표시하기 위해서 또는 동격을 강조하거나 동격이 Comma를 포함하고 있을 때 사용된다. Dash는 그 길이가 Hyphen보다 길다.

예

- Call John—he will be back on Thursday—and have him look at this.
- During my vacation—I must have been insane—I decided I would ski.
- Money, fame, power—none of those things is important without

health.

- All Mr. Gray's belonging—his house, his car, and even his clothes—were seized by his creditors.

⑧ Hyphen(**연자부호**)

Hyphen은 첫째, 복합단어에 쓰인다.

예

- mother-in-law, self-conscious, commander-in-chief

둘째, 형용사 역할을 하는 21부터 99까지의 복합숫자 또는 분수에 쓰인다.

예

- forty-five slides
- sixty-two tallies
- a three-fifths majority

cf. three fifths of the stockholders ("three fifths" is a noun)

셋째, pre-, re-, anti-, ex- 등의 접두어를 포함한 단어에 쓰인다.

예

- pre-existing, re-educate, anti-intellectual, ex-wife

넷째, 명사 앞에서 이를 꾸미는 복합형용사에 쓰인다.

예

- an up-to-date record, a page-by-page description

다섯째, measurement와 degree를 나타낼 때 쓰인다.

예

– a twenty–inch board, a ten–day cruise, far–reaching, full–time job

⑨ Underlining

Underlining은 첫째, 책, 잡지, 신문, 영화, 연극 외 기타 정기간행물의 고유명사 밑에 쓰인다. 따라서 Underlining시 정관사 a, an, the가 고유명사의 일부가 아닌 경우 정관사 아래 Underlining은 생략된다.

예

– I read that article you recommended in The Saturday Review.

– I read "The President's Dilemma" in the Chicago Tribune.

둘째, 내용을 강조해야 할 경우에 쓴다.

예

– Because of the firm's record, I recommend we extend credit.

셋째, 일상적이지 않은 외국어 단어를 문장에서 써야 할 경우에 사용된다.

예

– He submitted his brief to the court, acting as amicus curiae.

– The early corporation believed in caveat emptor — "let the buyer beware!"

CHAPTER 2

무역통신문의 구성과 형식

I 일반서신

1 ▸▸ 일반서신의 구성요소

(1) 기본요소(Basic Parts)

무역서신의 작성에서 반드시 갖추어야 할 구성요소를 **기본 요소(Basic Parts)**라고 한다. 이러한 요소에는 다음과 같은 것이 있다.

i) **Heading or Letterhead** : Heading 또는 Letterhead(서두)는 대부분의 회사가 인쇄하여 사용하고 있으며, 여기에는 회사명, 주소, 우편사서함, 팩시밀리번호, 전화번호, 홈페이지 및 이메일주소, 상표, 지점망 등을 표시한다.

예

SK

SK Networks, Global Business Divisional Group,
199-15, Euljiro-2Ga, Jung-Gu, Seoul, 100-192, Korea
Tel: +82-2-2221-2449 Fax: +82-2-2221-0319 Home Page: www.sk.com

ii) **Dateline** : Date는 연, 월, 일로 구성되며 통상 Letterhead가 인쇄된 서

신용지의 Letterhead 아래 중앙이나 중앙우측에 기재한다. 이러한 Date는 문서의 작성일자를 의미하며 가능한 한 우체국의 소인일자와 일치하도록 문서의 작성당일 내지 작성 후 이른 시일 내에 발송하도록 하는 편이 좋다. Date를 표기하는 방법은 영국식과 미국식이 있으며, 월이나 연은 약자를 피하는 것이 좋다(특히 May, June, July는 어떤 경우에도 약자를 쓰지 않는다). 미국식은 월·일·연의 순으로 일은 숫자만 쓰고, 영국식은 일·월·연의 순으로 일은 서수로 쓴다. 어느 경우에나 연의 앞에는 콤마를 사용한다.

예

- 미국식: April 22, 2020; January 10, 2020
- 영국식: 22nd April, 2020; 10th January, 2020

  cf. 잘못된 표기: April 22nd, 2020; Jan. 10, 2020

iii) **Inside Address** : Inside Address(수신인 주소)는 항상 봉투와 일치하여야 한다. 이는 봉투가 파손되어도 수신인을 확인할 수 있고 발신인이 편지를 발송하고 난 뒤 언제라도 편지 copy로 수신인을 확인할 수 있는 등 몇 가지 이점을 갖고 있기 때문이다.

이러한 Inside Address는 Dateline의 2-3행 아래의 좌측 여백에 통상 3-4줄로 기재한다. 첫줄에는 수신인명(수신인이 두 사람 이상인 경우 알파벳순으로 행을 바꾸어 기재)과 수신인의 공·사 직함, 두 번째 줄에는 사내 부서명, 세 번째 줄에는 회사명, 네 번째 줄에는 번지수, 그리고 마지막 줄에는 도시명, 주명, ZIP Code, 국명을 기재한다. 그러나 수신인을 모르고 회사 앞으로 발송할 때는 수신인명 없이 기재한다.

예

- Mr. Alfred McKenna, Treasurer
  Finance and Accounting Department
  Warren, Hanson & Associates
  459 Third Avenue
  New York, New York 10017, U.S.A.

– Ms. Carroll Peresnell
Mr. Norm Zuefle
Direct Sales Department
CNA Insurance Co.
414 North State Street
Los Angeles, California 90099, U.S.A.

개인적 직함은 남자의 경우 Mr.(Mister의 약자)와 여자의 경우 Miss(미혼여성), Ms.(미혼인지 기혼인지 불확실하거나 수신인이 그렇게 호칭해 주기를 원할 경우), Mrs.(기혼여성), Madam(미혼 및 기혼 여성 모두사용) 등이 일반적으로 사용된다. 또 영어의 Mister에 해당되는 불어 Monsieur는 단수형으로는 사용되지 않으며 복수형인 Messieurs도 약어인 Messrs.로만 사용된다. 회사명이 인명만으로 되어 있을 경우에는 Messrs.를 사용하지만 인명으로 되어 있어도 주식회사를 나타내는 단어가 있으면 Messrs.를 사용하지 않는다. 또 박사학위 소지자의 이름 앞에 Doctor, 대학교수나 전직교수의 이름 앞에 Professor, 성직자의 이름 앞에 Reverend, 전직고관, 국회의원, 외교관의 이름 앞에 Honorable, 대통령이나 왕의 이름 앞에 Excellency를 사용한다.

한편 공적 직함은 이름 뒤에 Comma를 한 후 기재하며 약자를 사용하지 않는다. 그러나 이름을 사용하지 않고 직함만을 기재한 경우에는 그 직함에 정관사 'the'를 붙인다.

iv) **Salutation** : Salutation은 서두인사로서 그 다음에 사용하는 구두점은 항상 Colon을 사용한다. 그러나 종종 영국에서는 Colon 대신에 Comma를 사용하기도 한다. 서두인사는 수신인 주소의 2행 아래 좌측에 기재하는 것이 일반적이며 가장 일반적인 서두인사는 다음과 같다.

예

Dear Sir(s): (영국에서는 Dear Sir(s),)　Gentlemen:
Dear Mr. Wilkes:　My dear Sir:
Dear Dr. Hartman:　My dear Mary:

Dear Don:

Dear Mr. and Mrs. Smith:

Salutation을 기재할 때 유의해야 할 점은, 첫째 Gentlemen은 단수를 쓰지 않기 때문에 단수를 써야 할 경우에는 Dear Sir나 Dear Mr. Hartman과 같이 표현해야 하며, 둘째 수신인의 이름을 알고 있을 경우에는 항상 Dear Mr. 다음에 이름을 사용하는 것이 친밀감이 있다. 이름을 사용할 때는 성(family name)만을 써야 하며 Dear Mr. John Smith라고는 쓰지 않는다. 여성의 경우에는 Dear Madam 혹은 My dear Madam이라고 표기한다. 여성의 복수는 Dear Mesdames를 사용한다. 그러나 친구에게 편지할 경우에는 Dear John과 같이 First Name을 사용하기도 한다.

v) **Body of Letter** : Body of letter(본문)은 서신의 주요 내용을 명기하는 무역서신의 중심부분이다. 이것은 보통 Salutation으로부터 두 줄 아래에서 typing을 시작한다. 이 때 본문작성은 도입단락(opening paragraph), 중간단락(middle paragraph), 종결단락(closing paragraph)으로 구성된다. 도입단락은 간결해야 하고 또 서신의 주제를 소개한다. 중간단락은 용건을 설명하고 발신인이 원하는 바를 수신인에게 설득해야 한다. 종결단락은 전할 용건을 요약하고 원하는 바를 분명히 하며, hoping, wishing, trusting과 같은 유약한 단어를 피하고 "We feel certain that you will agree to our proposal"과 같은 자신 있는 표현을 쓰는 것이 좋다.

본문 작성시 편지지가 1장 더 필요할 경우 다음과 같은 추가 편지지의 letterhead의 아래에 수신인의 성명, 페이지 일련번호, 일자를 한 줄로 또는 줄을 바꾸어 기재한다.

예

- Ms. Carroll Presnell, 2 March 4, 2020
- Ms. Carroll Presnell
  Page 2
  March 4, 2015

vi) **Complimentary Close** : Complimentary Close(결문인사)는 본문에서의 끝인사와는 별도로 상대방에게 경의를 표하는 의례적인 인사말로서 본문의 아래에 작성된다. Complimentary Close의 첫 글자는 대문자로 쓰고 끝에는 Comma(쉼표)를 사용하며 그 내용은 다음과 같은 여러 경우에 따라 달리 기재된다.

첫째, 낯선 사람에게 발송하는 경우

예

- 미국식: Yours truly, Truly yours, Yours very truly, or Very truly yours,
- 영국식: Yours faithfully, Faithfully yours, Yours very faithfully, or Very faithfully yours,

둘째, 개인적으로나 업무상 잘 아는 사람에게 발송하는 경우

예

- Sincerely, Yours sincerely, Sincerely yours, Cordially, Yours cordially, Cordially yours, Yours gratefully, Gratefully yours,

셋째, 격식을 차리며 높은 경의를 표하고자 하는 경우

예

- Yours respectfully, Respectfully yours,

넷째, 오랜 기간의 영업 관계를 맺어온 동업자나 동료 등에게 비공식적이면서도 우호적인 서신을 발송하고자 하는 경우

예

- As ever, Best regards, Kindest(Warmest) regards,

한편 아래와 같은 과장된(stilted) 또는 애교넘치는 결문(cute closings)은 피하는 것이 좋다.

예

– Yours in haste, Yours till the cows come home, Your obedient servant,

| 서두인사와 결문인사의 연계 |

Salutation	Complimentary Close
Sir Dear Sir My dear Governor Hutch Madam My dear Madam Sirs Dear Sirs Mesdames	미국식: Yours truly, Truly yours, Yours very truly, or Very truly yours, 영국식: Yours faithfully, Faithfully yours, Yours very faithfully, or Very faithfully yours, 높은경의: Yours respectfully, Respectfully yours,
Dear Fred Dear Mary Dear Jones	Sincerely, Yours sincerely, Sincerely yours, Cordially, Yours cordially, Cordially yours, Yours gratefully, Gratefully yours, 그 외 아주 친근한 경우: As ever, Best regards, Kindest(Warmest) regards,

vii) **Signature** : Signature(서명)은 서신의 책임자를 표시하는 것으로 Complimentary Close 아래 적어도 2-3행을 띄워 쓴다. 서명은 반드시 친필로 하며, 위조하기 어려우면서도 판독하기 쉽게 기재하는 것이 좋고, 서명과 함께 삽입되는 발신인의 성명 및 직함과 회사명은 회사의 정책이나 Letterhead의 인쇄내용에 따라 다음과 같이 생략되기도 하고 그 위치가 달리 기재된다.

첫째, 발신인의 성명과 직함이 이미 Letterhead에 나타나 있을 경우

예

Sincerely yours,

M. Carter

둘째, 발신인의 성명과 직함이 Letterhead에 나타나 있지 않을 경우

예

Sincerely yours,

R. Porter

Ronald F. Porter
Office Manager

셋째, 회사명을 서명란에 기재코자 하는 경우

예

– Sincerely yours,
THE GREEN COMPANY

I. P. Ratner

Irene P. Ratner
Office Manager

– Sincerely yours,

I. P. Ratner

Irene P. Ratner
Office Manager
THE GREEN COMPANY

넷째, 대리서명자가 서명한 경우(위임장에 의하여)는 회사명 또는 서명권자의 이름 앞에 P.P.를 붙인다.

예

Sincerely yours,
P.P. DELAWARE SAVINGS AND LOAN ASSOCIATION

Elizabeth Moore

Elizabeth Moore
Vice President

다섯째, 대리서명권이 없는 자가 서명할 경우 서명권자의 이름이 기재되지 않을 시는 서명자 앞에 By, Per를 붙이거나 회사명 앞에 For를 붙이는 반면, 서명권자의 이름이 기재되는 경우는 서명권자 앞에 For를 붙인다.

예

– Yours truly,
CLAYBORN & RESTON FURRIERS, INC.

By *Carol Walnum*

– Yours truly,
For CLAYBORN & RESTON FURRIERS, INC.

Carol Walnum

– Yours truly,

J. Walter

For Carol Walnum

Associates
CLAYBORN & RESTON FURRIERS, INC.

(2) 부수적 요소(Supplementary Parts)

무역서신의 기본적 요소 이외에 경우에 따라 필요한 요소를 **부수적 요소**라 한다. 이러한 부수적 요소에는 다음과 같은 것이 있다.

i) **Reference Number** : Reference Number(참조번호)란 서신을 발송하거나 수신할 때 왕복문서를 참조하는 경우 또는 문서보관상의 편의를 위해 기재하는 기호나 번호를 말한다. 이는 Date 또는 Inside Address의 윗부분에 기재되며 다음과 같이 표시한다.

예

– Your Ref. 401　　　　　Our Ref. F-301

ii) **Attention Line** : Attention Line[주목형(참조인)]은 무역서신이 특정인이나 특정부서 앞으로 발송될 때 이를 명시해 주는 것을 말한다. Attention Line은 특정인이 부재시에도 그 서신은 개봉되어도 좋음을 의미하기도 한다. 이것은 통상 Inside Address와 Salutation 사이에 Colon(:)과 함께 기재하며 위치는 Inside Address에서 두 줄 아래에 Salutation에서 두 줄 위에 오도록 한다.

예

– J. Smith & Co., Inc.
558 South Water Street
St. Louis, Missouri 64744, U.S.A.

Attention: Mr. John Smith

Dear Sirs,

Attention Line에 주의할 것은 특정인을 명기할 경우에도 그 서신이 회사 앞으로 발송될 경우에는 Salutation은 복수형을 취한다.

iii) **Subject Line** : Subject Line(표제명)은 무역서신의 주 내용을 요약하여 표시하므로 수신인이 쉽게 주 내용을 알 수 있도록 하는 데 목적이 있다. 무역서신의 형식에 따라 그 위치는 다르나 Semiblock Style에서는 Subject Line을 수신인 주소의 마지막 줄 오른편에 기재하지만 Block Style이나 Modified Block Style에는 수신인 주소와 서두인사 사이에 기재한다. 'Subject'란 용어는 표기하지 않고 Underline을 사용하는 것이 일반적이며 Subject Line 앞에 Telex문을 제외하고는 'Re' 또는 'In'을 사용하지 않는 편이 좋다.

예

– Recon Distributors, Inc.
118 West Olive Street
Macon, Georgia 31207, U.S.A.

Invoice # 186846

Gentlemen :

iv) **Stenographic Line or Initials** : Stenographic Line or Initials(식별기호)는 무역서신의 서명인과 Typist의 책임을 밝히기 위하여 이들의 이름 첫 글자를 기재해 둔다. 서명자의 이름의 첫 글자를 먼저 기재하고 Colon(:)이나 Slash(/) 표시를 한 다음 Typist의 이름 첫 글자를 기재한다. 한편 서신의 기안자와 서명자가 다른 경우는 서명자, 기안자, Typist의 순으로 Initials를 기재한다. Initials의 표기는 서명의 위치보다 2-3행 아래 좌측 여백에 맞추어 기재한다.

예

– Yours truly,

Sylvia G. Ryder

Sylvia G. Ryder

SGR:ih (or SGA/ih)

– Yours truly,

Sylvia G. Ryder

SGR:FRG:rs (or SGR/FRG/rs)

v) **Enclosures** : Enclosures(동봉물)은 무역서신 외에 Offer-Sheet, Catalogue 등 기타 동봉하는 서류가 있을 경우에는 수신인에게 동봉물이 있음을 알려 줄 필요가 있다. Enclosures의 내용은 표시하지 않고 Enclosures 숫자만을 알려 줄 수도 있고 동봉물 내용을 표시할 수도 있다. Enclosure는 Initials 아래에 기재한다. 동봉물이 하나인 경우에는 Enc. 또는 Encl.를, 동봉물이 두 가지 이상인 경우에는 Encls. 또는 Enclos.를 사용한다.

예

- Enclosures 2 or Encls. 2
- Encls. offer-sheet No.9610 and proforma invoice # 59

vi) **Copies or Carbon Copies** : Copies 또는 Carbon Copies(사본송부 표시: 약어로 Cc or CC)는 발송한 서신을 수신자 외에 대리점이나 또는 특정부서 및 특정인에게 배부할 필요가 있을 때 배부처나 배부인을 표시하는 방법이다. Copies는 통상 Encl. 아래에 기재하며 P.S.가 없을 경우 서신의 마지막 부분이 된다.

예

- Copies to: Mrs. Patricia Marlow
- C.C.: Mr. John Jones

vii) **Postscript** : Postscript(추신)은 서신의 본문을 쓰고 난 뒤 전달할 내용이 누락되었거나 또는 전달할 내용이 생겼거나 새로운 정보를 입수했을 경우 Copies 다음에 표시한다.

예

- P.S. Please send samples before September 2, 2020.

2 일반서신의 형식

유명한 서신작가 Chesterfield 경은 "형식은 사고(思考)의 의복이다."(Style is the dress of thoughts)라고 말했다. 이것은 무역서신의 내용과 외관이 좋아야 한다는 의미다. 왜냐하면 서신을 아무리 잘 썼다 해도 서신의 외관에 따라 그 효과를 높일 수도 있고 경우에 따라서는 줄일 수도 있기 때문이다. 즉, 경우에 따라서 문체에 의하여 생기는 서신에 대한 첫 인상이 수신인으로 하여금 부정적인 반응을 유발시킬 수 있다. 아래에서는 서신의 구성요소의 배열형식과 구두점의 사용방법에 따른 일반서신의 여러 형식의 차이점을 먼저 살펴보고 봉투(Envelope)의 작성에 관한 것도 서술하도록 한다.

(1) 서신의 배열형식

서신의 배열형식은 크게 둘로 나눌 수 있는데, 그 하나는 Block Form(수직식)이고 다른 하나는 Indented Form(경사식)이 있다. Block Form은 다시 Full Block Style(전수직식), Modified Block Style(수정수직식), Semi-block Style(반수직식) 등이 있고, Simplified Style(간이식)이라는 특이한 것이 있다.

i) **Full Block Style** : 인쇄된 Letterhead를 제외하고 서신의 모든 구성요소를 좌측 여백에 수직으로 배열하는 것으로 typing하기 쉬우나 서신의 전체가 좌편으로 치우쳐 있어서 균형이 잡히지 않는 경향이 있다.

예

① Letterhead
② Date
③ Inside address
④ Salutation
⑤ Body of letter
⑥ Complimentary close
⑦ Signature
⑧ Initials

James M. Reid Company

Cooper Hill Road, Ridgefield, Connecticut 06877

September 3, 2020

Mr. Robert
1646-333rd Avenue
San Francisco, California 94122

Dear Bob:

As you asked, I am writing you in the most modern of the letter layouts the block form. It is still fairly rare in business but is gaining in popularity because it is easy and fast for the typist.
As you can see, everything is flush left on the margin. Notice that the letter is single spaced, even though it is quite shorter than double spaces between paragraphs.

Sincerely,

J. M. Reid

James M. Reid
Co-author, Effective Letters

MR : 1h

ii) **Modified Block Style** : Full Block Style의 서신 구성요소 가운데서 Date와 Complimentary Close 및 Signature는 지면의 중간 부분에서 시작해서 우측 여백에 typing하고 다른 요소와 본문은 그대로 두는 서식을 말한다. 이것은 지면의 균형이 잡혀 보이고 typing하기도 편리하기 때문에 현재 가장 인기 있는 형식중의 하나이다.

예

① Letterhead
② Date
③ Inside address
④ Salutation
⑤ Body of letter
⑥ Complimentary close
⑦ Signature
⑧ Reference No.
⑨ Initials
⑩ Enclosures
⑪ Copies

COPPER MATERIALS, INC.

Post Office Box 3274 Scottsdale, Arizona 85384

Your Ref.5-364 June 15, 2020

Mr. Carl F. Johnson
Johnson Hardware Store
Post Office Box 347
Denver, CO. 80223

Dear Mr. Johnson:

The nationally advertised copper ice buckets you ordered should reach your store within the week.
Because of your prompt payment habits with your other suppliers, you may pay according to our usual terms: 2/10, n/30. Pay by June 25 if you wish to take advantage of the cash discount on this order; otherwise, by July 15. The normal markup on these eye-catching ice buckets is 43 percent. For similar copper items that should sell rapidly during the summer months, see the enclosed brochure.

Cordially,

K. Todd

Keeman Todd
Sales Manager

KT: ph

iii) Semi-block Style : 서신의 구성요소를 배열하는 형식은 Modified Block Style과 같으나 본문 작성시 매 paragraph를 시작할 때 좌측 여백에서 2-5자 정도 띄우고 시작하며 그 paragraph의 둘째 줄부터는 좌측 여백에 맞추어 배열하는 형식을 말한다. 이 형식은 각종 교과서나 잡지, 신문 등에 사용되고 있기 때문에 가장 익숙한 형식이지만 typing할 때 매 paragraph마다 2-5자씩 일정하게 띄우는 것을 유의하여야 하는 번거로움이 있어 점차 Modified Block Style을 선호하는 경향이 있다.

예

① Letterhead
② Date
③ Inside address
④ Salutation
⑤ Body of letter
⑥ Complimentary close
⑦ Signature
⑧ Reference No.
⑨ Initials
⑩ Enclosures
⑪ Copies

BOOZ ALLEN & HAMILTON INC.

THREE FIRST NATIONAL PLAZA · CHICAGO, ILLINOIS 60602 · TEL:(312)346-1900

June 15, 2020

Mr. Frank L. Roberts, Manager
140 Michigan Street
Providence, Rhode Island 02908

Dear Mr. Roberts:

We are very pleased to have an opportunity to make comments on the Semiblock Style with Mixed Punctuation, which has become one of the most popularly used styles of arranging business letters among the students learning Business English.

One day we asked the instructor of Business English to give an assignment, i.e., "Write a letter with the form which you like best." The result was that 65% of the total students in the class wrote letters with this style.

The students recommended this style for the following reasons :

1) This style is the best combination of strongpoints from both the block style and the indented style.
2) They are accustomed to the indentation of the body of the letter, because their textbooks, magazines, etc., are written with the indented style.
3) If they type the inside address and signature with block style, it saves time.

We do think the above reasons are all right and this style will become more popular in the future.

Sincerely yours,

Kashman

T. R. Kashman

Copy to Ms. Alice Walker

iv) Simplified Style : 간이식이라고 하는 이 형식은 Full Block Style과 같으나 Salutation과 Complimentary Close가 생략되는 것이 특색이다. Salutation 대신에 Subject Line이 대문자로 표기되며 수신인은 본문의 첫 문장에 언급된다.

예

① Letterhead
② Date
③ Inside address
④ Subject Line
⑤ Body of letter
⑥ Signature
⑦ Initials

AMERICAN INSTITUTE OF BUSINESS

Grand Avenue At Tenth, DES MOINES 7, IOWA

May 20, 2020

Mr. L. E. Frailey
Chicago, Illinois 60605

HAD YOU HEARD?

Mr. Frailey, there is a new movement under way to take some of the monotony out of letters. This movement has been advocated by The Administrative Management Society. This style is similar with the fullblock style, but the salutation and complimentary closing are omitted.

You see, there is always a subject line(without the Word "subject") in full capitals, instead of the salutation.

There are some rules personally accepted using this style;

1) Typists using this style are advised not to divide words at ends.
2) The addressee should be mentioned by name in the first sentence.
3) If paragraphs are numbered in this style, the figures are at the left margin, but periods do not follow them.

We hope that you will be able to try this style in arranging your messages someday.

D. Adams

Denvel D. Adams

DA/sg

v) Indented Style : 이 형식은 미국에서는 잘 사용하지 않고 주로 영국에서 사용되고 있으며, 특히 보수적인 작가들이 이용하고 있는 배열형식이다. 여

기서는 폐쇄구두점(closed punctuation)을 주로 사용하고 있다. Inside Address 기재시 첫 행은 좌측 여백에 맞추나 다음 행은 첫 행보다 3-4자 띄우고 시작하고, 그 다음 행은 둘째 행보다 3-4자 띄운다. 본문의 매 paragraph 첫 행은 좌측 여백에서 3-4자 띄어서 시작되고 서명의 첫 행은 결문인사 밑에 수직으로 기재하지만 그 다음부터는 Inside Address와 같은 요령으로 기재한다. 이 형식은 typing하는데 다른 형식보다 많은 시간을 필요로 하며 까다롭다는 단점이 있다.

예

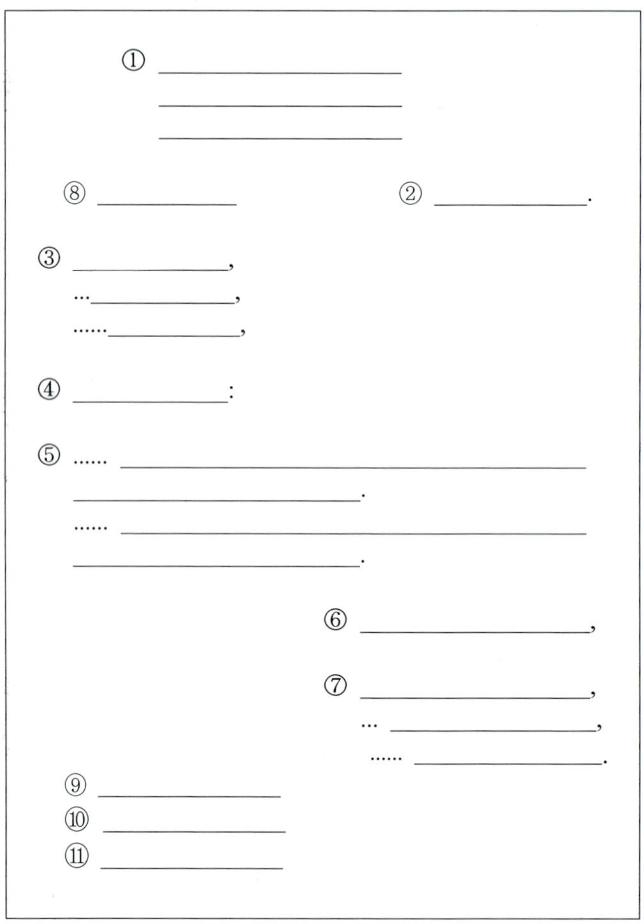

① Letterhead
② Date
③ Inside address
④ Salutation
⑤ Body of letter
⑥ Complimentary close
⑦ Signature
⑧ Reference No.
⑨ Initials
⑩ Enclosures
⑪ Copies

H J R ENTERPRISE COMPANY, INC

IMPORT & EXPORT CORP., 103N BRAND BLVD. GLENDALE, CA 91203, U.S.A.
Telephone (213)2146066, Telex : 182660, Cable : HJRENT GLND

October 31, 2020

KOREA INDUSTRIAL CO., LTD.
C.P.O. Box 6273,
SEOUL, KOREA.

Dear Sirs:

Taking this opportunity, we would like to make a brief introduction on our business line so that you may have a clear picture of our company, and help to promote trade relations and friendship, as well as mutual understanding. Our company is an Import and Export company involved in doing business with the Glove, dealing in various kinds of : "Umbrellas".

We persist in producing better quality products for the import to the market. Therefore, we are pleased to conduct a preliminary study of your products against similar items on our market.

Some are U. S. made and the rest imported from other countries.

We were happy to learn that your products have a tremendous future in our market. Due to this we would appreciate receiving your latest catalogues and price lists.

Furthermore please assure that we give you our best cooperation in sale of your products.

Hoping this letter will draw your interest and bring about fruitful results.

Respectfully yours,

Hakoopian

Raymond Hakoopian
President

(2) 구두점

서신의 형식은 구두점(punctuation)을 사용하는 방법에 따라 세 가지로 구분되는데 이는 Open Punctuation(개방구두점), Closed Punctuation(폐쇄구두점), Mixed Punctuation(혼합구두점)이다.

먼저 Open Punctuation은 서신의 본문을 제외한 다른 구성요소의 끝에는 이를 생략하는 형식으로 최근 그 사용이 늘고 있으며, 반대로 Closed Punctuation은 서신의 모든 요소 위 각 행 끝에 comma를 붙이고 구성요소가 2행 이상으로 되어 있을 경우 각 요소의 끝에 period를 사용하는 형식으로 Date, Attention Line, Subject Line 뒤에는 period를 찍고, Inside Address 끝에는 comma를 찍고 마지막 줄은 period를 찍으며 Salutation 다음에는 comma나 colon을 찍는다. 한편 Mixed Punctuation은 서신의 형식에 관계없이 가장 많이 사용되는 것으로 salutation 다음에 colon이나 comma, complimentary close 다음에 comma를 사용하고 본문 이외의 다른 요소 다음에는 구두점을 사용하지 않는 것으로 현재 가장 일반화된 구두점 처리 방법이다.

예 : Open Punctuation

예 : Closed Punctuation

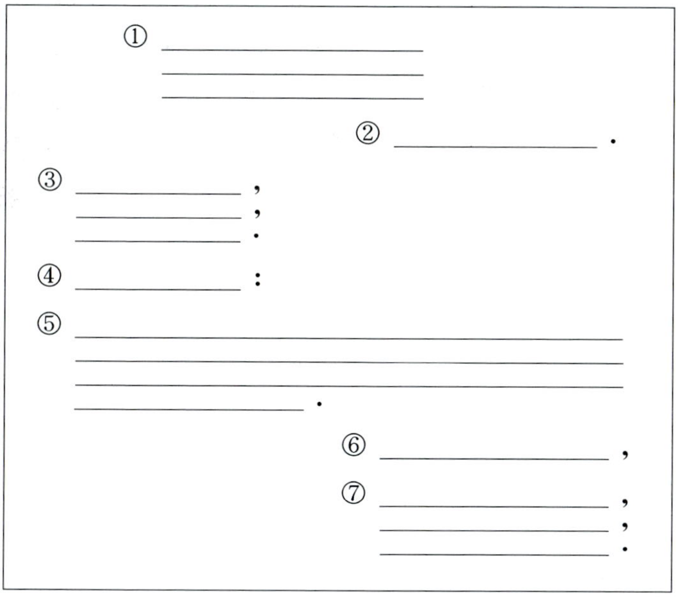

예 : Mixed Punctuation

(3) 봉투(Envelope)

i) 봉투의 크기 : 봉투는 크기에 따라 2종류를 주로 사용하는데 소형인 6-3/4호 봉투(가로: 6-1/2, 세로: 3-5/8)는 동봉물이 없는 1page 서신에 종종 이용되며, 대형인 10호 봉투(가로: 9-1/2, 세로: 4-1/8)는 동봉물이 있거나 여러 pages로 된 서신에 이용되지만 지금은 대부분의 회사가 이 대형 봉투를 이용하는 경향이 있다.

ii) 봉투 기재방법 : 서신형식이 Block Style이면 봉투도 Block Style, 서신이 Indented Style이면 봉투도 Indented Style로 기재한다.

예 : Block Style

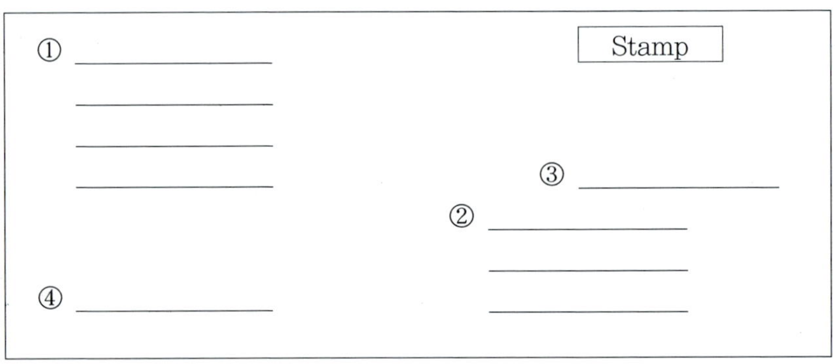

예 : Indented Style

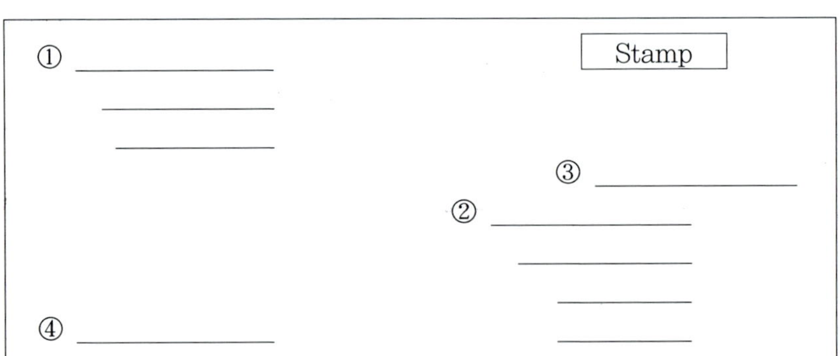

① Return Address(반송인주소) : 발신인의 주소인데, 서신이 배달불능인 경우 반송되는 주소로서 봉투 전면의 왼편 상단으로부터 2행 밑에서 시작되는데 위의 예의 ①에 해당된다. Return Address가 3행일 경우 double space로, 4행일 경우 single space로 typing한다. 또 주소 가운데 국명은 모든 활자를 대문자로 typing하는 것이 좋다.

② Receiver's Address(수신인주소) : 수신인 주소의 위치는 봉투의 가로 중심선에서 1-2행 밑에서 시작하는 것이 좋다. 이것은 서신의 Inside Address와 일치시키는 것이 좋다. 위의 예의 ②에 해당한다.

③ Mailing Directions(우송지시) : 우송방법을 지시하는 표시로 우표 밑 ③의 위치에 아래와 같이 기재한다.

예

- 항공편: Air Mail, Via Air Mail, PAR AVION
- 속달: Special Delivery, Express Delivery
- 경유: Via Panama, Via Hong Kong
- 등기: Registered
- 제1종우편: First Class

④ Remarks(비고사항): 수신인이나 우송과정에서 주의해야 할 사항을 봉투의 왼편 하단 ④의 위치에 아래와 같이 기재한다.

예

- 친전: Personal, Private
- 인비: Confidential
- 지급: Urgent
- 사진재중: Photo Only
- 참조: Attention of Mr. Kim
- 도착시까지 보관: Hold for Arrival

Ⅱ FAX

1 Fax의 구성요소

Fax는 일반서신과는 달리 정해진 형식을 가지고 있지는 않으며 일반서신의 봉투대신에 Cover Sheet(Fax표지)를 사용한다. 따라서 Fax로 서신을 교환하고자 한다면 Cover Sheet를 미리 만들어 사용하면 편리하다. 한편 Fax는 일반서신처럼 그 구성요소를 크게 기본요소와 부수적 요소로 나눌 수 있다. Fax를 통한 무역서신의 작성에서 반드시 갖추어야 할 구성요소, 즉 송신인, 수신인, 제목, 본문, 날짜 등을 **기본요소**라고 하고 그 이외에 참조, 숨은 참조, 지급표시, 송신미스 등에 대비한 연락처 등을 **부수적 요소**라고 한다. 아래에서는 Fax의 각 구성요소를 도해해 보고 구성요소별로 자세히 살펴보도록 하자.

(1) 기본요소(Basic Parts)

i) **From** : From(송신인)에는 송신인명을 기입하는 항목으로 Fax에서는 특히 송신인과 수신인의 이름을 명확히 해야 한다는 것의 중요성은 두말할 나위가 없다. 그러나 Cover Sheet(표지)에 회사명 등이 인쇄되어 있는 경우 송신인 회사명의 기재를 생략할 수 있다. 송신인의 기재는 가능한 full name으로 하는 것이 좋으며 직위를 쓸 때는 송신인명 뒤에 comma를 찍고 기재하도록 한다.

ii) **To or Attn** : Fax상 수신인명은 To 혹은 Attn(attention의 약자)에 기재토록 한다. To 또는 ATTN에는 부서명과 담당자의 이름 및 직위를 함께 써야 하며, 동일회사내의 특정인 앞으로 보낼 경우에는 “To: Import Department”이라 부서명을 쓰고 줄을 바꾸어 “Attn: Mr. Jennings”의 형식으로 쓴다. 수신인을 한 번 더 확인해 주는 의미에서 Dear 형식으로 수신인을 재확인 해주는 것도 좋다.

예

GreenCross Vaccine
Member of the Berna Biotech Group

GreenCross Vaccine Corp.
Member of the Berna Biotech Group ①
303 Bojung-Ri, Koosung-Eup
Yongin 449-770, Korea ②
Phone +82-31-260-9371
Fax +82-31-260-9400/1 ③
e-mail bllee@greencrossvaccine.com ④

FAX

To	Mr. Bagus Kurniawan, Managing Director ⑤
Company	PT. Bio Farma ⑥
Fax No.	+230-2-354-4455 ⑦
From	B.L.Lee, Assistant Manager ⑧
Subject	OPV for Mauritius ⑨
Date	Dec. 16, 2020 ⑩
Pages(including this page) 4 ⑪	

Dear Mr. Kurniawan ⑫

We would like to send ex-Heathrow to Riyadh, Saudi Arabia, ... ⑬

…

…

Yours sincerely, ⑭

B.L. Lee ⑮

Byung Lim Lee
Assistant Manager

① 송신인 회사명, ② 송신인 주소, ③ 송신인 전화 및 Fax번호, ④ 송신인 e-mail주소, ⑤ 수신인명, ⑥ 수신인 회사명, ⑦ 수신인 Fax번호, ⑧ 송신인명, ⑨ 제목, ⑩ 송신일자, ⑪ 송신매수, ⑫ 서두인사, ⑬ 본문, ⑭ 결문인사, ⑮ 서명

iii) Date : 일반서신에서 Date(송신일)은 연, 월, 일의 형식으로 송신일자를 기입한다. 송신일의 표기는 추후 분쟁의 소지가 있기에 항상 주의를 기울여야 하는데 조금이라도 오해를 불러일으킬 우려가 있는 표현은 피해야 한다. 예를 들어 다음주 어느 날이라는 표현은 상대방이 팩스를 받을 날짜가 명확하지 않기 때문에 오해를 불러일으킬 소지가 있는 것이다. 송신일자의 표기법은 일반서신에서처럼 영국식과 미국식 모두 월과 년 사이에 콤마를 찍고, 일자와 월의 표기는 일반서신에서 언급한 바와 같이 그 표기 순서가 다르다. 일반서신과의 차이는 경우에 따라 송신 시각을 표기할 필요가 있을 경우 그 시각을 기입하기도 한다.

iv) Pages : Pages는 송신매수를 기입하는 항목으로 송신매수가 1매뿐이라면 문제는 없으나 2매 이상인 경우 그 매수를 꼭 기재하는 것이 좋다. 송신하고자 하는 Fax내용의 총 페이지 숫자 표기는 일반적으로 Cover Sheet(표지)를 포함한 총 페이지 수인지 여부를 분명히 하기 위해 Pages including this page (or this one)를 기재하고 Cover Sheet를 포함한 총 페이지 수를 표기한다. 한편 Cover Sheet만을 송부하고자 하는 경우 Pages칸에 "Cover only"라 기재한다.

v) Salutation : 일반서신에서는 Salutation(서두인사)를 기재하는데 Fax에서도 예의에 어긋나지 않도록 서두인사를 쓰는 것이 좋다. 하지만 상대방으로부터의 답문이 오고 거래가 시작된 뒤에는 서두인사를 꼭 쓸 필요는 없다. Salutation의 다양한 표현법은 일반서신과 동일하다.

vi) Body of Letter : Fax의 경우 간결성과 신속성을 강점으로 삼기 때문에 Body of Letter(본문)에서는 필요 이상의 반복이나 늘어진 표현을 피하고 압축된 표현을 사용하도록 한다. Fax문을 영작할 때 실무가들이 범하는 가장 흔한 오류는 문장 표현이다. 전달하고자 하는 내용에 치중하다보면 설명이 길어지는 경우가 빈번한데, 팩스의 본문 내용은 일반서신보다 훨씬 간결하고 명료해야 좋다.

vii) Complimentary Close : Fax에서는 Complimentary Close(결문인사) 역

시 실례가 되지 않는 통신문을 위해서 가능하면 생략하지 않는 것이 좋다. 하지만 Fax에서의 Complimentary Close는 Salutation에서와 마찬가지로 거래가 시작된 후에는 생략될 수 있다. 그 표현법은 일반서신과 동일하다.

(2) 부수적 요소(Supplementary Parts)

i) **Cover Sheet** : Cover Sheet는 Fax용 Cover Page(표지)임을 표시하는 것으로 예를 들어 문서의 상단 중앙에 "・F・A・X", "FACSIMILE TRANSMISSION", "FAX COVER SHEET", "FAX MESSAGE", "FAX TRANSMITTAL FORM"을 표기한다.

ii) **Copies or Carbon Copies** : Copies 또는 Carbon Copies(사본송부 표시: 약어로 Cc or CC) 일반서신에서처럼 서신을 수신자 외에 대리점이나 또는 특정부서 및 특정인에게 배부할 필요가 있을 때 배부처나 배부인을 표시하는 것으로, 복수의 상대방에게 같은 문서를 보내고 싶을 때 사용하면 요금이 절약된다.

iii) **Subject** : 팩스 내용의 주제는 Subject(제목)칸에 기입해야 한다. 자세한 내용은 본문에서 다루어지기 때문에 제목에서는 내용을 짐작할 수 있는 정도의 간단한 문장이 적당하다. 예를 들어, 상대방의 회사의 방문을 원한다는 내용일 경우, Subject: Visiting your facilities(귀사 시설 방문) 정도로 적고, 구체적인 날짜나 목적 등은 본문에서 언급하도록 한다.

iv) **Urgent** : Urgent(지급)표시는 지급의 용건으로 Fax를 보낼 경우 Fax라는 표시 아래에 "Immediate Delivery"라는 문구를 넣어 강조한다.

v) **Error or Shortage** : Cover Sheet에 표기된 매수와 달리 적게 송신된 경우 또는 Fax 내용에 전송상의 에러가 발생한 경우에 대비해 연락처를 별도로 표시한다. 송신인이 Fax를 직접 보내지 않거나 또는 기타 문제가 발생하였을 경우를 대비해 연락처를 기입함으로써 신속한 문제 해결을 도모하도록 한다. 이는 예를 들어 "If any of this transmission is unclear, please call the above number" 또는 "Please phone or fax if message is not legible or complete"과 같이 기재하면 된다.

2 ▸▸ Fax의 형식

Fax의 스타일은 그것을 사용하는 회사, 부서, 업무 내용 또는 용도에 따라 구분해야 하는데, 이에 따라 분류할 경우 다음 3가지 형식을 고려해 볼 수 있다

(1) PR타입

송신자의 사명과 로고 등을 강하게 인상에 남기는 타입으로 자신의 이름과 회사명을 어필하기 위한 전략적 타입이다. 이것은 인상은 강하게 남기지만 본문의 내용이 약화될 우려가 있기 때문에 주의해서 사용해야 한다.

Facsimile

Please deliver the following page to:

Name :

Firm :

Fax :

This information was sent by :

Name :

Date :

The number of pages transmitted (including this page) :

Thank you, have a good day :

If any of this transmission is unclear, please call:

Tel : 44-50-100055

Fax : 44-113-2417732

ASDA House,
Southbank,
Great Wilson Street,
Leeds, LS11 5AD, UK

(2) 절약타입

송신인과 수신인의 이름 등의 불필요한 공간을 적게 하고 본문의 내용에 많은 공간을 할애하는 Fax의 형태이다. 회사의 로고 등 그래픽 처리가 생략되어 있지만 상대방에게 내용의 이해를 쉽게 하고 확실한 인상을 남길 수 있다.

BOOZ ALLEN & HAMILTON INC.

THREE FIRST NATIONAL PLAZA · CHICAGO, ILLINOIS 60602 · TEL:(312)346-1900 · FAX(312)346-1901

FACSIMILE COMMUNICATION

To:	From:
Company/Firm:	Reference:
Department/Location:	
Fax Number:	Date:
No. of pages (including this page):	

MESSAGE:

(3) 효율타입

효율타입은 각자의 필요에 따라 고안하는 Fax의 한 형태로, 개인 혹은 부서에서 많이 사용하는 문장과 자주 쓰는 문구를 Fax에 미리 기입하여 두는 한편 본문의 공간을 넓게 하는 방법이다. 사내문서 등 내부 연락에 많이 사용하는 스타일로 기본이 되는 Fax의 구성요소에 필요한 사항을 추가하여 사용하는 형태이다.

FACSIMILE COMMUNICATION

NTC Publishing Group

4255 West Touhy Avenue · Lincolnwood(Chicago) Illinois
60646-1975 · USA · Phone:708/679-5500 · FAX:708/679-2494

Date:____________

To: ____________________ Copy: ____________________

Fax No.

From: ____________________

Enclosures: ☐ Yes ☐ No

Confidential: ☐ Yes ☐ No

Need Response: ☐ Yes (within days) ☐ No

No. of pages including this one: ________

Message:

Ⅲ E-mail

1 E-mail의 구성요소

E-mail은 전자적 통신수단(특히 인터넷)을 이용한 서신을 말한다. E-mail의 구성요소는 일반서신이나 Fax에서와 같이 기본요소(Basic Parts)와 부수적 요소(Supplementary Parts)로 나누어 볼 수 있다.

기본요소에는 송신인, 수신인, 제목, 서두인사, 본문, 결문인사 등이 있으며 **부수적인 요소**에는 발신일, 참조, 숨은 참조, 서명, 첨부 등이 있다. 이러한 요소들의 대부분은 E-mail서비스를 제공하는 통신소프트웨어에 따라 약간의 차이가 있기는 하나 정해진 틀을 마련하여 미리 화면에 표시되어 있고 사용자는 각 항목에 필요사항을 기재하기만 하면 된다. 아래에서 이를 예시와 함께 자세히 살펴보도록 하자.

| 야후의(http://yahoo.com) E-Mail을 이용한 작성 |

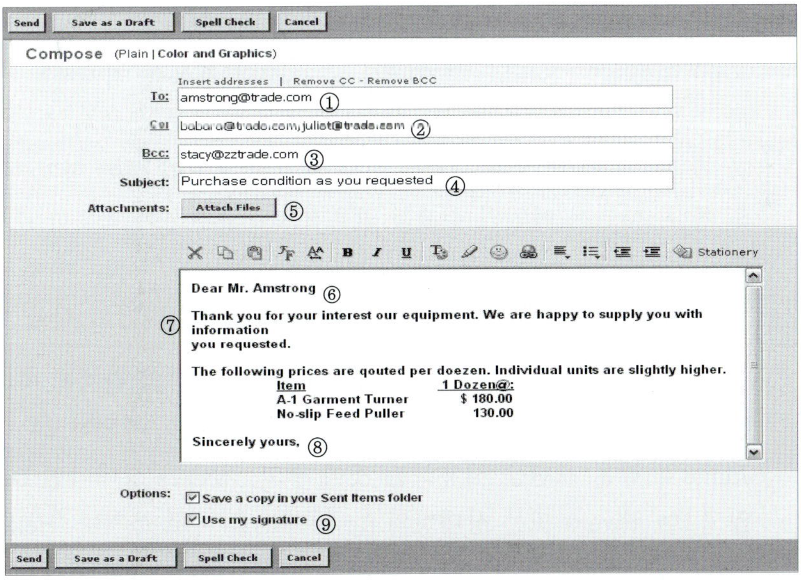

① 수신인, ② 참조 또는 사본배부처, ③ 숨은 참조 또는 숨겨진 사본배부처, ④ 제목, ⑤ 첨부, ⑥ 서두인사, ⑦ 본문, ⑧ 결문인사, ⑨ 서명

(1) 기본요소(Basic Parts)

i) **To** : To(수신인)에는 수신인의 이메일주소를 기재한다(예를 들어, To: shlee @abc.co.kr). 요즘 E-mail 통신소프트웨어는 별도로 수신인의 이메일 주소를 일일이 기재하지 않고 Reply(답신)기능을 이용해 자동으로 수신인의 이메일주소가 입력되거나, 또는 미리 입력해 놓은 주소록을 이용하여 단 한번의 클릭으로 수신인의 이메일주소가 자동으로 기재되도록 하고 있다. 일반적으로 수신인란이 E-mail 통신소프트웨어 화면의 첫 줄에 위치한다.

ii) **From** : From(송신인)에는 자신의 E-mail Address(이메일 주소)를 쓰면 된다(예를 들어, From: mjpark@trade.com). 보내는 사람의 주소는 자신이 가지고 있는 메일 계정의 주소를 쓰면 되고 이를 통해 상대방이 자신의 메일에 대한 답신을 가능케 한다. 그러나 대부분의 E-mail 통신소프트웨어는 미리 송신인의 이메일주소가 자동으로 입력되도록 설정되어 있다. 한편 요즘 E-mail 통신소프트웨어는 송신자의 E-mail에 대한 답신을 송신인 이메일주소의 입력 없이 할 수 있도록 설정되어 있어 "From"의 항목이 아예 생략되어 있기도 하다. 따라서 송신인란은 대개 생략되어 있거나 존재하더라도 수신인란의 다음 줄에 위치한다.

iii) **Subject** : Subject(주제)에는 E-mail의 제목을 기재하는 칸으로 이를 통해 송신인이 전달하고자 하는 메일의 주요 내용에 대해서 수신인에게 쉽게 짐작 가능토록 하여 그 메시지를 바로 읽고 업무처리 해야 할지 여부를 결정하기도 한다. 따라서 메일의 주제를 압축적으로 표현하여 적절한 주제를 적는 것이 중요하므로 "Subject: Information"이나 "Subject: Reply"과 같이 단순하고 막연한 제목을 기재해서는 안 된다. Subject는 송신인란의 다음 줄에 위치한다.

iv) **Salutation** : 통상의 E-mail에서는 상대방과의 관계에 따라서 Salutation (서두인사)가 달라진다. 상대방과 친숙한 경우를 제외하고는 Dear Mr(Ms). James와 같은 표현을 사용하는 것이 좋고, 친숙한 상대이면 Dear를 사용하지 않고 Ms. Rivera 또는 상대방의 first name을 바로 쓰거나 "Hello, Bruce", "Hi, Peter" 등 가벼운 인사로 시작하는 것도 무난하다. 그리고 상대방의 직위를 알고 있는 경우에는 Dear Manager처럼 직위를 사용하고, 특정부서 앞으로 보내는 경우는 "Dear Customer Service"와 같이 기재할 수도 있다. Salutation은 통신소프트웨어 화면의 본문을 기재할 수 있는 커다란 공란의 첫줄에 위치한다.

v) **Body of Letter** : E-mail의 Body of Letter(본문)은 일반서신처럼 특별한 규칙이나 형식이 정해져 있지는 않으나, E-mail의 생명은 신속·간결성에 있으므로 문장은 가능한 간결하고 정확하게 쓰도록 한다. E-mail의 특징상 문어체의 표현보다는 일상적인 언어를 사용하되 기본예절은 지켜야 한다. 그러나 격의 없는 사이에선 인터넷 약어(예를 들어, FYI: for your information, ASAP: as soon as possible, IMO: in my opinion)나 Emoticon('Smiley'라고도 하며 알파벳이나 기호 또는 숫자 등을 통해 사람의 감정을 표현하는 그림 문자: 예를 들어 ":-)" 웃음, ":-o" 놀람, ":-(" 화남)도 사용할 수 있다. 그리고 문장은 가능한 최대 60-70자 이내로 유지하며, 긴 메시지는 문단의 길이를 5-7행으로 하여 한 줄을 띄워 문단을 나누어 작성하도록 한다.

한편 E-mail의 작성시 유의해야 할 네티켓을 요약하면 다음과 같다.

첫째, 모든 문장을 대문자로 입력하지 않는다.

둘째, 답신을 보낼 때 받은 메일의 인용은 가능한 짧게 한다.

셋째, 일반 서적이나 신문, 잡지 또는 인터넷 홈페이지처럼 일반에 공개된 자료는 자유롭게 인용하되 그 출처를 밝히도록 한다.

넷째, E-mail은 그 간편함으로 충분한 검토나 수정 없이 보내는 경우가 빈번하니 비즈니스메일에서는 최소한 문맥상 오류나 오타가 없도록 사전 검토가 요구된다.

다섯째, 받은 메일에 대해 최대 48시간 이내에 회신을 해야 한다는 48시간 규칙을 지키도록 하고, 그 답신이 불가능한 경우 일단 수신확인과 예상되는 회신일자를 작성하여 보내도록 한다.

여섯째, 받은 메일의 인용이나 전송이 간편하다하여 마음대로 제3자에게 보내서는 안 된다.

일곱째, 격식이 필요 없는 메일을 제외하곤 일반서신에서처럼 예의를 갖춘 서두인사와 결문인사를 잊지 않는다.

여덟째, 인터넷의 보편화에 따른 단일의 가상세계의 출현에도 각 국가간, 민족간의 문화 및 언어, 관습의 차이는 그대로 존재하므로 이에 유의한다.

vi) Complimentary Close : 본문을 다 작성하고나면 Complimentary Close (결문인사)를 작성한다. 일반서신에서처럼 E-mail의 결문인사도 서두인사와 마찬가지로 상대방에 따라 표현법이 다르므로 이를 참고하도록 한다. 경우에 따라 서두인사가 생략되면 결문인사도 생략된다.

(2) 부수적 요소(Supplementary Parts)

i) Date : Date(발신일자)는 E-mail을 작성하고 송신작업을 하면 E-mail 통신소프트웨어에 의해 메시지에 자동적으로 발신일자와 시간이 표시된다.

ii) Copies or Carbon Copies : Copies 또는 Carbon Copies(사본송부 표시: 약어로 Cc or CC)는 동일한 내용의 이메일을 여러 사람에게 동시에 보낼 때 사용한다. 예를 들면 X라는 사람에게 보낸 이메일을 Y, Z 등 여러 사람에게 보낼 때 사용한다. CC의 칸에 Y, Z의 이메일 주소를 세미콜론(;)으로 구분하여 기입하면 X, Y, Z 모두에게 메일을 보낼 수 있다.

iii) Blind Carbon Copies : Blind Carbon Copies(숨은 사본송부 표시: 약어로 Bcc)는 앞의 사본송부 표시와 같은 기능을 가지고 있으나, 다만 그 차이점은 수신인에게는 이 칸이 표시가 되지 않는다. 이는 메시지의 사본을 (다른 수신자들에게는 그 사실을 알리지 않으면서도) 비밀리에 누군가에게 보내줄 수 있도록 해주는 기능으로, 즉 수신인은 동일한 내용의 이메일이 다른 사람에게도 발송이 되었는지 알 수가 없도록 한다.

iv) Signature : 결문인사 작성을 끝내고 Signature(서명)을 해야 하는데 일반서신에서는 본인의 이름을 타이핑한 후 직접 수기로 서명을 한다. 그러나 E-mail에서는 직접 서명을 할 수 없으므로 메일의 끝머리에 송신인의 이름, 직위, 연락처, E-mail 및 홈페이지 주소 등을 기재한다. 다수의 E-mail 통신소프트웨어는 서명을 미리 등록해 메일 작성시 자동으로 삽입하도록 할 수 있으므로 이를 이용한다.

예

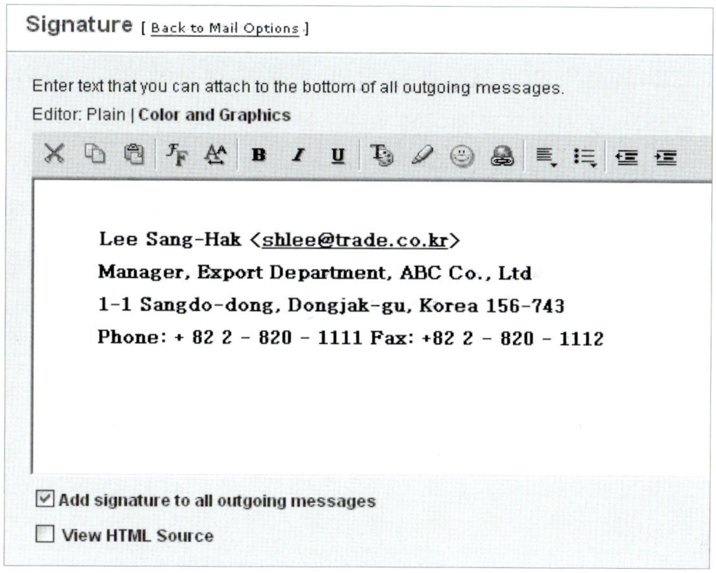

v) Attachment : E-Mail 작성을 다 끝내고 첨부할 자료나 파일이 있으면 E-mail 통신소프트웨어의 파일첨부(Attachment)기능을 이용하여 첨부한다. 물론 본문에 첨부한 내용을 명시하여야 한다.

예

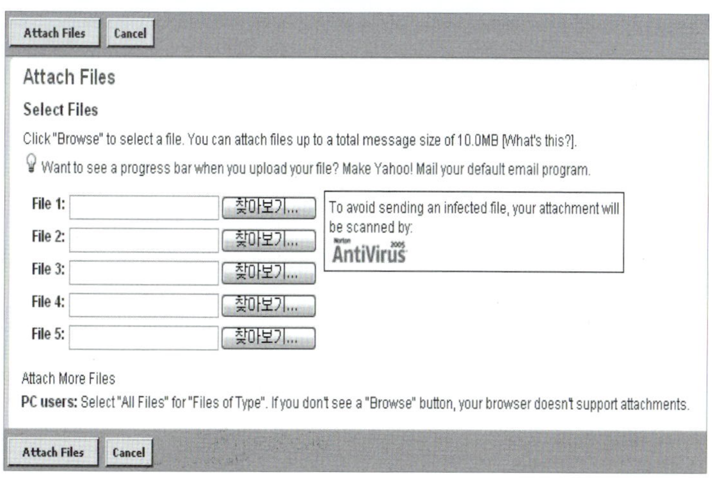

2 ▸▸ E-mail의 형식

E-mail은 일반서신과는 달리 정해진 형식이 없고, 다만 E-mail서비스를 제공하는 통신소프트웨어에 따라 약간의 차이가 있기는 하나 정해진 형식이 미리 화면에 표시되어 있고 사용자는 각 항목에 필요사항을 기재하면 된다.

일반적으로는 ISP(Internet Service Provider) 업체로부터 부여받은 메일계정에 접속을 해 그들이 제공하는 E-mail 서비스를 이용하여 메일을 작성하나 요즘 많은 기업이 기업 자체의 E-mail 메신저를 사용하므로 기업별 E-mail 메신저의 특성과 구성에 익숙하도록 해야 한다.

P · A · R · T 2

무역통신문의 작성과 실제

CHAPTER

1 무역거래절차의 개요

I 수출거래절차

1 ▸▸ 계약체결 이전단계

기본적으로 수출입의 첫 단계는 **해외시장조사**(Overseas Marketing Research)로 시작된다. 해외시장조사는 무역업체가 해외시장의 환경 및 동향을 조사하고, 고객과 시장의 니즈(needs)를 파악하여 목적상품을 가장 효율적으로 수출입할 수 있는 목표시장(Targeting Market)을 탐색하기 위한 가장 기본적인 절차를 의미한다. 먼저 대상국가를 선정하기 위하여 각국의 국민소득, 정치적·사회적 안정, 상대국의 관습, 언어, 법률, 인구 및 정치, 경제, 사회, 문화적 여건등을 고려하여 대상국가를 선정한 후 수출을 위한 수출마케팅조사(export marketing research)를 거쳐 조사한 시장에 진출여부를 결정한다.

목적시장이 선정되면 수출상은 자신과 **거래할 수입상을 선정**하여야 한다. 이를 위하여 KOTRA, 대한상공회의소, 한국무역협회 등 유관기관에 거래처의 물색을 의뢰하거나 무역전문 인터넷 홈페이지(예, www.silkroad21.com 등)나 상공인 명부(Trade Directory) 또는 해외광고나 전시장 등에서 거래처를 물색할 수도 있다.

거래처가 선정되면 상대방에게 **거래제의(business proposal)**를 하게 된다. 이때 제의를 받은 상대방은 거래할 의사가 있으면 **거래문의(trade inquiry)**를 하면서 견본(sample), 상품목록(catalogue) 및 청약(offer)을 요청한다. 동시에 자신의 신용조회처(reference)를 통보한다. 신용조회를 통하여 상대방의 신용이 확인되면 offer 전에 양 당사자간 거래의 기초가 되는 일반거래조건협정서(Agreement on General Terms and Condition of Business)를 교환해 둔다.

2 ▸▸ 계약체결단계

수출상은 수입상의 요청에 따라 서신, 전보, FAX 또는 e-mail 등의 방법으로 수입상 앞으로 offer(청약)한다. Offer는 수출상이 계약을 체결하겠다는 확정적 의사표시이므로 수입상이 이에 동의하면 이는 acceptance(승낙)이 되어 당사자의 의사일치가 확인되므로 매매계약(sales contract)이 성립된다.

만약 수입상이 수출상의 offer를 무조건 동의하지 않고 조건부 동의를 하거나 수정을 첨부한 동의를 하면 이는 acceptance로 간주되지 않고 counter offer(대응청약)가 되어 계약이 성립되지 않고 최초의 청약자에게 발송되며 그의 의사에 따라 계약 성립여부가 결정된다. Offer와 Acceptance로 계약이 성립되면 양당사자는 필요할 경우 별도의 계약서를 작성한다.

3 ▸▸ 계약이행단계

(1) 신용장 내도

매매계약이 성립되고 계약상의 결제조건(terms of payment)이 L/C(신용장)방식인 경우에는, 수입상의 요청에 의하여 L/C가 개설되어 수출상에게 내도된다. 그러나 결제조건이 non-L/C 베이스인 D/A 또는 D/P 계약서에 의한 거래의 경우에는 D/A 또는 D/P 계약서를 작성하여 한 부씩 보관한다.

L/C의 경우, L/C를 수취한 수출상은 L/C상의 내용이 계약내용과 일치하는지를 점검하고 불일치시 수입상에게 조건변경(amendment)을 요구하여야 한다.

(2) 수출승인

가속화된 무역자유화는 대부분의 물품이 **수출승인**(Export Licence; E/L)을 받지 않고 수출할 수 있도록 하고 있다. 그러나 일부물품의 경우 수출입공고나 통합공고 등에서 수출승인이 제한을 받고 있다면 추천기관의 추천을 받은 후 수출승인을 신청하여야 한다. 원래 승인권자는 산업통상자원부 장관이지만 공고에 의하여 그 권한을 협회나 조합 등의 단체에 위임하고 있다.

(3) 수출물품의 확보

수출물품을 확보하는 방법은 수출상이 자신의 공장에서 **직접 생산**하는 방식과 다른 제조업자로부터 **완제품을 구매**하는 방식이 있다. 전자의 경우 필요한 원자재를 국내에서 조달할 수도 있고 이를 해외에서 수입할 수도 있다. 원자재나 완제품을 국내에서 조달할 경우 자신의 거래은행을 통하여 공급업자를 수익자로 한 내국신용장(Local L/C)을 이용하거나, 외국환은행의 장이 내국신용장에 준하여 발급하는 구매확인서를 이용한다.

수출상이 수출물품의 제조·가공·매입 등에 소요되는 자금을 수출지원금융제도에 따라 거래은행으로부터 융자받을 수 있고 무역어음의 할인을 통하여 필요한 자금을 조달할 수도 있다. 또한 수입금융을 이용하여 필요한 원자재를 해외로부터 조달할 수 있다. 이러한 수입금융, 즉 무역금융의 금리는 금융기관의 일반자금대출금리보다 다소 낮은 수준이며, 금리뿐만 아니라 자금이용가능성 면에서도 우대되고 있다. 외국환은행이 무역금융의 융자취급액에 대하여는 이의 일정비율에 해당하는 금액을 중앙은행인 한국은행이 재할인율로 자동 지원하고 있다.

(4) 운송계약의 체결

수출물품을 확보한 수출상은 신용장이나 D/A 또는 D/P 계약서 등에서 정해진 선적기일 내에 물품의 선적과 목적지(항)로의 운송을 위해 운송회사와 운송계약을 체결하여야 한다. 따라서 수출상은 운송회사에 선복요청서(Shipping Request : S/R)를 제출하고 선사로부터 인수확약서(Booking Note : B/N)를 교부받으면 **운송계약이 성립**된다. 그리고 실제 물품이 목적지(항)로의 운송을 위해 운송인에 의해 수령 내지 선적 후에는 운송회사로부터 선화증권(Bill of Lading : B/L)을 교부받는데 이는 **운송계약의 추정적 증거**(prima facie evidence)가 된다.

그러나 여기서 유의할 점은 운송계약의 체결당사자는 통상 매매계약의 **정형거래조건(trade terms)**에 따라 달라지기에 수출상이 아닌 수입상이 운송계약의 당사자가 되기도 한다. 예를 들어, FCA나 FOB조건에서는 수입상이 운송계약을 체결하고, CIF나 CIP조건에서는 수출상이 운송계약을 체결한다. 그렇지만 오늘날은 화환어음(documentary draft)으로 대금을 결제하는 것이 일반적이므로 FCA나 FOB조건에서도 수출상이 운송계약의 당사자가 되어 해상·항공·복합운송 등 운송계약을 체결하고 B/L·AWB·MTD 등 운송서류를 발급받아 환어음을 첨부하여 수출대금을 회수하기도 한다.

(5) 해상적하보험계약의 체결

물품이 수출상으로부터 수입상에게 인도되기 위해서는 통상 운송과정을 거쳐야 하고 운송 중에 생길지도 모를 위험을 커버하기 위하여 **해상적하보험(marine cargo insurance)** 제도가 이용된다.

운송계약에서와 마찬가지로 보험계약의 체결과 보험료의 부담자는 통상 매매계약의 **정형거래조건**에 따라 결정된다. 예를 들어, CIF조건과 CIP조건은 수출상이 수입상을 위하여 보험계약을 체결하고 보험료를 부담하지만, FOB나 FCA조건에서의 수출상은 보험계약의 체결의무가 없다. 이들 조건에서는 통상 수입상이 자신의 위험부담을 커버하기 위하여 자신의 비용으로 보험계약을 체결한다.

보험계약체결의 증빙서류로는 **해상보험증권**(Marine Insurance Policy)이나 **보험증명서**(Certificate of Insurance)가 보험회사로부터 발급된다.

(6) 수출통관

물품이 국경을 통과하여 외국으로 이동하기 위해서는 거쳐야할 법적 절차가 있다. 이것이 바로 **수출통관**인데 이를 위해 수출상은 확보한 물품을 자신의 공장이나 창고 등 현물검사를 받을 수 있는 곳에 장치한 후 세관에 수출신고

(export declaration)를 하여야 한다. 수출신고는 특수한 경우를 제외하고 전자문서(EDI)로 작성된 신고자료를 통관시스템에 전송함으로써 이행된다. 수출신고는 수출물품의 소유자(화주 또는 완제품 공급자)나 수출입통관을 전문으로 하는 국가공인자격인(관세사, 통관취급법인, 관세사 법인) 등이 할 수 있으나, 대부분 관세사 등 국가공인자격인에 위탁하여 처리하고 있다. 수입신고와 다른 점은 수출신고의 경우 화주에게 당해 수출물품을 제조하여 공급하는 자 명의로도 신고를 할 수 있다는 점이다. 수출신고가 접수되면 세관은 서류심사와 물품검사를 거쳐 **수출신고필증**을 교부한다.

(7) 선 적

수출통관을 마친 화물은 내륙운송을 거쳐 본선의 선측까지 운송되어 본선에 적재된다. 본선에 적재된 화물에 대하여 본선수령증(Mate's Receipt : M/R)이 발급되면 수출상은 선사에 이와 상환으로 **선적선화증권(On Board B/L)**을 교부받는다.

그러나 화물이 컨테이너에 적입된 경우 FCL 화물은 CY에서, LCL 화물은 CFS에서 각각 CY Operator 또는 CFS Operator에게 인도되고 부두수령증(Dock Receipt : D/R)을 교부받아 이와 상환으로 **수취선화증권(Received B/L)** 또는 **복합운송서류(Multimodal Transport Document : MTD)**를 교부받는다.

(8) 수출대금의 회수

물품이 수입지에 도착하여 수입상이 이를 확인한 후에야 수출상의 수출대금이 지급된다면 수출거래의 안정성이 확립되기 어렵다. 따라서 **L/C 베이스인 경우** 수출상은 선적 후 바로 거래은행과 체결한 외국환거래약정에 따라 환어음(bill of exchange 또는 draft)과 L/C상에 명기된 선적서류를 준비하여 자신의 거래은행에 화환어음(documentary bill of exchange)의 매입(negotiation)을 의뢰함으로써 수출대금을 회수한다.

한편 **D/A 베이스인 경우**에는 환어음과 선적서류를 준비하여 거래은행을 통하여 추심(collection)을 의뢰하거나 추심 전 매입도 가능하다. 추심 전 매입의 경우에는 매입은행이 수입상의 신용위험을 부담하게 되므로 이러한 위험을 담보하기 위하여 수출보험공사의 수출보험(Export Insurance)을 이용한다.

여기서 "**환어음**"이란 수출상이 수입상에게 자신의 채권액을 지명인 또는 소지인에게 일정한 기일 및 장소에서 무조건 지급할 것을 위탁하는 유가증권을 말하며, 선적서류(shipping document)에는 운송서류(transport document), 보험서류(insurance document), 상업송장(commercial invoice), 원산지증명서(certificate of origin) 등이 포함된다.

Ⅱ 수입거래절차

1 ▸▸ 계약체결 이전단계

수출의 경우에는 목적시장과 거래처를 선정하는 것이 거래의 관건이지만 수입의 경우에는 먼저 국내시장에서 판로를 생각하여야 한다. 즉, 수입마케팅을 효율적으로 수행하기 위하여 마케팅계획을 세워야 하는데 **수입마케팅조사(Import marketing research)**가 그 기초가 된다.

국내의 판로, 판매형태 및 거래처가 확보되면 자국시장에 맞는 물품을 공급할 **수출상을 물색**하여야 한다. 수출상을 물색하는 일은 수출거래절차에서 수입상을 물색하는 방법과 같다. 수출상이 결정되면 상대방의 **신용상태를 조사**하고 조사결과 신용상태가 양호하다면 거래의 기초가 되는 합의사항인 **일반거래조건협정서(Agreement on General Terms and Conditions of Business)**를 교환한다.

그러나 실제에 있어서는 이러한 협정서를 교환하지 않고 바로 수입거래를 개시하는 경우가 많은데 추후 문제가 생길 경우를 대비하여 이를 교환해 두는 것이 안전하다.

2 ▸▸ 계약체결단계

양 당사자간 일반거래협정서가 교환되고 나면 수입상의 요청에 따라 수출상은 Offer하고 수입상이 이를 Acceptance함에 따라 매매계약이 체결된다. 이 매매계약이 수출상의 입장에서 보면 수출계약이 되고 수입상의 입장에서 보면 수입계약이 된다. 일반적으로 offer는 수출상에 의한 selling offer와 이에 대한 매수인의 acceptance에 의해 계약이 성립하지만, 경우에 따라 매수인이 buying offer를 먼저 하고 이에 대한 매도인의 acceptance에 의해 계약이 성립되기도 하며, 매도인의 selling offer에 대해 매수인이 counter offer를 하고 이에 대해 매도인이 acceptance하므로 계약이 성립되기도 한다.

3 ▸▸ 계약이행단계

(1) 수입승인

수입승인(Import Licence : I/L)은 수출입공고나 수출입별도공고 등에 의하여 수입이 제한되는 물품을 수입이 가능하도록 하는 절차이다. 즉, 수입물품이 수출입공고 등에서 수입이 제한되는 경우에 당해 제한조치에 합당한 수입요령에 따라 주무부처장 또는 조합으로부터 수입추천을 받음과 동시에 수입승인을 받아야 한다. 그리고 동 수입품목이 통합공고에 의한 요건확인품목인 때에는 세관에 수입신고하기 전까지 해당 개별법의 소관부처로부터 요건확인 등을 받아야 한다. 수입승인의 유효기간은 원칙적으로 1년이나 물가안정 또는 수급조정을 위해 1년 이내로 정하거나 또는 물품의 제조·가공기간, 물품의 선적 및 도착기간 등을 감안하여 20년 범위 안에서 따로 결정할 수 있다.

(2) 수입신용장의 개설

수입승인기관의 수입승인을 획득한 수입상은 필요시 수입승인서를 첨부하여 거래은행에 **신용장개설을 의뢰**한다. 은행은 신용장을 개설하면 수출상이 발행한 어음에 대해 지급책임이 있기 때문에 신용장개설의뢰인(applicant)인 수입상과 수입신용장개설약정(수입거래약정)의 체결시 수입물품을 양도담보로 제공받음과 동시에 추가적인 담보를 확보한다.

신용장은 매매계약서 및 수입승인서상의 조건과 일치되도록 개설되어야 하며, 개설된 신용장은 개설은행(issuing bank)에 의하여 전신(cable) 또는 우편(mail)으로 통지은행(advising bank)에 송부된다. 최근에는 은행의 SWIFT (Society for Worldwide International Financial Telecommunication, 세계은행간 금융전산망)를 이용한 신용장 개설이 많이 이용된다.

(3) 운송 및 해상적하보험계약의 체결

L/C 개설을 통하여 주문이 확정되면 수출상은 물품을 생산하거나 조달한다. 그리고 그러한 물품의 운송과 운송 중 위험을 커버하기 위한 운송계약과 해상적하보험계약이 필요한데, 수출거래절차에서 언급한 바와 같이 그 체결당사자는 일반적으로 매매계약서상의 **정형거래조건**에 따라 결정된다. 따라서 FCA나 FOB와 같은 F-Group에서는 수입상이 운송계약과 필요한 경우 해상적하보험계약을 체결한다. 실무적으로는 수출상이 수출대금을 화환어음의 할인매각방식으로 회수하는 경우 B/L을 포함한 선적서류의 첨부가 불가피하기 때문에 F-Group에서도 경우에 따라 매도인이 운송계약의 당사자가 되기도 한다.

한편 CIF나 CIP와 같은 C-Group의 경우 수출상은 수입상을 위하여 보험계약을 체결하므로 이때 수입상은 자신이 원하는 담보조건을 매매계약 체결시 명확히 해두어야 한다.

(4) 선적서류의 내도와 대금결제 및 물품의 수령

신용장을 수령한 수출상은 물품을 선적 또는 인도완료 후 신용장에서 요구하는 선적서류와 환어음을 발행하여 거래은행에 이를 매입 의뢰한다. 거래은행인 매입은행은 제시된 서류가 신용장의 조건을 충족하였는지를 검토한 후 충족되었다면 매입한 후 이를 수입국의 개설은행 앞으로 송부한다. 서류를 접수한 개설은행은 이를 심사한 후 신용장조건과 일치가 확인되면 개설의뢰인인 수입상에게 선적서류의 도착을 통지한다. 개설의뢰인은 수입대금을 결제한 후 선적서류를 인도받아 운송인으로부터 선하증권과 상환으로 물품을 수령하여 수입통관절차를 이행한다. 그러나 운송된 물품에 사고가 발생하여 멸실 또는 손상이 있는 경우는 보험회사에 보험서류를 제시하고 보험금을 청구한다.

(5) 수입통관

물품이 수입항에 도착하면 수입상은 이를 하역하여 보세구역에 장치한 후 세관에 **수입통관을 위한 수입신고**를 한다. 수입신고는 화주, 관세사, 관세사법인 및 통관취급법인의 명의로 할 수 있다. 한편 수입신고는 시기에 따라 출항전 신고, 입항전 신고, 보세구역 도착전 신고 그리고 보세구역 장치 후 신고 등 4가지가 있다.

수입신고를 받은 세관은 수입신고서와 제반구비서류를 심사하고 필요한 경우 현품을 검사한 후 수입화물에 대한 과세가격을 평가하여 관세 등을 부과·징수한다. 수입상이 관세 등을 은행에 납부하면 세관장은 수입신고필증을 교부하고, 수입상은 수입신고필증으로 물품을 보세구역에서 반출함으로써 수입절차가 종료된다.

(6) 계약위반과 Claim

수입상이 수령한 물품이 계약과 일치하지 않으면 수입상은 상대방의 계약위반으로 자신의 침해된 권리를 회복하고자 할 것이다. 이러한 구제의 조치가 **Claim**이다. 클레임의 제기는 화해(amicable settlement), 조정(mediation), 중재(arbitration) 또는 소송(litigation) 등의 여러 가지 방법이 있으나 최선의 방법은 화해이다. 그러나 화해가 가능하지 않을 경우 소송에 의존하기 보다는 중재가 여러 면에서 효율적이라 할 수 있는데, 이는 비용의 절감, 기간의 단축, 비공개, 효력의 국제성 측면 때문이다.

CHAPTER 2 계약체결 이전 단계의 무역통신문

I 거래처소개의뢰서

1 ▸▸ 거래처선정과 거래처소개의뢰서의 의의

해외시장조사가 끝나고 수출입대상국이 결정되면 무역거래의 다음 절차는 그 국가내의 거래상대방을 선정하는 것이다. 기래처의 선정을 위해서는 먼저 세계적인 Trade Directory나 Yellow Page 등의 무역업자명부를 통하여 해당품목을 취급하는 업체의 명단을 입수하여 그 가운데 몇몇을 잠정적인 후보 거래상대방으로 내정한 다음 Business Proposal 및 홍보물의 발송 등을 통하여 거래관계를 갖게 된다.

현재 가장 널리 이용되고 있는 전 세계를 대상으로 한 무역업자명부로는 Dun & Bradstreet Reference Book, World Marketing Guide, The International Directories of Importers, World Business Directory 등이 있다. 한편 아시아지역의 간행물로서 Directory of Hong Kong Industries, Major Companies of the Far East and Austrasia, Japan Trade Directory 등이 있고, 유럽지역의 BDI Germany Suppliers, Export Directory of Denmark, Lithuanian Export/Import Directory 등이, 미주지역의 American Wholesalers Distributors Directory, Canadian Trade Index, Brazil Company Handbook과 아프리카 지역에 Namibia Trade Directory, Telecom Egypt Yellow Pages 등이 있다.

또 다른 거래처의 선정 방법은 상공회의소(Chamber of Commerce and Industry),

한국무역협회(KITA), 대한무역투자진흥공사(KOTRA), 해외공관 등 무역 관련기관에 의뢰 하거나, 인터넷 네트워크상의 TradeLeads(www. tradeleads. com), Asia Trade(www.asiatrade.com), EC21(www.ec21.com) 등의 무역거래알선사이트 검색을 통할 수도 있다.

이렇듯 **거래처소개의뢰서**는 목적시장이 결정되고 난 후, 거래상대방을 선정하기 위한 단계에서 무역업자 명부의 열람 내지 인터넷을 통한 검색에 의해 직접 거래상대방을 물색하기 보다는 무역관련 제 기관에 적절한 거래상대방의 소개를 의뢰하는 서신으로 거래처 선정시 사용되는 간접적인 거래처선정 방법 중의 하나이다.

2 ▸▸ 내용구성과 주요표현

(1) 내용구성

Opening	- 거래처 소개의뢰서를 보내게 된 취지
Body	- 자사의 소개(역사, 취급상품 및 규모 등) - 거래처소개의 의뢰 - 자사의 신용조회처 명기
Ending	- 협조에 대한 감사의 사전 표시 - 조속한 답신의 요망

(2) 주요표현

① Opening

- We have learned from the British Chamber of Commerce that you are in a position to introduce to us some reliable firms who may be interested in establishing a business connection with us.

▶ to be in a position to: … 할 수 있는 입장에 있다.

※ 이와 같은 표기 대신에 can 내지 be able to로 표현하는 것이 좋다.

➡ reliable: 신뢰할만한, 신용할만한

※ 유사표현: trustworthy, dependable, consistent

➡ to establish a business connection with: … 와 거래관계를 개설하다.

※ 유사표현: to do (doing) business with, to open (opening) business with, to open (opening) an account with, to enter (entering) into business relations with

- We are writing to you in order to extend our business with some reputable companies in your market.

➡ to extend one's business: 사업을 확장하다

※ 유사표현: to enlarge one's business

※ 관련표현: to extend A to B – ⓐ A를 B까지 확장하다(eg. We would like to extend our business to your market), ⓑ A를 B에게 베풀다 (eg. Thank you for hospitality you extended to us), ⓒ A를 B까지 연기하다(eg. Please extend the shipping date to the end of this month).

➡ reputable: 평판이 좋은, 명성이 높은

※ 유사표현: to be of good reputation(or repute: of 추상명사 = 형용사), respectable, decent

※ 관련표현: to enjoy a good reputation(호평을 받다, 평판이 좋다)

② Body

- We are one of the leading exporters of electronic equipment in Korea, having a business background of more than 20 years, and are particularly interested in exporting telecommunication equipment and semiconductors to your country.

➧ leading: 선도, 일류, 주요
※ 유사표현: main, chief, top, most important

● We are a Korean exporter handling computer parts listed below, and are looking for reliable concerns who may distribute our products in your country.

➧ concerns: 회사
※ 유사표현: firms, companies

➧ to handle something: … 을 취급하다. … 을 거래하다
※ 유사표현: to deal in something, to trade in something

● It should be appreciated, therefore, if you would introduce to us some reliable firms in your country, who may be interested in handling these products.

➧ to appreciate something: … 을 고맙게 여기다, … 을 감사하다
※ 유사표현: to be grateful for something, to be thankful for something, to be glad about something, to be pleased about something
※ 관련표현: We should appreciate it if ... = We shall be obliged if ... = It would be appreciated if ...

● We hope some of your members may directly contact us on regular business transactions, or we would be grateful if you could provide us with a list of companies who may be interested in acting our distributor.

➧ to contact someone: … 와 연락하다.
※ 유사표현: to get in touch with someone, to make contact with

someone, to write(or speak) to someone

※ 관련표현: to have a contact in somewhere (… 에 연락원 또는 중개인을 알고 있다: eg. He had contacts in America and Britain)

- As to our credit standing, you may please refer to Citibank, 3 St. Mary's Gate, Deansgate, Manchester, M1 1BZ, UK.

➡ as to ... : … 에 관하여 (as to는 통상 문두에서 앞서의 문장과 (연관은 있을지라도) 다른 내용을 전개하고자 할 때 사용)

※ 유사표현: as for, concerning, regarding, about, with regard (respect) to, in relation to

※ 관련표현: ... as to the particular subject or area (문두가 아닌 문장의 중간에서 말하고자 하는 특정주제나 분야를 표기하고자 할 때 사용하며 이는 on과 바꾸어 쓸 수 있음: eg. I was asked my opinion as to why Charles Whitman climbed a tower at the University)

➡ to refer to ...: … 에 조회하다, … 에 문의하다.

※ 유사표현: to consult ..., to check with

③ Ending

- We hope you will give your best consideration to this matter.

➡ consideration: 배려, 고려

※ 유사표현: kindness, concern, thoughtfulness

- Your early reply will be much appreciated.

➡ reply: 답신

※ 유사표현: answer, respond

3 ▸▸ 거래처소개의뢰서 및 답신에 대한 예

(1) Greater New York 상업회의소에 여행용가방 수입업자 소개의뢰서와 회신

① 소개의뢰서

VICTOR

435-5 Chun-Ho 1 Dong, Kang-Dong Gu, Seoul, 134-021, Korea
Tel. 82-2-456-6766 Fax. 82-2-456-6767

March 5, 2020

The Greater New York Chamber of Commerce
99 Church St., New York
N.Y. 10007, U.S.A.

Dear Sirs:

We have been exporting travel bags for more than thirty years and are now desirous of opening connection with the most reliable firms in your area.
We shall be obliged, therefore, if you will kindly introduce us to any capable concerns in your area that are interested in this line of business.
As for our business standing and activities, we are permitted to mention Korea Exchange Bank, Seoul, as a reference.
Any information with which you may favor us will be much appreciated and we earnestly await your reply.

Very truly yours,
Victor Co., Ltd.

K D Hong

K. D. Hong
Sales Manager

해설

- to be desirous of+ing: …하고 싶다 (= to be eager for, be anxious for, wish to, desire to, would like to).
- capable: 유능한, 역량이 있는
- line: 품목, 부문(= item, field)
- business standing and activities: 영업상태와 활동
- reference: 신용조회처 (관사나 복수로 표시하지 않고 reference라고 하면 '참고' 또는 '문의'의 뜻이 됨: eg. For reference we are sending you our new price-list.)
- information: 정보, 자료 (information은 단수로만 씀: eg. two pieces of information, all kinds of information, a lot of information)
- to favor A with B: A에게 B를 보내다.

② 회 신

172 Madison Ave.
New York City, New York 10016
Tel. (212) 686-7220
http://nyc.chamber.com

April 1, 2020

Victor Co., Ltd.
435-5 Chun-Ho 1 Dong
Kang-Dong Gu
Seoul, 134-021, Korea

Dear Mr. Hong:

In replying to your letter of March 5, 2015, we are pleased to inform you of the following firms.

1. Backcountry.com
   351 Fifth Avenue
   New York, N.Y. 10118
2. ...

Although these firms are reliable and of good reputation here, we, of course, are unable to make ourselves responsible for them. For any information you may desire as to their standing, it is advisable for you to write directly to them, who will, no doubt, furnish you with references.
We hope our reply will be helpful and of service to you, and if there is anything more we can do for you, please do not hesitate to let us know.

Sincerely yours,

M. Jaffe
Assistant Manager

해설

- in reply to: … 에 대한 회신으로 (= in answer to, in response to)
- to be unable to make ourselves responsible for: … 에 대한 책임을 질 수 없습니다
  (= can't assume (or take) any responsibility for)

(2) 거래처에 신거래처 소개의뢰 Fax와 회신 Fax

① 소개의뢰 Fax

FACSIMILE COMMUNICATION

Hana Enterprises

#304 Sunkyung Central Bldg. 1345 Sa-dong,Ansan-city,
Kyongki-do, 425-170 Korea, Tel: 82-31-501-9978 Fax: 82-31-406-9978

Date: Dec. 11, 2020

To: A. Pothan　　　　Copy: ________

Fax No. 91-11-35985708

From: H. Kim

Need Response: ☐ Yes (within 7 days) ☐ No

No. of pages including this one: 1

Message:

Dear Mr. Pothan,

We would like to extend our business of building materials with some reputable firms in your district. Should you have any recommendable friends among your acquaintances for this line, may we ask you to introduce them to us?

The items at our strongest are window glass, tile, aluminium roofing, cement, etc. As we supply the manufacturers of those goods with imported chemical materials, we are in close and constant touch with them, and consequently, we are in a position to secure the most favourable prices and services.

Thank you very much for your continued cooperation and we shall be pleased to reciprocate always.

Yours sincerely,

Kim

H. Kim
Export manager

해설

- may we ask you to = we wish to ask you to
- at our strongest: 당사가 가장 자랑하는
- roofing: 지붕 이는 재료
- etc.: 기타, ~등, ~따위(et cetera의 약어로 etc. 앞에는 and와 같은 접속사를 사용하지 않고 comma를 찍으며 영어의 and so on 또는 and so forth와 같은 뜻의 라틴어이다)
- to be in close and constant touch with them: 그들과 가까이 지속적으로 접촉하다.
- to secure: …을 보장하다.
- to reciprocate: 보답하다.

② 회신 Fax

A.K. TRADERS

D-2/64 II FLOOR JEEVANPARK, NEW DELHI NCT India, Phone:91-11-35985708 Fax:91-11-35985708

FACSIMILE COMMUNICATION

To: Mr. Kim	From: Mr. Pothan
Company/Firm: Hana Enterprises	Reference:
Department/Location:	
Fax Number: 82-31-406-9978	Date: Dec. 15, 2020
No. of pages (including this page): 1	

MESSAGE:

Dear Mr. Kim:

We have received your fax of the 11th of December relative to your export of building materials, and pleased to recommend to you a company which is most intimately connected with us.

Messrs. D. Stallman & Co., Ltd.,
25, Castle Street,
Bombay, India.

This company has been handling building materials as one of its main lines since 1970 and enjoys good reputation as one of the biggest three traders of this city in that direction.

Sincerely yours,

Pothan

J. R. Pothan
Assistant Manager

해설

- relative to: …에 관하여(= about or regarding)
- house: 회사(= firm, concern, company)
- to be connected with: …와 관계가 있다.
- to handle: 다루다, 취급하다 (= deal with, treat)

(3) 미국상업회의소에 잡화수입업자 소개의뢰 E-mail과 회신 E-mail

① 소개의뢰 E-mail

New Business Partners

File Edit View Insert Tools Message Help

Send Spelling Attachment Recorder Signature Formatting Typing Sounds

To: asia@uschamber.com

Cc:

Subject: New business partners

Gentlemen:

We are exporters of general merchandise, particularly toys, bamboo products, shell buttons, stationery, etc., but we have no connections in your market at present. We are looking for reliable firms with whom we can enter into business relations.

We should, therefore, appreciate it very much, if you would let us know the name of any reliable firms enjoying a good reputation in your city who are interested in importing our goods.

As to our credit standing, we wish to refer you to the attached file for the letter of recommendation by the Korea Chamber of Commerce and Industry.

Your cooperation in this matter would be highly appreciated and we look forward to an early reply.

Yours truly,

Mr. K. Han
Managing Director

Attached file: recomd.doc

해설

- general merchandise: 잡화(= sundry goods, miscellaneous goods)
- bamboo product: 죽제품
- shell button: 조가비 단추
- stationery: 문방구
- at present: 현재(= now, cf. for the present: 현재로서는)
- to wish to refer you to: …에 조회하기 바란다(eg. Please refer to the letter of recommendation; We wish to refer you to KEB, Seoul regarding our credit standing).※ 'You' attitude: Your cooperation would be highly appreciated.

'We' attitude: We would highly appreciate your cooperation.
문두에 'We'를 내세우는 것 보다 'You'를 내세우는 것이 긴밀한 상거래 관계에 도움이 된다.

② 회신 E-mail

Re: New Business Partners

File Edit View Insert Tools Message Help

Send Spelling Attachment Recorder Signature Formatting Typing Sounds

To: khhan@samhan.co.kr

Cc:

Subject: Re: New business partners

Dear Mr. Han:

In reply to your inquiry of May 14, 2005, we are pleased to introduce the following firms who may be interested in importing the merchandise you handle.

- The Oriental Fancy Goods Co., Inc.
  250 Fourth Ave., New York 10, N.Y.
- Messrs. Adam & Co., Ltd.
  39 4th St., New York 10, N.Y.

Although the above firms are of good repute, we do not assume any responsibility for their credit. They will supply you with references upon your request. If you want to obtain any additional information, please do not hesitate to contact us.

Sincerely yours,

Ms. J. Keegan
Executive Coordinator

해설

- to assume responsibility or liability: 책임을 지다.
- on your request: 귀사의 요청시에

Ⅱ 거래제의서

1 ▸▸ 거래처 선정과 거래제의서의 의의

해외시장조사를 통한 수출입대상국이 결정되고 목적시장의 잠정적인 거래상대방은 각국의 상업회의소나 국내외의 수출입업자 등으로부터 소개받게 되는데 이들과의 실제 거래를 개설하기 위한 상호간 최초의 서신을 **거래제의서(Business Proposal)**라 한다. 한편 알고 있는 회사 앞으로 특정물품의 구매 또는 판매를 권유하는 서신을 **권유서(Circular Letter)**라고 한다.

거래제의서는 거래상대방과의 최초의 서신인 만큼 보다 적극적으로 작성되어야 한다. 즉, 적극적으로 관심을 불러 일으켜(arousing interest), 구매욕구를 창출하고(creating desire), 확신(conviction)을 갖고 행동(action)으로 옮길 수 있도록 유도해야 한다. 결국 이 서신을 받을 거래상대방이 깊은 관심을 갖고 신용조회를 의뢰하거나 Offer를 요청하도록 작성되어야 한다. 따라서 거래제의서는 거래상대방이 거래제의자에 대한 정확한 정보는 갖지 못하고 있다하더라도 상품자체에 대해서는 상당한 전문가이므로 자신의 거래조건이나 상품 등이 타사에 비하여 어떤 면에서 유리한지를 보다 구체적으로 설명할 수 있도록 내용을 구상하여야 한다.

2 ▸▸ 내용구성과 주요표현

(1) 내용구성

Opening	- 상대방을 알게 된 경로(거래알선기관, 무역업자명부, 거래알선사이트 등의 명기) - 거래제의서를 보내게 된 취지
Body	- 자기회사에 대한 간단한 소개(경력, 영업형태, 업계에서의 지위, 취급품목, 전문성 내지 우월성 등) - 수출입 희망 품목, 가격, 품질, 수량, 선적, 결제 등의 거래조건 제시 - 신용조회처의 명기
Ending	- 협조와 조속한 답신의 요청 - 거래제의서에 대한 문의의 상시 환영 표시

(2) 주요표현

① Opening

- Through the courtesy of the Spain Chamber of Commerce and Industry, we have learned that you specialize in the import of electric machinery.
  - through the courtesy of: …의 후의로
  - to specialize in: …에 특화하다, 전문화하다.

- We understand from the World Business Directory that your firm is one of big importers of stationary in Portugal.
  - We understand from the World Business Directory that your firm is ...

  ※ 관련표현:

  a) We understand (=have learned) from (=through) A that your firm is ...

  b) We owe your name and address to A ...

  c) We are indebted to A for your name and address as ...

  d) Through the courtesy of A, your name and address has come to us as ...

  e) We have found your name and address in A showing you as ...

  f) Your name and address was (=has been) given through (=by) A as ...

  g) The Chamber of Commerce at ... has advised us to get in touch with you concerning ...

  h) The British Consulate recommended you to us as one of the leading importers of ...

  i) We have been informed by A that you are ...

  - one of big importers: 대규모 수입업자중의 하나

  ※ 유사표현: one of large importers(dealers, distributors), one of the leading importers

- We would like to take this opportunity to introduce ourselves to you.
  - ➧ to take this opportunity: …할 기회를 이용하고 싶다.
  - ※ 유사표현: to seize an opportunity

- We are writing to you with a keen desire to open an account with you.
  - ➧ to write to someone: …에 서신을 작성하다.
  - ※ 유사표현: to write someone (미국식)
  - ➧ with a keen desire to do something: …하고자 하는 간절한 마음으로
  - ※ 유사표현: with an anxiousness (=eagerness) to do (=for) something

② Body

- Our firm is a Seoul-based trading concern having branch offices in the major trading centers of the world and handling a wide range of merchandise.
  - ➧ a Seoul-based trading concern; 서울에 위치한 무역회사
  - ※ 유사표현: a trading firm in Seoul
  - ➧ in the major trading centers of the world: 세계의 주요 무역중심지에
  - ※ 유사표현: in the world's principal(=main, key) trade centers
  - ➧ a wide range of merchandise: 다양한 종류의 상품
  - ※ 유사표현: various goods(=products), a wide variety of merchandise

- We are an importer-exporter of general merchandise, machinery and equipment, having a background of more than 20 years business.
  - ➧ an importer-exporter of general merchandise: 잡화수출입업자
  - ※ 유사표현: an importer-exporter of sundry(=miscellaneous) goods
  - ➧ having a background of more than 20 years business: 20년 이상의 영업역사를 지니고 있는

※ 유사표현: having a proud record of more than 20 years in our business

- Our usual payment terms are 90 days' sight draft under an irrevocable letter of credit in U.S. dollars.

  ➧ 90 days' sight draft under an irrevocable letter of credit in U.S. dollars: 취소불능신용장하의 미화표시 일람 후 90일 출급어음

- We are pleased to inform you that we are able to supply any quantity within two weeks after receipt of your order.

  ➧ to supply any quantity within two weeks after receipt of your order:
  귀사의 주문 후 2주 이내에 어떠한 수량의 물품도 제공
  ※ 유사표현: to provide(=deliver) something, to make available some-thing

- As for our business standing, you may please refer to our bankers, the Korea Exchange Bank, Seoul.

  ➧ business standing: 영업상태
  ※ 유사표현: business status, general commercial reliability, busi-ness reputation, business background, business integrity

  ➧ you may refer to someone: …에 조회하십시오.
  ※ 유사표현: you may ask someone for something, we are permitted to give you someone as a reference, we would refer you to someone.

③ Ending

- We look forward to your favorable reply at your earliest convenience.

  ➧ look forward to something: …을 기다리다

※ 유사표현: await(=wait) something

※ 관련표현: We earnestly(=eagerly) await good news from you soon.

▶ favorable reply: 호의적인 답신

※ 유사표현: favorable response(=answer), good news

※ 관련표현: Your kind cooperation in this matter would be greatly appreciated.

▶ at your earliest convenience: 형편이 닿는 대로 빨리

※ 유사표현: as soon as you can, as early as possible, sooner or later

※ 관련표현:

a) Your prompt attention to this matter would be appreciated.
(= We would appreciate your prompt attention to this matter.)

b) We look forward with much interest to receiving a favorable reply from you soon.

c) Your early reply (to this) will be highly appreciated.

● Should you like to have any further information, please do not hesitate to contact us by e-mail or fax.

▶ Should you like to: 귀사가 …하고자 한다면

※ 유사표현: if you would like to

▶ do not hesitate to contact us: 당사에 연락하는데 주저하지 마십시오.

※ 유사표현: feel free to contact us, feel free to let us know, do not be reluctant to contact us

※ 관련표현:

a) If we can be of further assistance(=help) to you, please feel free to let us know.

b) Should you be interested in our products, please let us know.

c) As we are always at your service, feel free to contact us.

3 ▸▸ 거래제의서의 예

(1) Travel Bags 거래제의서와 그 회신

① 거래제의서

VICTOR

435-5 Chun-Ho 1 Dong, Kang-Dong Gu, Seoul, 134-021, Korea
Tel. 82-2-456-6766 Fax. 82-2-456-6767

April 3, 2020

Backcountry.com
351 Fifth Avenue
New York, N.Y. 10118

Gentlemen:

Your name and address were given through the Greater New York Chamber of Commerce as one of the well-known importers handling various travel bags and we are writing you with a keen desire to open an account with you.
As you will see in the enclosed catalogue, we have been established here for more than thirty years as exporters of travel bags. In this line of business we enjoy a specially advantageous position as we have wide and direct connections with the first-class manufacturers in Korea, and you may be assured that any orders you may send us will be executed at the lowest market prices and on the best terms possible.
We do business on a banker's confirmed letter of credit, under which we may draw a draft at sight. Prices are based on FOB Pusan in U.S. dollars, but we can make up CIF prices or delivery price at any port of your country, if you so desire.
Our banker is Korea Exchange Bank, Seoul, to whom you may refer for our business status.
If you are interested in travel bags, please write us conditions upon which you are able to transact with us.
We look forward to your trial order.

Very truly yours,

K D Hong

K. D. Hong
Sales Manager

해설

- your name and address were given through X
  = your name and address have been recommended to us by X
  = From (= Through) X, we have learned that
  = Through the courtesy of X, we have learned that
- to open an account with: …와 거래관계를 갖고자 (= to enter into business relations with, to open business relations with)
- We have been established here for more than thirty years = more than thirty years have passed since we were established here.
- to enjoy a specially advantageous position: 특별히 유리한 고지를 점하고 있다(= to occupy a specially advantageous position).
- to execute an order: 주문을 이행하다(= fill an order, fulfil an order, perform an order, carry out an order).
- banker's confirmed letter of credit, under which we may draw a draft at sight: 은행의 확인신용장하에서 일람출급어음을 발행한다.
- FOB Pusan: 부산항 본선인도가격 조건
- to make up: 계산하다(= figure out, calculate)
- delivery price at any port of your country: 귀국의 어떤 항구에서도 인도 가능한 가격(Incoterms 상의 D Terms(도착지인도가격의미)).
- trial order: 시험주문

② 회 신

backcountry.com

351 Fifth Avenue
New York, N.Y. 10118, USA
Tel.213-453-4251 Fax.213-892-0644

April 23, 2020

Victor Co., Ltd.
435-5 Chun-Ho 1 Dong
Kang-Dong Gu
Seoul, 134-021, Korea

Dear Mr. Hong:

We have received your letter of April 3 about travel bags.
We are now considering the possibility of commencing business with you, if your terms and conditions meet our requirements.
We should be pleased if you send us your catalogue with a price list, informing us of your full discount rates and the period of credit for a substantial amount of orders.
We are looking forward to receiving your reply at an early date.

Yours sincerely,

G. Brown

G. Brown
Import Manager

해설

- commencing business: 거래를 개시하다(= beginning business).
- terms and conditions: 거래조건
- meet: 충족시키다(= satisfy).
- full discount rate: 최고의 할인율(= maximum discount rate, allowance, reduction)
- the period of credit: 외상매출기간
- substantial amount of orders: 대량주문

(2) 수입거래제의 Fax와 회신

① 수입거래제의 Fax

CiEL (주) 씨 엘 양 행
CIEL TRADING CO., LTD.

CiELTRADING CO., LTD.
604 ESpace BD
212-26 Gu-Ro 3 Dong, Gu-Ro Gu
Seoul, 152-848, Korea
Phone +82-2-857-3663
Fax +82-2-3282-3940~2

e-mail smkm@cieltrading.com

FAX

To	Mr. David McDonald, Sales Manager
Company	COMMUNITY TRADE CO., LTD.
Fax No.	+ 1-818-895-3514
From	Sang-Myung Kim, Business Manager
Subject	Import Business Proposal
Date	May 15, 2020
Pages(including this page)	1

Dear Mr. McDonald

Through the courtesy of Korean Consul in New York, we have learned that you are one of the most reliable and leading firms in your city, especially interested in the export of various American products.
We are very much interested in building up an import business in lines for which we would like to become the sole suppliers, and if you can offer us anything in this line, we are prepared to give it our most careful consideration.
For any information you may desire as to the stability and character of our firm, we are glad to refer you to Manufactures Hanover Trust Com., 44 Wall Street, New York 15, N.Y.
As regards the terms of payment, we are prepared to furnish an irrevocable letter of credit issued by Woori Bank, Seoul.
We shall be glad to hear from you soon and trust that this business may result in our mutual advantage.

Yours sincerely,

SMKIM

Sang-Myung Kim
Business Manager

해설

- to build up an import business: 수입업을 시작하다(= to commence(= begin) an import business).
- sole supplier: 독점공급업자
- to result in our mutual advantage: 상호이득의 결과를 남기다(= to bring about our mutual benefit (= our joint (or reciprocal) advantage)

② 회신 Fax

COMMUNITY TRADE

300 Portwall Street Houston TX 77029

Tel : 1-818-895-3514 Fax : 1-818-895-3514

FACSIMILE COMMUNICATION

To: Sang-Myung Kim, Business Manager
From: David McDonald, Sales Manager
Company/Firm: CiELTRADING CO., LTD. Reference: 20150315
Department/Location: Business Department
Fax Number: +82-2-3282-3940 Date: May 18, 2020
No. of pages (including this page): 1

MESSAGE :

Dear Mr. Kim:

Thank you for your fax dated on May 15, 2015. Although we have already done some business in your country, we have had no proper representative there and for some time have considered the advisability of making better arrangements. Consequently we shall be willing to open an account with you.
We have secured the sole agency for Korea for the Vanadium Steel Company Inc., New York, who specializes in the manufacture of high-speed tool steel for which there should be a good market in Korea, and if you are interested in this line of business, and are prepared to develop the sale in Korea, we can promise you full protection.
For your guidance we will send you, upon your request, a few copies of the said company's pamphlets and their samples of high-speed tool steel.
We shall be glad to hear from you soon.

Yours sincerely,

D.McDonald

David McDonald
Sales Manager

해설

- proper representative: 적당한 대리인
- advisability of making better arrangement: 보다 좋은 협정을 맺을 가능성(= suitability, desirability)
- to secure something: …을 확보하다.
- the sole agency for Korea: 대 한국수출의 독점대리권
- to specialize in the manufacture: …을 전문적으로 제조한다.
- to develop the sale: 판매를 추진하다
- full protection: (독점공급업체로서의) 충분한 보호
- the said company: 상기 언급된 회사

(3) Electric Machinery 거래제의 E-mail과 그 회신 E-mail

① 거래제의 E-mail

Business Proposal

File Edit View Insert Tools Message Help

Send Spelling Attachment Recorder Signature Formatting Typing Sounds

To:

Cc:

Subject: Business Proposal

Gentlemen:

From the Chamber of Commerce of your city we understand that you are one of the most reliable importers of electric machinery. We are therefore, writing you with a keen desire of opening an account with you.

In introducing ourselves we are glad to say that for over thirty years we have been established here as an exporter of electric machinery and have extensive and close connections with the leading makers in this country. We have hitherto exported various kinds of electric machine to many countries, enjoying a good reputation because of the A1 quality, quick delivery and competitive prices of our goods.

As regards the terms of payment, it is our custom to trade on an irrevocable letter of credit, under which we draw a draft at sight.

As to our standing, please refer to Korea Exchange Bank, Seoul. We will supply you, upon request, with any other information you may require.

We look forward to your favorable reply soon.

Yours very truly,

Jae-Gook Choi
Export Manager

해설

- in introducing ourselves: 당사를 소개함에 있어서
- leading maker: 주요 제조업체(= first class maker(or manufacturer), A1 maker)
- A1 quality: 최상급(= best quality)
- hitherto: 지금까지(= until now, up till now, thus far)
- competitive prices: 경쟁력 있는 가격
- to draw a draft at sight: 일람출급어음을 발행하다.
- standing: 영업 내지 신용상태(= business standing, credit standing)
- upon request: 요구시에(= as soon as requested)
- your favorable reply: 귀사의 호의적인 회신

② 회신 E-mail

re: Business Proposal

File Edit View Insert Tools Message Help

Send Spelling Attachment Recorder Signature Formatting Typing Sounds

To:

Cc:

Subject: Re: Business Proposal

Dear Mr Choi:

Thank you very much for your e-mail of May 10, 2005, proposing to do business with us in electric machinery.
From your letter we are glad to learn that you are specially interested in shipping electric machinery, and in these lines we may say that we are specialists.
We are prepared to accept your proposal so long as your goods prove suitable for our market in price and quality. Will you be good enough to send us a copy of your latest catalog and a price-list?
As to the settlement of account, we are agreeable to your terms.
We thank you for your courtesy in making the proposal and hope we may soon be able to work with you to our mutual advantage.

Yours sincerely,

C. Todd
Assistant Manager

해설

- specialist: 전문가(≒ expert, professional)
- to be prepared to do: …할 용의가 있다(to be got ready, to be arranged. to be set up, to be put in order)
- to accept your proposal: 귀사의 제안을 수락하다.
- suitable for your market: 귀시장에 적합하다
- latest catalog(ue): 최근 카다로그(=the most up-to-date catalog(ue))
- settlement of account: 결제(=payment)
- to our mutual advantage: 우리 쌍방의 이익을 위하여(= to our mutual(= reciprocal) benefit)

Ⅲ 신용조회

1 ▸▸ 신용조회의 의의

무역거래에서는 특히 거래상대방으로 선정된 거래처와 정식 거래관계를 갖기 이전에 상대방의 신뢰도(reliability)를 확인하기 위한 **신용상태(credit standing)**를 조사하여야 한다. 이는 무역거래의 경우 국내거래와 비교할 수 없을 만큼 보다 크고 다양한 신용위험(credit risk)이 존재하기 때문이다. 예를 들어 매수인의 파산 등에 의한 지급불능, 지급은행의 지급거절, 전쟁・천재지변, 국가간섭 등의 비상위험 등과 매수인의 부정이나 불법행위에 의한 부도나 매도인의 계약위반에 대한 지급거절 등도 예상할 수 있다.

국내거래의 경우라면 설사 중대한 사고가 돌발해도 직접 만나서 교섭할 수 있고, 또 필요하다면 상대방의 물품을 차압할 수 있으나 국제거래의 경우에는 거리, 제도, 법률 등 접근하기가 쉽지 않다. 특히 국제거래에서 견본을 수집하여 생계의 수단으로 삼는 **sample merchant**나 고의로 클레임을 제기할 것을 미리 계산하고 있는 **claim merchant**도 있다. 이러한 문제에 대한 근본적인 대책은 재정상태나 평판 및 영업능력 면에서 양호한 상대방을 선택하는 것인데 이를 위해서는 보다 철저한 거래상대방의 신용조사가 선행되어야 한다.

거래상대방의 신뢰도를 측정하는 신용조사의 항목은 3C's를 중심으로 이루어지는데 **상도덕(character)**, **자본(Capital)**, **영업능력(Capacity)**이 그것이고 그 외에 **시장상황(condition)**, **담보능력(collateral)**을 추가하여 5C's를 조사하기도 한다.

신용조사를 위하여 은행조회처(bank reference)나 동업자조회처(trade reference)를 이용하는 방법, 국제적으로 저명한 상업흥신소(commercial agency : Dun & Bradstreet, J. P. Morgan, Standard & Poors 등)를 이용하는 방법과 해외전문 신용조사기관인 신용보증기금(Korea Credit Guarantee Fund : KCGF), 한국수출보험공사(Korea Export Insurance Corporation : KEIC), 대한무역투자진흥공사(Korea Trade Investment Promotion Agency : KOTRA) 등을 이용할 수도 있다. 최근에는 이러한 신용조사를 인터넷을 통하여 할 수도 있다.

2 ▸▸ 내용구성과 주요표현

(1) 내용구성

Opening	- 신용조사 의뢰의 이유 - 신용조회사와 그 소재지
Body	- 신용조회사의 영업상태, 재정상태 조회 - 신용조회사의 설립연도, 자본금 등의 조회 - 신용조회사의 경영자와 그의 평판 조회
Ending	- 조사내용에 대한 비밀유지와 조사비용부담의 약속

(2) 주요표현

① Opening

- Your name has been recently given to us as a reference by Hollywood Co., Inc., Los Angeles, who wants to open an account with us.

  ▶ to be given to us: 당사에 알려졌습니다.

  ※ 유사표현: to be mentioned to us

- Americana Trading Co. in your city has recently proposed to enter into business relations with us and named you as a reference.

  ▶ to propose something: …을 제안하다.

  ※ 유사표현: to put forward something, to suggest something

  ▶ to name you as a reference: 귀사를 신용조회처로 지명하다.

  ※ 유사표현: to nominate you as a reference

  ※ 관련표현: to suggest (or propose) you as a reference, to recommend you as a reference

- We believe that our future dealings with them will largely depend upon their credit standing and reputation.

➧ our future dealings with them: 그들과 앞으로의 거래
※ 유사표현: our future business relations with them

➧ largely: 대부분, 주로
※ 유사표현: mostly, mainly, principally, fundamentally, for the most part, basically, chiefly, essentially, primarily

➧ to depend upon something: …에 의지하다, 달려있다
※ 유사표현: to rely on(or upon), to be dependant on(or upon), to hinge on(or upon)

➧ their credit standing and reputation: 그들의 신용상태와 평판
※ 유사표현: their financial respectability and reputation

② Body

- Therefore, kindly inform us as to your past experiences with them and their financial ability as well as their reliability.

➧ to inform us as to your past experience: 귀사의 과거 경험에 관해 통지하다.
※ 유사표현: to inform someone of (or on, about) something, to notify someone of something, to tell someone something, to report (on or upon) something

➧ financial ability: 재정능력
※ 유사표현: financial capability, financial standing, monetary standing
※ 관련표현: fiscal standing (정부 등 공공의 재정상태 의미)

- We would be obliged if you could give us any information on their financial standing, their way of doing business and general reputation.

➧ to be obliged if ...: …하여 주시면 감사하겠습니다.

※ 유사표현: to be appreciated if ..., to appreciate it if ...

➧ their way of doing business: 그들의 영업방식

※ 유사표현: their manner(= mode, system, method, fashion) of conducting business

③ Ending

● Any information you may provide us will be much welcome and treated strictly confidential.

➧ to provide us: 당사에 제공하다.

※ 유사표현: to give us, to extend to us, to grant us

➧ to be treated strictly confidential: 극비로 취급하다.

※ 유사표현: to be treated in strict confidence, to be treated as strictly confidential, to be held strictly(or absolutely) in confidence, to be kept in strict confidence

● Your kindness to be given in this matter shall be reciprocated at any time.

➧ to be reciprocated: 보답하다. 보상하다.

※ 유사표현: to be rewarded(= repaid, returned, recompensed)

● Any information given to us will be treated as strictly confidential and the expenses will be paid by us immediately on receipt of your bill.

➧ immediately on receipt of your bill: 귀사의 청구서를 접수하자마자 즉시

※ 유사표현: as soon as we receive your bill, right away(= instantly, promptly, at once, without delay, directly) upon receipt of your bill

3 ▸▸ 신용조회서의 예

(1) 신용조회서신(은행)과 그 회신

① 신용조회서신

ANDOR™ TECHNOLOGY

425 Sullivan Avenue Suite #3
South Windsor, CT 06074, USA
Tel: 1 (860) 290-9211 Fax: 1 (860) 290-9566

January 15, 2020

The Head Office
Woori Bank
181, 2-Ka, Ulchiro
Chung-ku C.P.O. Box 2924
Seoul 100-793, Korea

Gentlemen:

Your bank was given as a reference by INBUS CO., LTD, 35 Eastcotes, Tile Hill, Covertry, CV4 9AL, UK, who have offered their services as our agents in Korea.
We would appreciate it if you would inform us of their financial standing and reputation. Any information provided by you will be treated as strictly confidential, and expenses will be paid by us upon receipt of your bill.
Your prompt reply will be much appreciated.

Yours truly,

Shepherd

H. Shepherd
Director, Trading Department

해설

- to offer one's services as an agent: 대리점을 하겠다고 신청하다.
- expenses: (정보수집)비용(= expenditure, costs ≒ charges)

② 신용조회 회신

WOORI BANK

181, 2-Ka, Ulchiro, Chung-ku C.P.O. Box 2924, Seoul 100-793, Korea

January 31, 2020

ANDOR TECHNILOGY
425 Sullivan Avenue
Suite #3
South Windsor, CT 06074
USA

Dear Mr. Shepherd:

We are pleased to report on the firm referred to in your letter of 20 May as follows: INBUS CO., LTD. were established in 1950 as general importers and exporters, with an authorized capital of $100,000,000 fully paid-up. The net worth at the end of last year exceeded $150,000,000 about half of which is readily realizable. Their main lines are cotton goods, especially cotton sewing threads, shirtings and ducks. Their business policy has been very active, and they have many connections both at home and abroad.
They have maintained a current account with us for more than ten years, always to our satisfaction and their latest financial statements show a healthy condition.
We are of opinion that they may be rated as A1 and you would not run the least risk in opening a connection with them.
For this information, we do not like to accept any responsibility, but, we shall be pleased to be of any further service to you if you require more details.
The enclosed note shows the charges which we have paid on your behalf, for which we ask you to settle soon.

Yours sincerely,

Y.H.Oh

Y. H. Oh
Deputy Manager

Enc. Debit Note

해설

- authorized capital: 수권자본
- paid-up capital: 불입자본
- net worth: 순자산(= net asset)
- readily realizable: 현금화가 용이하다.
- main line: 주요취급품목(= chief line, main items, major items, core line, key items)
- current account: 당좌계정
- financial statements: 재무제표
- healthy condition: 건전한 상태(= sound condition)
- to run risk: 모험하다(= to take risk)
- enclosed note: 동봉된 청구서
- debit note: 대금청구서(≠credit note)

(2) 신용조회 Fax(동업자)와 그 회신

① 신용조회 Fax

구일무역상사
KUILL KU ILL TRADING CO.,LTD

KU ILL TRADING CO.
120-3 JIN-YANG BD
Chung-Muro 4-Ga
Jung-Gu, Seoul, Korea
Tel : 82-2-2265-7619
Fax : 82-2-2275-1254

FAX

To	**Mr. J. Purcell, Office Manager**
Company	**SELECT MACHINE COMPANY**
Fax No.	**+ 1-847-290-9121**
From	**Kyung-Min Kim, Business Manager**
Subject	**CREDIT STANDINGS INQUIRY**
Date	**April 15, 2020**
Pages(including this page)	**1**

Gentlemen:

We shall be much obliged if you kindly give us as detailed information as you can of the financial standing, business conduct, general reputation and others, and also your candid opinion of the following firms. You are assured that anything thus communicated to us will be kept strictly confidential.

1. Indian Export & Import Co.
   33, DARYA GANF, DELHI
   INDIA
2. American Trading Co., Inc.
   140 Water Street, Vancouver, B. C.

Yours very truly,

KMKim
K. M. Kim
Business Manager

해설

- as detailed information as you can: 가능한 상세한 정보
- financial standing: 재정상태(financial difficulty: 재정난, financial aids: 금융지원)
- You are assured that ...: …가 보장됩니다(= You are guaranteed that .., You are promised that ...)

② 회신 Fax

SELECT
MACHINE COMPANY

450 E. Higgins Road, Suite 201, Elk Grove Village, IL 60007
Tel : 1-847-290-9088 Fax: 1-847-290-9121

FACSIMILE COMMUNICATION

To: Kyung-Min Kim, Business Manager

From: J. Purcell, Office Manager

Company/Firm: KU ILL TRADING CO., LTD. Reference:

Department/Location: Business Department

Fax Number: + 82-2-2275-1254 Date: April 30, 2020

No. of pages (including this page): 2

Dear Mr. Kim:

We are pleased to provide you with a credit information regarding the following firms, relative to which you inquired in your fax of April 15, 2020.

1. Indian Export & Import Co. Delhi, India.
2. American Trading Co., Inc., Vancouver, B. C.

This is given to you in confidence and will, we trust, serve your purpose.

Yours sincerely,

Purcell

J. Purcell

Office Manager

해설

- to provide someone with something: …에 …를 제공하다(= to supply(or give) someone with(or for) something)
- to serve your purpose: 귀사의 목적에 유용한 도움이 되다(= to help achieve your purpose).

CREDIT INFORMATION OF

1. Indian Export & Import Co., Ltd.
Delhi, India.
Established 1939.
Partners : M. M. Bushfield
H. S. Bushfield
E. S. Orville

Understand they are doing a good business in importing grains, pulses, haberdashery textiles, etc. Keep a satisfactory account with us, and are reported to possess very good means.

2. American Trading Co., Inc.
140 Water Street, Vancouver, B. C.

Recently, we received a report from Canadian bankers to the effect that Mr. Benjamin Monroe is the sole owner of the subject, and is also the President and principal in American Packing Co., Inc. The latter company was established many years ago to engage as exporters and importers and has been numbered among the customers of our informants for some time. The bankers regard Mr Monroe as a man of considerable experience in the importing line, and mentioned that the policies and finances of the subject are controlled by him. They understand that the former company is in a sound liquid position and that it has sufficient capital for its requirements. The bankers stated in conclusion that they believe that it may be considered quite responsible for its normal business requirements.

해설

- grains: 곡물
- pulse: 두류
- haberdashery: 신사용장신구류, 방물류
- to keep a satisfactory account with us: 당사와 만족할 만한 거래를 하고 있다 (to maintain (or remain, continue, carry on) a satisfactory account with us).
- means: 재산, 자산
- the subject: American Trading사를 말함.
- informant: 자료제공자
- importing line: 수입부분(= importing field)
- to be in a sound liquid position: 유동자산상태가 건전하다.
- to be responsible for its normal business requirement: 통상적인 영업요건의 이행에 능력이 있는

(3) 거래은행 앞 신용조회 E-mail과 그 회신 E-mail

① 신용조회 E-mail

Credit Inquiry

File Edit View Insert Tools Message Help

Send Spelling Attachment Recorder Signature Formatting Typing Sounds

To: kjennings@barclays.co.uk

Cc:

Subject: Credit Inquiry

Dear Sir,

The Colston Engineering Co., Ltd. London, have asked for a standing credit of £100,000, but as our knowledge of the company is limited to a few months trading on a cash-on-invoice basis, we should like some information about their financial and credit standing before dealing with their request.

The only reference they gave us is that of their bankers, the National Bank of Nigeria, Ibadan. We shall be most grateful for any information you can obtain for us.

Yours faithfully,

S. Park

해설

- a standing credit: 고정신용대부액
- stand-by L/C: 채무보증신용장
- on a cash-on-invoice basis: 송장상환급 조건으로
- financial and credit standing: 재정 및 신용상태

② 회신 E-mail

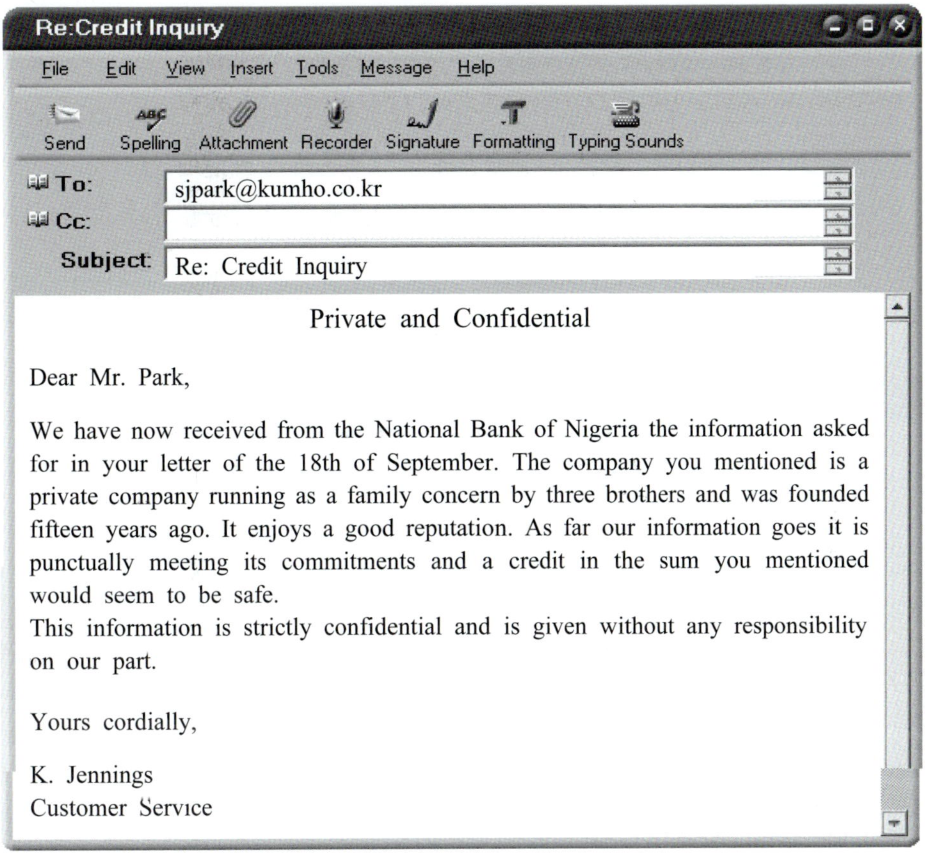

Re:Credit Inquiry

File Edit View Insert Tools Message Help

Send Spelling Attachment Recorder Signature Formatting Typing Sounds

To: sjpark@kumho.co.kr

Cc:

Subject: Re: Credit Inquiry

Private and Confidential

Dear Mr. Park,

We have now received from the National Bank of Nigeria the information asked for in your letter of the 18th of September. The company you mentioned is a private company running as a family concern by three brothers and was founded fifteen years ago. It enjoys a good reputation. As far our information goes it is punctually meeting its commitments and a credit in the sum you mentioned would seem to be safe.
This information is strictly confidential and is given without any responsibility on our part.

Yours cordially,

K. Jennings
Customer Service

Ⅳ 거래문의

1 거래문의서의 의의

거래문의는 거래상대방의 거래제의에 대한 추가정보를 얻고자 하거나 또는 광고, 인터넷, 전시회 등을 통하여 최초 알게 된 거래상대방의 거래조건 등에 대한 추가정보를 획득하고자 보내는 서신을 일컫는다. 이는 특히 Buyer가 주문에 따르는 정보나 Catalogue 및 Sample을 요청하거나 견적서(quotations) 내지 명세서(specifications)를 요구하고, 그 외에 거래조건 중 선적일자, 단가, 결제조건, 운송조건, 보험조건 등을 문의하는 서신이다.

이러한 서신을 보통 Inquiry라고 부르며 Credit Inquiry와는 달리 Buyer가 Seller에게 물품의 매매에 필요한 중요한 정보를 문의하는 주문의 예비단계라고 할 수 있다. 따라서 상대방과의 거래관계의 개설에 앞서 자신이 원하는 거래조건과의 일치여부의 판단을 위해 각종 중요사항을 꼼꼼히 따질 수 있도록 정확한 거래문의가 필요하다 할 수 있다.

2 ▸▸ 내용구성과 주요표현

(1) 내용구성

Opening	- (최초서신의 경우) 상대방 및 관심 품목을 알게 된 경위 및 자사에 대한 소개 - (상대방의 거래제의를 받은 경우) 상대방의 거래제의에 대한 감사의 표시
Body	- 문의사항의 명시 (관심품목의 명시와 가격, 수량, 색상, 품질, 결제, 할인, 선적조건 조회) - 카탈로그, 명세서, 견본의 발송 요청 - 자사의 판매망 내지 지위, 연간구입예정수량 등 거래를 유리하게 이끌 수 있는 사항을 명기하고 가격할인 및 특별거래조건 요구
Ending	- 조속한 답신의 요청

(2) 주요표현

① Opening

- We were advised by Spett. Marco Gennovisa of Millan that you are interested in supplying various kinds of stationary.

➧ to be advised by someone that ...: …로부터 …을 조언(권고) 받다.

※ 유사표현: to be given by someone that ..., to be recommended by someone that ..., to be informed by someone that ...

※ 관련표현: to learn from someone that ..., to owe to someone that ..., to be indebted to someone that ...

- We were impressed by the selection of gardening tools displayed on your stand at this year's Hamburg Gardening Exhibition.

➧ to be impressed by something: …에 감화(감명) 받다.

➧ the selection of gardening tools: 엄선된 정원용 도구

※ 유사표현: the collection of …, the range of …, the assortment of …, the choice of …

- Thank you for your letter of June 18, 2015, proposing to do business with us in electric machinery.

➧ to propose to do business with someone: …와 거래를 제안하다.

※ 유사표현: to put forward to do business with someone, to intend to do business with someone, to suggest to do business with someone.

② Body

- We have heard about your latest equipment in laser surgery and would like more details. Please send us any information you can supply, marking the letter "For the Attention of Professor Kazuhiro", Tokyo General Hospital, Kinuta-Setagayaku, Tokyo, Japan.

➧ more details: 더 많은 세부사항(정보)

※ 유사표현: more particulars, more information

- Please would you send me an up-to-date price list for your building materials?

➧ to send me an up-to-date price list: 최근 가격표를 당사에 송부해 주십시오.

※ 관련표현:

a) We would like to receive the latest catalog covering your products.

b) Please let us have your latest catalog of …

c) We should be glad to receive a copy of each of your latest catalog.

d) We shall appreciate receiving your latest price list.

e) We should be obliged if you would send us a free copy of your booklet "Stereo System," advertised in the Business Week.

➡ an up-to-date price list: 최근 가격표

※ 유사표현: a latest price list, a current price list

- If your price are competitive and your goods suit our trade, we shall be able to give you large orders.

➡ your goods suit our trade: 귀사의 물품이 당사의 거래에 적합하다.

※ 유사표현: your goods go well with our trade, your goods are suitable to our trade.

➡ to give large orders: 대량주문을 하다.

※ 유사표현: to place substantial orders

- We hope to be allowed your special trade terms and conditions as we have large distribution channels in computers business.

➡ to hope to be allowed your special trade terms and conditions: 귀사의 특별거래조건을 희망합니다.

※ 유사표현: to hope you to provide us with your special trade terms and conditions, to wish (= look forward to) your special trade terms and conditions.

③ Ending

- Please inform us by e-mail or fax whether you can meet our request.

➡ to inform us ...: …을 당사에 알리다.

※ 유사표현: to let us know ..., to tell us ..., to notify us ...

➡ to meet our request: 당사의 요구사항을 충족하다.

※ 유사표현: to comply with our request, to satisfy our request, to fulfill our request

- We look forward to having your response soon.

➡ having your response soon: 귀사의 조속한 답신을 수령함

※ 유사표현: having your reply soon, receiving your early reply, hearing from you soon

3 ▸▸ 거래문의서의 예

(1) CD에 관한 거래문의서와 그 회신

① 거래문의 서신

HMV.co.uk
top dog for music·dvd·games

Shelley House 2-4 York Road Maidenhead Berkshire SL6 1SR
Tel : +44-0191-460-3333 Fax : +44-0191-460-3993

July 11, 2020

Sales Department

AG Electronics Ltd
Foresty house
Stadhampton Road
Great Haseley
Oxon OX44 7PF UK

Dear Sir/Madam:

We are a large music store in the centre of London and would like to know more about the re-writable and recordable CDs you advertise in this month's edition of 'Lectron'.

Could you tell us if the CDs are the goods of leading brand names, or made by small independent companies, and whether they would be suitable for domestic recording? We would appreciate it if you could send us some samples. If they are of the standard we require, we will place a substantial order. We would also like to know if you offer any trade discounts.

Yours faithfully,

P.Gérard

P.Gerard
Manager

해설

- leading brand names: 일류 유명브랜드 (= big-name brands)
- to be suitable for domestic recording: 가정용 기록(취입, 복사 등)에 적합한 (= to suit domestic recording)
- trade discounts: 동업자할인 (= trade concession)

② 거래문의 회신

AG Electronics

Foresty House Stadhampton Road Great Haseley Oxon OX44 7PF
Tel : +44-01844-279-816 Fax : +44-01225-279-827

July 25, 2020

HMV UK Ltd
Shelley House 2-4
York Road
Maidenhead
Berkshire SL6 1SR UK

Dear P. Gèrard:

Thank you for your enquiry of July 11, 2020 in which you asked about the CDs we advertised in this month's edition of 'Lectron'.

I can confirm that they are of high quality, and suitable for domestic recording. They are 'Kolby' products, a brand name you will certainly recognize, and the reason their prices are so competitive is that they are part of a consignment of bankrupt stock that was offered to us.

Because of their low price, and the small profit margin, we will not be offering any trade discounts on this consignment. But we sell a wide range of electronic and computer products and have enclosed a price list giving you details of trade, quantity, and cash discounts.

We have sent, by separate post, samples of the advertised CDs and other brand we stock, and would urge you to place an order as soon as possible as there has been a huge response to our advertisement. Thank you for your interest.

Yours sincerely,

R. Gerlach

R. Gerlach
Sales Director

Enc. price-list

해설

- to confirm that..: …을 확인하다(= to verify (or authenticate that...).
- part of a consignment of bankrupt stock: 파산된 재고위탁품의 일부
- trade, quantity, and cash discounts: 동업자, 수량, 현금할인
- a huge response to our advertisement: 당사의 광고에 대한 엄청난 호응
- to urge you to do ...: …을 하도록 귀사에 거듭 권유하다(= to advise you to do ...)

(2) 도자기류 제품에 관한 거래문의 Fax와 그 회신 Fax

① 거래문의 Fax

AMERICAN DESIGNER™ POTTERY

15-22 Fair Lawn Avenue,Fair Lawn, NJ 07410 USA
Tel: 1-201-796-2222 Fax: 1-201-796-9155

FACSIMILE COMMUNICATION

To: J. Merton, Sales Manager

From: Linda Lowe, Director
Company/Firm: NORITAKE (U.K.) LIMITED. Reference:
Department/Location: Business Department
Fax Number: +44(0)1908320932 Date: August 11, 2020
No. of pages (including this page): 2

Dear Mr. Merton:

Thank you for your fax of August 7, 2020, proposing to do business with us and I am writing on behalf of our principals in Canada, who are interested in importing chinaware from England.

Could you send us your latest catalogue and price list, quoting your most competitive prices?

Our principals are a large chain store in North America and will probably place substantial orders if the quality and prices of your products are suitable.

We look forward to hearing from you soon.

Many thanks,

Linda Lowe

Linda Lowe

Director

해설

- on behalf of: …을 대신하여(= on one's behalf, cf. in behalf of: …을 위하여(= in one's behalf)).
- chinaware: 도자기류 제품(= porcelain)
- competitive price: 경쟁력 있는 (저가의 합리적인) 가격
- to place substantial order: 대량주문하다.

② 회신 Fax

Noritake 1904 • 2004

26 Heathfield Stacey Bushes Milton Keynes MK12 6HR UK
Tel: +44(0)1908318446 Fax: +44(0)1908320932

FAX

To	**Linda Lowe, Director**
Company	**AMERICAN DESIGN POTTERY CO., LTD**
Fax No.	**+ 1-201-796-9155**
From	**J. Merton , Sales Manager**
Subject	**REPLY OF BUSINESS INQUIRY**
Date	**Augst 21, 2020**
Pages(including this page)	**1**

Dear Ms. Lowe:

We were pleased to receive your enquiry today, and are enclosing the catalogue and price list you asked for.
You will see that we can offer a wide selection of dinner and tea services ranging from the rugged 'Greystone' earthenware breakfast sets to the delicate 'Ming' bone china dinner service. You can choose from more than fifty designs, which include the elegance of 'Wedgwood', the delicate pattern of 'Willow', and the richness of 'Brownstone' glaze. We would very much like to add your clients to our worldwide list of customers, and could promise them an excellent product with a first-class service. We would be glad to accept orders for any number of pieces, and can mix sets if required.
You will see that our prices are quoted CIF to Eastern Canadian seaboard ports and we are offering a special 10% discount off all net prices, with delivery within three weeks from receipt of order.
If there is any further information you need, please contact us, or go to our website at the address above. Once again thank you for your enquiry.

Your sincerely,

J.Merton

J.Merton
Sales Manager
Encls. 2

해설

- rugged "Greystone" earthenware: 울퉁불퉁한 회색화강암 토기(질그릇)
- bone china: 골회자기(본차이나)
- to add your clients to our worldwide list of customers: 귀사의 고객들을 당사의 세계적인 고객명단에 추가(포함)하다, 즉 귀사의 고객을 당사의 고객으로 삼고 싶다.
- to be quoted CIF to Eastern Canadian seaboard ports: 동부 캐나다 해안의 항구까지의 운임 및 보험료 포함가격으로 견적하다.
- a special 10% discount off all net price: 모든 정가에서 10%의 특별할인

(3) Sweater 제품에 관한 거래문의 E-mail과 그 회신 E-mail

① 거래문의 E-mail

Sales Inquiry

File Edit View Insert Tools Message Help

Send Spelling Attachment Recorder Signature Formatting Typing Sounds

To: customers@satex.co.it

Cc:

Subject: Sales Inquiry

Dear Sir/Madam

We are a chain of retailers based in Birmingham and are looking for a manufacturer who can supply us with a wide range of sweaters for the men's leisurewear market. We were impressed by the new designs displayed on your stand at the Hamburg Menswear Exhibition last month.
As we usually place large orders, we would expect a quantity discount in addition to a 20% trade discount off net list prices. Our terms of payment are normally 30-day bill of exchange, D/A.
If these conditions interest you, and you can meet orders of over 500 garments at one time, please send us your current catalogue and price list.
We hope to hear from you soon.

Yours truly,

Peter Crane
Chief Buyer
F.Lynch & Co.Ltd
Nesson House, Newell Street, Birmingham B3 3EL
Telephone:+44(0)21 236 6571
Fax:+44(0)21 236 8592
Email: pcrane@lynch.co.uk

해설

- to place large order: 대량주문을 하다(=to place substantial order)
- quantity discount: 대량주문에 따른 수량할인
- trade discount: 동업자간의 할인
- 30-day bill of exchange, D/A: 30일 기한부어음이 첨부된 인수도(documents against acceptance)조건
- to meet order: 주문에 부응하다, 주문을 충족시키다(= to get order).

② 회신 E-mail

Re: Sales Inquiry

File Edit View Insert Tools Message Help

Send Spelling Attachment Recorder Signature Formatting Typing Sounds

To: pcrane@lynch.co.uk

Cc:

Subject: Re: Sales Inquiry

Dear Mr Crane:

We were pleased to receive your enquiry, and to hear that you liked our range of sweaters. We can confirm that there would certainly be no trouble in supplying you from our wide selection of garments.

We can offer you a quantity discount, which would be 5% off net prices for orders over ₤2,000, but the usual allowance for a trade discount in Italy is 15%, and we always deal on payment by sight draft, or cash against documents.

However, we would be prepared to review this once we have established a firm trading association with you.

Enclosed you will find our summer catalogue and price list quoting prices CIF London. We are sure you will find a ready sale for our products in England, as have other retailers throughout Europe and America, and we hope very much that we can reach agreement on the terms quoted.

Thank you for your interest. We look forward to hearing from you soon.

Yours sincerely,

D.Causio
Sales Director

Attachment: price.doc, ecatalog.pdf

해설

- to deal on payment by sight draft: 일람불 어음에 의한 결제 조건으로 거래하다.
- to deal on cash against documents: 서류상환도 현금결제조건으로 거래하다.
- to establish a firm trading association with you: 귀사와 안정된 관계(친밀한 관계)를 구축하다.
- to find a ready sale: 금방 팔리다(= to meet a ready sale, to obtain an immediate sale. cf. sell like fun(wildfire, hot cakes): 날개 돋친 듯이 팔리다)

V 일반거래조건협정서

1 일반거래조건협정서의 의의

신용조회(Credit Inquiry)에 따라 얻은 거래상대방의 양호한 신용정보에 의하여 그 상대방과 거래할 의사가 확고해지면 거래제의 내지 권유에 대한 답신으로 거래관계개설의사를 밝히고, 이를 근간으로 앞으로 거래할 일반원칙이 되는 "**일반거래조건협정서**"(Agreement on General Terms and Conditions of Business) 또는 "**일반거래조건각서**"(Memorandum)를 작성하는 것이 보통이다.

이러한 일반거래조건협정서는 당사자간 최초의 거래, 중장기 연불방식에 의한 수출입 등 거래내역이 복잡하거나 1회 거래로 종결되는 경우 일반거래조건협정서의 사용 없이 바로 체결되는 개별계약(Case by Case Contracts)과는 달리 동일한 거래상대방과 계속적으로 거래가 이루어지는 경우 주로 채택된다. 즉, 매거래시마다 건별로 수출입본계약을 체결하지 않고 일반거래조건협정을 체결하여 장래 거래시 적용할 수 있는 기본준칙을 정한 후, 개별거래시 일반거래조건협정서에서 정한 방법에 따라 간단한 Offer나 Order를 교환함으로써 계약을 확정하는 방법이다.

일반거래조건협정서의 작성 이후에 작성되는 **매매계약서**는 구체적인 거래내용을 약정하는 것이라면 **일반거래조건협정서**는 거래의 기본적이고 포괄적인 내용을 약정한다. 일반거래조건협정서의 조건 가운데 품질(quality), 수량(quantity), 가격(price), 선적(shipment), 보험(insurance) 및 결제(payment) 조건은 매매의 중심이 되는 조건이므로 이 가운데 하나라도 누락되거나 불충분하게 작성된다면 당사자간 분쟁의 소지를 남길 가능성이 있다.

따라서 아래에서는 일반거래조건협정서의 내용구성과 주요표현을 중심으로 살펴보고 각 거래조건의 구체적인 내용은 일반거래조건협정서 없이 작성되는 개별계약상의 거래조건과 유사하기에 제2편 국제물품매매계약에서 자세히 살펴보기로 한다.

2 ▸▸ 내용구성과 주요표현

(1) 내용구성

Non-operative Parts	- 계약당사자의 명시 및 합의 내용이 아래에 기재됨을 명시
Operative Parts	- 각 거래조건(거래형식, 물질, 수량, 가격, 청약의 유효기간, 주문, 포장, 결제, 선적, 보험, 불가항력, 지연선적, 클레임, 중재, 정형거래조건, 준거법조항)의 명시
Finals	- 일반거래조건협정서의 효력개시일 기재와 서명

(2) 주요표현

① Non-operative Parts

- It is hereby agreed between A Co. Ltd., Seoul, Korea (hereinafter called Sellers), and B Co., Inc., New York, U.S.A. (hereinafter called Buyers), that all business shall be conducted on the following terms and conditions.

  ➧ It is hereby agreed between A and B that ...: A와 B사이에 that 이하가 이로써 합의되다.

  ※ 유사표현: to be concurred, to be consented

  ➧ to be conducted on ...: …한 조건으로 이행되다.

  ※ 유사표현: to be executed, to be performed

② Operative Parts

- Type of Business: Both parties shall act as principals to principals on their own account and responsibility.

  ➧ as principals to principals: 본인 대 본인자격으로

  ➧ on their own account and responsibility: 자신의 비용과 책임으로

- Prices: Unless otherwise especially specified, all prices submitted by Sellers or Buyers, shall be quoted on CIF New York in U.S. Dollars.

➡ to specify something: …을 명기하다.
※ 유사표현: to state (= express, stipulate, indicate) something

➡ to submit something: … 을 제시하다.
※ 유사표현: to present (= tender) something

- Offers: All cable offers shall be considered "firm" subject to reply being received within five (5) days including the date of despatch, if otherwise not stipulated. "The immediate or prompt reply" shall mean that a reply is to be received within three (3) days including the date of despatch. In either case, however, Sundays and all official bank holidays shall not be counted.

➡ to be considered "firm" subject to reply being received: 답신이 수취되는 것을 조건으로 확정적인 것으로 간주되다.
※ 유사표현: to be regarded (= deemed)

➡ if otherwise not stipulated: 달리 규정되지 않는 한
※ 유사표현: unless otherwise expressed

- Quantity: Quantity shall be subject to a variation of 10% plus or minus at Sellers' option.

➡ to be subject to a variation of 10% plus or minus at Sellers' option: 매도인의 선택에 따라 10%의 과부족을 허용하는 조건으로

- Payment: An irrevocable and confirmed letter of credit negotiable on Sight Draft shall be established through a prime bank satisfactory to Sellers immediately after conclusion of contract with validity of at least fifteen (15) days after the last date of the month of shipment for negotiation of the relative draft. If Buyers fail to provide such a letter of credit, Sellers shall have the option of reselling the contracted goods for Buyers' account, holding them for Buyers' account and risks, and/or cancelling the contract and claiming for damages caused by Buyers' default.

- an irrevocable and confirmed letter of credit: 취소불능 확인신용장
- negotiable on sight draft: 일람출급환어음으로 매입가능한
- to be established through a prime bank: 일류은행을 통해 개설된

※ 유사표현: to be issued (= opened) through a prime(= major, leading, primary) bank

- to have the option of reselling the contracted goods: 계약물품을 전매하는 선택권을 가지다.

- Shipment: All contracted goods shall be shipped within the stipulated time. The date of bill of lading shall be accepted as conclusive proof of the day of shipment. Partial shipments and/or transhipments shall be permitted.

  - to be accepted as conclusive proof of the day of shipment: 선적일자의 확정적 증거로 인정되다.

  ※ 유사표현: to be taken (≒ regarded, deemed, assumed) as conclusive (= decisive, definite, irrefutable) proof of the day of shipment

- Force Majeure: If the shipment is prevented or delayed in whole or part by the reason of "Acts of God" including fire, flood, typhoon, earthquake, or by the reason of "Force Majeure" including riots, wars, hostilities, government restrictions, trade embargoes, strikes, lock-outs, labor disputes, boycotting of Korean goods, inability of transportation or any other causes of a nature beyond Seller's control,

Sellers may at their option perform the whole contract or its unfilled portion within a reasonable time from the removal of causes preventing or delaying performance, or cancel unconditionally without liability the whole contract or its unfilled portion.

▶ beyond Sellers' control: 매도인이 통제할 수 없는
▶ unfilled portion: 미이행된 부분

- Marine Insurance: 110% of the invoice amounts shall be insured by Sellers on WA including war risk, if no other conditions are particularly agreed on. Any additional premium for insurance coverage shall be born by Buyers and shall be added to the invoice amount, for which the letters of credit shall stipulate accordingly.

▶ to be insured by Sellers: 매도인에 의해 부보되다.
※ 유사표현: to bo assured (= underwrited, covered) by Sellers

▶ to be born by Buyers: 매수인에 의해 부담되다.
※ 유사표현: to be shouldered by Buyers, to be taken upon Buyers

- Claims: Claims, if any, shall be filed within thirty (30) days from the date of final discharge of the goods at destination. Unless Buyers' written notice of claims, accompanied by proof certified by an authorized surveyor, shall arrive at Sellers' office during such a thirty (30) days period, Buyer shall be deemed to have waived any claim. Any claims and disputes shall be settled amicably as far as possible between both parties. In case of failure, however, the matter shall be submitted to The Korean Commercial Arbitration Board in Korea.

▶ to file one's claim with someone for something: …에게 …에 대해 클레임을 제기하다.
※ 유사표현: to enter (= lodge, put in, send in) one's claim with some-

one for something

▶ final discharge of the goods at destination: 목적지에서 물품의 최종양륙
※ 유사표현: final unloading of the goods at destination

▶ proof certified by an authorized surveyor: 공인 검정인에 의해 증명된
※ 유사표현: proof verified (= attested) by an authorized surveyor

▶ to waive any claim: 어떠한 클레임도 포기하다.
※ 유사표현: to abandon (= relinquish) any claim

③ Finals

- In witness whereof, the parties hereto have caused this agreement, to be executed in duplicate by their representatives as of the day, month and year hereunder written in their registered offices.

▶ in witness whereof: 본 계약의 증거로
※ 유사표현: kindness, concern, thoughtfulness

▶ in duplicate: 2통으로
※ 관련표현: to make out in duplicate (정부 2통을 작성하다. cf. in triplicate(3통), in quadruplicate(4통), in quintuplicate(5통))

▶ as of the day, month and year hereunder written: 아래에 명시된 년, 월, 일자 현재로서
※ 관련표현: the stock in hand as of February 2, 2015 (2015년 2월 2일 현재의 재고량)

3 ▸▸ 일반거래조건협정서의 예

Agreement on General Terms and Conditions of Business

This Agreement entered into between The Pacific Trading Co., Inc., New York, hereinafter called the Buyers, and The Daehan Trading Co., Ltd., Seoul, Korea, hereinafter referred to as the Sellers, witnesses as follows :

(1) **Business** : Both Sellers and Buyers shall act as Principals and not as Agents.

(2) **Samples and Quality** : The Sellers shall supply the Buyers with samples free of charge, and the quality of the goods to be shipped should be about equal to the sample on which an order is given at the time of arrival.

(3) **Quantity** : Weight and Quantity determined by the Sellers, as set forth in shipping documents, shall be final.

(4) **Prices** : Unless otherwise specified, prices shall be quoted in U.S. Dollars on C.I.F. New York basis.

(5) **Firm Offers** : All firm offers shall remain effective for three days including the day cabled. Sundays and National Holidays shall not be counted as days.

(6) **Orders** : Except in cases where firm offers are accepted, all orders shall be subject to the Seller's final confirmation.

(7) **Packing** : Proper export wooden case packing shall be carried out, each case bearing the mark "△WS" with port mark, running case numbers, and the country of origin.

(8) **Payment** : Draft shall be drawn at 30 d/s under Irrevocable Letter of Credit which should be opened in favor of Seller immediately upon contract, for the invoice value with full set of shipping documents, namely, Bill of Lading, Insurance Policy, Commercial Invoice and other documents which each contract requires.

(9) **Shipment** : Shipment shall be made within the time stipulated in each contract. The date of Bill of Lading shall be taken as a conclusive proof of the day of shipment. Unless expressly agreed upon, the port of shipment shall be at the Seller's option.

(10) **Marine Insurance** : All shipments shall be covered on A/R including War Risks and S.R.C.C. for the invoice amount plus 10(ten) percent. All policies shall be made out in U.S. Dollar and claims payable in New York.

(11) **Force Majeure** : The Sellers shall not be responsible for the delay in shipment due to force majeure, including mobilization, war, strikes, riots, civil commotion, hostilities, blockade, requisition of vessels, prohibition of export, fires, floods, earthquakes, tempest and any other contingencies, which prevent shipment within the stipulated period. In the event of any of the aforesaid causes arising, Sellers shall furnish a certificate substantiated by the Korea Chamber of Commerce and Industry.

(12) **Delayed Shipment** : In all cases of force majeure provided in the Article No. 11, the period of shipment stipulated shall be extended for a period of twentyone(21) days. In case shipment within the extended period should still be prevented by a continuance of the causes mentioned in the Article No. 11 or the consequences of any of them, it shall be at the Buyers' option either to allow the shipment of late goods or to cancel the order by giving the Sellers the notice of cancellation by cable.

(13) **Claims** : Claims, if any, shall be submitted by cable within fourteen (14) days after arrival of goods at destination. Certificates by recognized surveyors shall be sent by mail without delay.

(14) **Arbitration** : All claims which cannot be amicably settled between Sellers and Buyers shall be finally settled by arbitration in Seoul, Korea in accordance with Commercial Arbitration Rules of the Korean Commerical Arbitration Board and under the Laws of Korea. The award rendered by the arbitrator shall be final and binding upon both parties concerned.

(15) **Trade Terms** : Unless specially stated, the trade terms under this contract shall be governed and interpreted by the latest In-coterms.

(16) **Choice of Law** : The formation, performance and remedy of the contract of sale shall be governed by United Nations Convention on Contracts for the International Sale of Goods(1980).

This Agreement shall be valid on and after July 5, 2016.

For THE PACIFIC TRADING. CO., INC.

O.S.Hwang

Sales Manager

For THE DAEHAN TRADING CO., LTD.

C Bush

Export Manager

해설

일반거래조건협정서

매수인 Pacific Trading주식회사와 매도인 대한무역주식회사 간에 다음과 같이 협정한다.

(1) **거래형태** : 거래는 매매당사자 모두 本人 對 本人으로 하며 대리인으로 하는 것이 아님.

(2) **견본 및 품질** : 매도인은 매수인에게 무료로 견본을 제공함과 동시에 선적상품의 품질은 도착시에 발주의 기초가 된 견본과 대체로 일치할 것.

(3) **수량** : 중량 및 수량은 선적서류에 기재된 것으로 한다.
(4) **가격** : 가격은 별도로 정한 경우를 제외하고는 C.I.F. New York조건으로 미달러로 견적한다.
(5) **확정 Offer** : 모든 확정 Offer는 타전일을 포함하여 3일간 유효한 것으로 한다. 다만 일요일과 국경일은 제외된다.
(6) **주문** : 확정 Offer를 인수한 경우 이외의 모든 주문은 매도인의 최종확인을 필요로 한다.
(7) **포장** : 적당한 수출용 목재상자 포장을 하고 각 상자에는 주화인과 도착항마크, 상자 일련번호 및 원산지를 기입할 것.
(8) **결제** : 환어음은 매매계약체결 직후에 매도인을 수익자로 하여 개설되는 취소불능신용장에 의거하여 송장금액에 대하여 일람후 30일로 발행한다. 또한 선적서류 일체, 즉 선화증권, 보험증권, 상업송장 및 매 계약에서 요구하는 기타 서류를 첨부한다.
(9) **선적** : 선적은 각 계약에서 정해진 기일 이내에 한다. 선화증권의 발행일을 선적일로 간주하고, 별도 합의가 없는 한 선적항은 매도인이 임의로 선택한다.
(10) **해상보험** : 모든 선적품은 송장금액의 110%를 보험금액으로 하여 전쟁위험과 스트라이크 위험을 특약한 전위험담보조건으로 부보한다. 모든 보험증권은 미화로 표시하고 뉴욕지급으로 작성한다.
(11) **불가항력** : 매도인은 불가항력으로 인한 선적지연에 대하여 책임을 지지 않는다. 불가항력에는 동원, 전쟁, 파업, 소요, 폭동, 적대행위, 폐쇄, 선박의 징발, 수출금지, 화재, 홍수, 지진, 폭풍우 및 그 밖에 지정기일까지 선적을 불가능하게 하는 우발적인 사고를 포함한다.
이상과 같은 사유가 발생한 경우에는 매도인은 대한상공회의소에서 입증한 증명서를 지체없이 매수인에게 송부한다.
(12) **선적지연** : 제11조에 열거한 모든 불가항력인 경우에는 선적기일이 21일간 연장된다. 연장된 선적기일까지도 제11조의 사유가 계속되거나 또는 그 결과로서 선적이 불가능할 경우에는 매수인 임의로 선적지연을 허락하거나 또는 전보로 매도인에게 취소통지를 함으로써 주문을 취소할 수 있다.
(13) **클레임(손해배상청구)** : 클레임은 물품이 목적지에 도착한 후 14일 이내에 타전한다. 그리고 지체없이 공인된 감정인의 증명서를 우송한다.
(14) **중재** : 매매당사자간에 원만한 해결이 되지 않는 모든 클레임은 대한민국 서울특별시에서 대한상사중재원의 상사중재규칙 및 대한민국법에 따른 중재에 의하여 최종적으로 해결한다. 중재인의 판정은 최종적인 것으로 당사자 쌍방에 대하여 구속력을 가진다.
(15) **정형거래조건** : 별도로 정한 경우를 제외하고는 이 계약의 거래조건은 최신 Incoterms에 준거한다.
(16) **준거법의 선택** : 매매계약의 성립, 이행 및 구제는 국제물품매매금약에 관한 UN협약에 따른다.

본 협정서는 2016년 7월 5일부터 유효하다.

CHAPTER 3

계약체결 단계의 무역통신문

I 청약과 대응청약

1 청약과 대응청약의 의의

국제물품매매계약에 의한 무역거래는 청약자가 피청약자와 일정한 조건으로 계약을 체결하고 싶다는 의사표시인 **청약(Offer)**과 이에 대한 상대방의 **승낙(Acceptance)**에 의해, 즉 계약당사자간 의사의 합치에 의해 이루어지는 낙성계약이다. 여기서 청약은 매매조건의 제시와 함께 판매 또는 구매의 의사를 상대방에게 개진하는 계약체결의 확정적인 의사표시라고 할 수 있다. 이러한 의견개진은 1인 또는 특정인 앞으로 행해져야 하며, 상대방의 승낙이 있으면 이에 구속된다는 청약자의 의사가 나타나 있어야 한다. 어떠한 의사표시가 확정적이기 위해서는 계약대상인 물품을 표시하고 있을 뿐 아니라 명시 또는 묵시적으로 그 수량과 대금을 정하고 있거나 또는 이를 정하는 규정을 두고 있어야 한다. 1인 또는 그 이상의 특정인에 대한 제의가 아닌 것은, 즉 확정적 의사표시가 아닌 것은 **청약의 유인(invitation to offer)**이다. 이러한 청약의 유인의 경우에는 상대방이 승낙하여도 계약이 성립되지 않고, 이러한 승낙이 비로소 청약이 되며 청약의 유인을 제시한 자가 이에 동의하여야 계약이 성립된다.

한편 청약은 법률상 또는 당사자간 계약에 의하여 별도로 정한 바가 없는 한 의사표시에 특정한 방법을 필요로 하지 않는다. 즉, offer는 구두나 행위에 의해서도 가능하나 무역거래에서 통상적인 청약은 우편, 전보, 전화, Fax 또는 면담으로 이루어지며 요즘에는 E-mail이나 인터넷을 이용한 전자문서의 방법으로도 행하여진다. 청약의 효력발생시기는 UN통일매매법에서 도달주의를 규정하고 있으나 각국의 입법례에 따라 다르기에 청약서에 구체적으로 효력발생기간을 명기하는 것이 좋다. 또한 청약의 유효기간과 함께 일단 발행되어 피청약자(Offeree)에 도달된 청약은 그 유효기간 내에는 그 내용을 변경 또는 취소할 수 없으며, 피청약자(Offeree)가 이를 승낙하면 바로 매매계약이 성립되는 형태의 Offer를 **확정청약(Firm Offer)**라 부른다.

한편 청약의 유효기간이 정해져 있지 않은 청약을 **자유청약(Free Offer)**이라 하며 청약자는 청약의 조건을 언제든지 자유롭게 회수(withdrawal), 변경(amendment) 내지 철회(revocation)할 수 있고, 이러한 자유청약의 경우에는 비록 피청약자가 승낙했다 하여도 즉시 계약이 성립되지 않고 청약자의 최종확인(Final Confirmation)이 있어야 계약이 성립됨을 조건으로 하는 것이 일반적이다.

청약은 Buyer측에서 발행하는 **Buying Offer**와 Seller측에서 발행하는 **Selling Offer**로 나눌 수 있으나, 일반적으로 Offer라고 하면 Selling Offer를 의미한다. 한편 청약자(Offeror)가 발행한 청약의 내용 가운데 일부를 수정하여 피청약자(Offeree)인 Buyer가 Seller에게 발행하는 청약을 **원청약(Original Offer)**에 대한 **대응청약(Counter Offer)**이라고 하고, 이 경우의 대응청약을 Buying Offer로 취급하기도 한다.

2 ▸▸ 내용구성과 주요표현

(1) 내용구성

① 청 약

Opening	- 거래문의에 대한 감사의 표시 - 청약의 종류(확정청약, 자유청약, 최종확인 조건부 청약 등) 명시
Body	- 청약의 조건(품명, 품질, 가격, 수량, 선적일과 선적항 등) 제시 - 청약에 대한 승낙의 설득(시장 상황, 품질의 우수성, 저가 등)
Ending	- 청약에 대한 조속한 승낙의 권유

② 대응청약

Opening	– 청약에 대한 감사의 표시
Body	– 청약에 제시된 거래조건의 부적절성과 그 이유를 명시 – 희망하는 거래조건을 기재
Ending	– 희망조건에 대한 배려와 그에 대한 조속한 회신을 기다리겠다는 취지의 기재

(2) 주요표현

① 청 약

i) Opening

- Thank you for your inquiry of July 10, 2020 and we are pleased to offer you firm the following goods, subject to your reply reaching us on or before September 10, 2020.

➧ to offer you firm the following goods: 다음과 같은 물품을 확정청약하다.

※ 유사표현: to make a firm offer for the following goods

➧ subject to your reply reaching us on or before September 10, 2015: 9월 10일까지 귀사의 회답이 당사에 도착하는 것을 조건으로

※ 유사표현: subject to your reply (being) received here by September 10, 2020 (= not later than September 10, 2020)

➧ 확정청약(Firm Offer): Offer에 가격을 비롯한 여러 가지 거래조건이 확정적으로 제시되고 유효기간도 설정되어 있어서 일단 발행된 Offer의 유효기간 내에는 그 내용을 변경, 취소 또는 철회할 수 없으며, 상대방(Offeree)이 이를 승낙(Accept)하면 바로 매매계약이 성립되는 형태의 Offer를 말한다.

- As requested in your e-mail of June 15, 2020, we are making you an offer as follows subject to our final confirmation.

➧ as requested in your e-mail of June 15, 2020: 2020년 6월 15일자 귀

사의 이메일에서 요구되는 바와 같이

※ 유사표현: as demanded (= called for, asked for) in your e-mail of June 15, 2020

➧ subject to our final confirmation: 당사의 최종확인을 조건으로

※ 유사표현: on condition of our final confirmation

➧ 자유청약(Free Offer): Offer의 유효기간이나 거래조건이 확정되어 있지 않아 Offeror가 언제든지 임의로 그 내용을 변경, 취소 또는 철회할 수 있는 Offer를 말하며, 이러한 Free Offer의 경우에는 비록 Offeree가 승낙했다 하여도 즉시 계약이 성립되지 않고 Offeror의 최종확인(Final Confirmation)이 있어야 계약이 성립된다.

- We are pleased to offer you without engagement as follows:

➧ to offer you without engagement: 무확정 청약하다.

※ 유사표현: to offer you subject to market fluctuation, to offer you subject to variation in accordance with market fluctuation. (청약에 제시된 가격이 미확정적이어서 시세변동(Market Fluctuation)에 따라 변경되어진다는 조건을 붙인 일종의 Free Offer를 말함).

※ 관련표현:

a) We are pleased to offer you subject to prior sale (재고잔류조건청약: Offer subject to being unsold).

b) You can keep it for a week. If you want it, send us U.S.$5.00, if not, you may return it to us without any obligation on your part (점검매매 청약: Offer on Approval).

c) We offer you the abovementioned goods on sale or return (반품허용조건 청약: Offer on Sale or Return).

ii) Body

- We are pleased to make you an offer on the following conditions:

Article: Grey Cotton Yarn in 20's, "Camel" brand
Twist: 19 times per inch
Quantity: 50 bales, each bale to contain 400 lbs. net
Shipment: Within one month after receipt of an order
Price: $520.00. F.O.B. Karachi per bale of 400 lbs.
Payment: Under irrevocable L/C at sight

▶ on the following conditions: 다음과 같은 거래조건으로
※ 유사표현: as follows, as below, as under, as shown below, as given below, as listed below, as stated below, as mentioned below, as detailed below

● This is the best offer we can make at present and the high quality of our goods cannot be maintained at lower prices.

▶ not to be maintained at lower prices: 더 이상의 저가에 의해서는 유지될 수 없다.
※ 유사표현: to be kept (= retained, sustained) at lower price, to continue at lower prices

● In fact, our revised price barely covers the cost of production and then we shall not be able to make any further shading of price in spite of our eagerness to materialize an initial business.

▶ our revised price: 당사의 조정(개정)된 가격
※ 유사표현: our adjusted (= amended, improved) price

▶ to barely cover the cost of production: 생산비를 간신히 겨우 메우다
※ 유사표현: to hardly (= scarcely, just) cover the cost of production

▶ to make any further shading of price: 가격의 추가할인을 하다.
※ 유사표현: to make any further discount (= reduction, money off, price cut, concession)

➡ our eagerness to materialize an initial business: 최초 거래를 실현하고자 하는 당사의 열망

※ 유사표현: our keenness (= enthusiasm) to realize an initial business

iii) Ending

- We thank you for your having given us the earliest opportunity of making this offer and trust you will accept it without loss of time.

➡ without loss of time: 지체 없이

※ 유사표현: without delay, immediately, instantly, at once

- We hope you will accept our offer and that we may soon have your firm order.

➡ to have your firm order: 귀사의 확정주문을 가지다(수령하다).

※ 유사표현: to receive your firm order, to be given your firm order

② 대응청약

i) Opening

- We have received your letter of June 20, 2020 and are grateful for your supply of samples which are quite up to our expectation, while your terms and conditions are agreeable to us.

➡ to be grateful for your supply of samples: 귀사의 견본품 제공에 감사하다.

※ 유사표현: to thank for your supply of samples, to appreciate your supply of samples, to express (or show) our gratitude for your supply of samples

➡ to be quite up to our expectation: 당사의 기대에 완전히 일치하다.

※ 유사표현: to be exactly equal to our expectation, to meet our expectation

▶ your terms and conditions are agreeable to us: 귀사의 거래조건은 당사에 적절하다.

※ 유사표현: your terms and conditions are reasonable (≒ satisfactory) to us.

● Thank you for your counter offer of March 10, 2020 in which you request a more competitive price for our products.

▶ to request a more competitive price: 보다 경쟁력 있는(저렴한) 가격을 요청하다.

※ 유사표현: to call for (= ask for, demand) a cheaper (= lower) price

ii) Body

● Although your samples have impressed us very favorably, we regret the business cannot be completed at your present prices, as they are very high compared with those from your competitors.

▶ to be very high compared with those: 그들(가격)과 비교했을 때 매우 높다.

※ 유사표현: to be very expensive in comparison to those

● We are not in a position to accept your offer of silk handkerchiefs on these terms. We are obtaining the same quality through another channel at a price far below what you quoted us.

▶ to be not in a position to accept your offer: 귀사의 청약을 승낙할 위치에 있지 않다.

※ 유사표현: to be unable to accept your offer

▶ to obtain the same quality through another channel: 동일 품질의 물품을 다른 경로를 통해 얻을 수 있다.

※ 유사표현: to get (= find, acquire) the same quality from another supplier

- We will accept your offer if you guarantee shipment during September, not October.

➧ to guarantee shipment during September: 9월 선적을 보증하다.
※ 유사표현: to assure (= undertake) shipment during September

- Moreover your time of delivery is not so competitive that we will not be able to meet the immediate demand of our dealers. They usually request us to supply the goods straight from stock.

➧ to meet the immediate demand of our dealers: 당면한 당사 거래업체의 수요에 부응하다.
※ 유사표현: to supply the immediate demand of our dealers

➧ to supply the goods straight from stock: 재고물품을 바로 제공하다.
※ 유사표현: to provide (≒ deliver, make available) the goods in stock

iii) Ending

- We trust that you will make every effort to revise your prices.

➧ to revise your prices: 귀사의 가격을 새조정하다.
※ 유사표현: to amend (= adjust, correct) your prices

- We would ask you to reconsider your original offer in view of the current difficult situation in our market.

➧ to reconsider your original offer: 귀사의 원청약을 재고하다.
※ 유사표현: to review (= revise, amend) your original offer
➧ in view of the current difficult situation in our market: 현재 어려운 당사의 시장상황을 고려하여
※ 유사표현: in light of the current difficulties faced in our market

3 ▸▸ 청약과 대응청약의 예

(1) 청 약

① Nylon Stocking에 관한 청약서

F.3 #1691 San-kyuk 2Dong, Buk Gu, Taegu, Korea
Tel : 82 - 53 - 381 - 4325 Fax : 82 - 53 - 381 -4329

April 2, 2020

ANSO NYLON Co., Ltd.
82 Church ST., New York
N.Y. 10007, U.S.A

Dear Sirs:

We thank you for your letter of the 25th of March, and have immediately airmailed a sample to you.

We are pleased to make you an offer on the following conditions:

Item :	Ladies' Nylon Stockings
Quality :	As per our Sample No. 265, Black assorted sizes
Quantity :	2,000 doz.
Price :	@$2.80 per doz. FOB Pusan
Shipment :	October/November
Payment :	Draft at 60 d/s under Confirmed Credit
Packing :	Each dozen in a carton box and 2,500 boxes into one 20 footer container
Validity :	By August 30, 2020

We would like to inform you that our prices are the most favorable and the delivery will be the earliest possible. We advise you, therefore, to accept this offer soon.

Yours very truly,

KM Noh

K. M. Noh
Sales Manager

해설

- assorted size: 사이즈별로
- 60 d/s: 일람출급 후 60일(= 60 days after sight)
- under Confirmed Credit: 확인신용장하에서
- 20 footer container: twenty feet equivalent unit(TEU)

② Computer에 관한 청약 Fax

XTRA TEC

XTRA TEC CO., Ltd..
120-3 YANG-WOO BD
Hangangro 4-Ga
Yongsan-gu, Seoul, Korea
Tel : 82-2-790-8885
Fax : 82-2-780-1254

FAX

To	**Mr. William Morgan, Office Manager**
Company	**LENCO COMPUTER**
Fax No.	**+ 1-847-290-2483**
From	**Kang-Ryong Song, Business Manager**
Subject	**Offer**
Date	**July 11, 2020**
Pages(including this page)	**1**

Dear Mr. William Morgan:

Thank you for your fax of July 4, requesting an offer on our Pentium IV computers. We offer you firm, subject to your acceptance reaching us by July 20, Pentium IV computers, as specified below:

Article: Pentium IV Computer Model No. 8909
Quantity: 1,000 sets
Price: US$2,000.00 per set, CIF New York
Shipment: During October 2020
Payment: Draft at sight under an Irrevocable L/C

In view of the recent rush of orders from Europe for this article, we would advise you to make a purchase soon.

We look forward to your favorable reply by fax.

Yours sincerely,

K R Song

K. R. Song
Sales Manager

해설

- subject to your acceptance reaching us by July 20: 7월 20일까지 귀사 승낙의 당사 도착 조건부로
- as specified below: 아래에 기재된 바와 같이 (= as stipulated below, as given below, as stated below, as detailed below)
- Draft at sight under an Irrevocable L/C: 취소불능신용장하에서의 일람불어음

③ Cotton Sock's에 관한 무확정 청약 e-mail

Sales Offer

File Edit View Insert Tools Message Help

Send Spelling Attachment Recorder Signature Formatting Typing Sounds

To: gkohizmi@socks.co.jp

Cc:

Subject: Sales Offer

Dear Kohizmi:

We are pleased to offer you without engagement as follows:

Article: Men's cotton socks Model Nos. 235-256
Quantity: 10,000 doz.
Price: US$4.20 per doz., CIF New York
Shipment: During July 2005
Payment: As usual, under an Irrevocable L/C opened in our favor

We think you will find the price quoted to be very reasonable. As the market is on the upward tendency, we hope to be favored with your orders soon.

Yours sincerely,

S. H. Kim
Managing Director

해설

- to offer you without engagement: 귀사에 무확정 청약하다.
- an Irrevocable L/C opened in our favor: 당사를 수익자로 한 취소불능신용장
- on the upward tendency: 상승세에 있다.

(2) 대응청약

① Nylon Stocking에 관한 대응청약서

Ansonylon

TOUGH by nature • *fashionable* by design

15-22 Fair Avenue,Fair Lawn, MIA 07410 USA
Tel: 1-201-832-4322 Fax: 1-201-832-4422

April 20, 2020

KUIL COTTON Co., LTD
1691 San-kyuk 2Dong,
Buk-Gu,
Taegu, Korea

Dear Mr. Noh:

We have received with thanks your firm offer for 2,000 doz. ladies' nylon stockings.
In view of the quotations ruling in this market your price is rather stiff. Your competitors are making endeavors to get our business by offering lower prices than yours.
Please note, however, that it is our intention to entrust you with the bulk of our business, and we ask for an additional 10 % reduction off the price you offered. If you accept this counter offer, we would like to place an order with you soon.
We are looking forward to your confirmation.

Yours sincerely,

Nicholas Jay
Managing Director

해설

- rather stiff: 다소 높은(= slightly strong)
- to make endeavor: 전력을 다하다(= to make every effort to do the utmost).
- to entrust you with ...: …을 귀사에 맡기다 (= to assign to you ...).
- bulk of business: 거래의 대부분(= the greater part of business)

② Computer에 관한 대응청약 Fax

Lenco COMPUTER

122 Pearl Street Houston TX 773223
Tel : 1-847-290-2484 Fax : 1-847-290-2483

FACSIMILE COMMUNICATION

To: Kang-Ryong Song, Business Manager
From: William Morgan, Office Manager
Company/Firm: XTRATEC CO., LTD. Reference: 20150711
Department/Location: Business Department
Fax Number: +82-2-780-1254 Date: July 15, 2020
No. of pages (including this page): 1

Dear Mr. Song:

Thank you for your fax of July 11, offering 1,000 sets of Pentium IV computers Model No. 8909 and we are able to accept your offer except only the time of shipment. We need the goods in early August and we are pleased to make the counter offer as follows, changing only the shipment.
Article: Pentium IV Computer Model No. 8909
Quantity: 1,000 sets
Price: US$2,000.00 per set, CIF New York
Shipment: During July 2015, latest by August 5, 2015
Payment: Draft at sight under an Irrevocable L/C
One of our customers needs the goods urgently since they materialized an important export business to the South Africa and they are expected to be our mutual customer on a long term basis once our business are established along this line.
We trust that this will meet your acceptance and will mark the beginning of computers business between us. Your prompt attention to this matter would be much appreciated.

Yours sincerely,

M Allison

M. Allison
Director

해설

- to materialize an important export business: 중요한 수출거래를 실현하다.
- on a long term basis: 장기간에 걸쳐
- mark the beginning of computers business: 컴퓨터 거래의 시작을 기록하다.

③ Cotton Sock's에 관한 무확약 청약 e-mail

Re: Sales Offer

File Edit View Insert Tools Message Help

Send Spelling Attachment Recorder Signature Formatting Typing Sounds

To: shkim@intarsia.co.kr
Cc:
Subject: Re: Sales Offer

Dear Mr Kim:

We have received your e-mail of May 20 and are grateful for your supply of samples which are quite up to our expectation, while your terms and conditions are agreeable to us.
We have investigated with interest your quotations. Although your samples have impressed us very favorably, we regret the business cannot be completed at your present prices, as they are very high compared with those from your competitors.
As we intimated to you in our last e-mail, our requirements for this line are fairly large, but the competition in this line is very keen.
Under such circumstances, we have to ask for your most competitive prices on the particular item, your sample No. 237 which is in good demands.
We trust you will make every effort to revise your prices.

Yours sincerely,

G. Kohizmi
Director

해설

- to be quite up to our expectation: 당사의 기대에 완전히 일치하다 (= to be exactly equal to our expectation).
- As we intimated to you in our last e-mail: 당사의 지난 이메일에서 알린 바와 같이
- to be in good demands: 대량수요에 있는 (= to be sold well)

Ⅱ 승 낙

1 ▸▸ 승낙의 의의

승낙은 피청약자가 청약자의 청약에 따라 계약을 성립시킬 목적으로 청약자에게 행하는 동의의 의사표시이다. 계약은 당사자간의 의사의 합치로 성립되기 때문에 승낙은 청약에 대한 '**무조건 · 절대적 동의**'(**unconditional and absolute assert**)이다. 영미법에서는 이를 완전일치의 법칙 또는 경상의 법칙(鏡像의 法則, mirror image rule)이라고 한다. 따라서 비록 승낙의 의도를 갖고 있다고 하여도 청약의 내용을 추가하거나 제한 또는 변경내용이 담긴 응답은 승낙이 되지 못하며 이것은 대응청약이 된다.

승낙의 방법은 청약방법과 같이 별도의 약정이 없는 한 서면이나 구두에 의하거나 행위에 의하여도 가능하다. 그렇지만 실무적으로 **승낙의 통지방법**은 다음의 기준을 따르는 것이 좋다.

첫째, 청약시에 승낙의 방법이 명시적으로 지정되어 있는 경우에는 그 방법에 따른다.

둘째, 청약시에 승낙의 방법이 지정되어 있지 않는 경우에는 청약이 행하여진 방법대로 승낙한다. 즉, 청약이 전보로 온 경우에는 전보로, Fax인 경우에는 Fax로, 그리고 E-mail의 경우에는 E-mail로 승낙하는 것이 좋다. 한편 매도인의 청약에 대한 승낙의 경우 승낙서와 함께 매입계약서(Purchase Note)를, 매수인의 청약에 대한 승낙의 경우 매도계약서(Sales Note)를 동봉하기도 한다.

UN통일매매법은 승낙도 청약의 경우와 같이 **도달시에 효력**을 갖는다고 규정하고 있어 승낙이 효력을 갖는 시점은 바로 계약이 성립되는 시점이 된다. 이러한 계약의 성립시기는 매매당사자의 계약의무가 발생하는 시점이며, 계약위반시 손해배상금 산정시 중요한 고려요인이 되기도 한다.

2 ▸▸ 내용구성과 주요표현

(1) 내용구성

Opening	- 귀사의 청약(대응청약)에 대한 감사의 표시 - 승낙의 취지를 전함
Body	- 계약의 이행상의 주의사항 기재 - 결제조건에 따라 L/C 개설 요청 내지 개설의뢰중임을 기재 - 매입(매도)계약서 동봉함을 표시
Ending	- 감사의 표시와 본 거래의 원만한 진행을 희망함을 기재

(2) 주요표현

① Opening

- We thank you for your letter of June 22, offering firm sunglasses, and are pleased to confirm our acceptance as follows.

➧ to confirm our acceptance: 당사의 승낙을 확인한다.

※ 관련표현:

a) We have pleasure in confirming our fax, accepting your offer of June 20 on 50 gross No. 10 Glass Fiber Bobbin, at $40.00 per gross CIF Hong Kong for September shipment.
(= We confirm our fax acknowledging our acceptance of your offer of June 20 on 50 gross Glass Fiber Bobbin No.10 at $40.00 each CIF Hong Kong for shipment in September).

b) We have accepted your offer of February 10 on 1,000 dozen Silk Handkerchiefs.

c) Thank you for your cable offer of ... which we accept on the terms quoted.

d) We have pleasure in confirming our telegram just dispatched, ac-cepting your firm offer of April 5 on 3,000cases ... to accept you offer

e) We accept your counter offer of October 22 requesting a reduction in price.

- We appreciate your efforts in agreeing to supply 100MT for shipment during July, while your stock is apparently running low.

➡ your efforts in agreeing to supply 100MT for shipment during July: 7월 선적분에 100MT의 제공동의를 위한 귀사의 모든 노력

※ 유사표현: all your attempts(= endeavor) in giving your consent to provide 100MT for shipment during July

➡ your stock is apparently running low: 귀사의 재고량이 줄고 있음이 명백하다.

※ 유사표현: your stock is apparently running out.

② Body

- The goods being urgently wanted, we would like to ask you to ship them as early as possible and pay your close attention to the packing of the goods.

➡ the goods being urgently wanted: 물품이 급히 요구되기에

※ 유사표현: as the urgent delivery of the goods is critical

➡ to ask you to pay your close attention to ...: …에 귀사의 세심한 주의를 요합니다.

※ 유사표현: to ask you to give(= fix) your close attention to ...

- We have instructed our bankers, New York Commercial Bank, New York, to open an Irrevocable Letter of Credit in favor of you, and hope that it will reach you without delay through their correspondent, KEB Hana Bank.

➡ to instruct our Bankers, New York Commercial Bank, New York, to open an Irrevocable Letter of Credit in favor of you: 귀사를 수익자로 하여 취소불능신용장을 개설토록 당사의 거래은행인 New York Commercial Bank에 지시하다.

※ 유사표현: to instruct our bankers, New York Commercial Bank, New York, to issue(=establish) an Irrevocable Letter of Credit in your favor, to arrange with our bankers, New York Commercial Bank, for an Irrevocable Letter of Credit to be opened in your favor.

- To confirm this transaction, we are sending you herewith our Purchase Note No. 2727 in duplicate and would like you to sign both copies and return the duplicate to us.

➡ to send you herewith our Purchase Note No. 2727 in duplicate: 귀사에 당사의 매입계약서를 이 서신과 함께 정부(正副) 두 통으로 송부하다.

※ 유사표현: to send you our Purchase Note No. 2727 which is made out in duplicate together with this letter.

※ 관련표현: to make out in duplicate(in triplicate, in quadruplicate, in quintuplicate) – 정부 2(3,4,5)통으로 작성하다.

③ Ending

- Since this transaction is very important to both of us, we would like you to give it your best attention to satisfy us in every respect.

➡ to give it your best attention to satisfy us in every respect: 모든 면에 있어 당사를 만족시킬 수 있도록 귀사가 최고의 배려를 하다.

※ 유사표현: to pay(=fix) it your best attention to convince(=make happy) us in every respect.

3 ▸▸ 승낙서의 예

(1) 면직물에 관한 승낙서신

SOFT COTTON®
PRE WASHED SHIRTS

55 East Route 3, Suite 255 Paramus NJ 07652-2655 U.S.A.
Tel. 1 201 291 4450 Fax. 1 201 291 4455

December 2, 2020

Bestex Korea Co Ltd.,
744 Janghang-Dong, Ilsan-Gu
Koyang City
Gyoung-gi Do, 411-380, Korea

Dear Sirs:

We thank you for your letter of June 15, offering firm 500 dozen cotton goods, and are pleased to accept your offer as specified in our Purchase Note enclosed herewith.
We are very happy that the first contract was entered into so promptly between us. As our stock is running short, we are urged to have the goods by the end of the next March at the latest and please see to it that the packing of the goods is made in due manner.
We have immediately arranged with our Bankers, Bank of America, New York, an irrevocable letter of credit to be established in favor of you by cable, in order to cover this purchase.
When you have completed the shipment, please let us know by e-mail.

Yours truly,

W H Hunt

W. H. Hunt
Vice President

Encl. Purchase Note No. 23F-56KG

해설

- the first contract was entered into: 첫 번째 계약이 체결되다 (= the first contract was concluded (= made))
- We have immediately arranged with our Bankers, Bank of America, New York, an irrevocable letter of credit to be established in favor of you by cable, in order to cover this purchase: 당사의 거래은행인 New York의 Bank of America에 귀사를 수익자로 하여 이 주문을 결제하기 위한 취소불능신용장을 전신으로 개설하도록 즉시 처리하였습니다 (= We have instructed our Bankers, Bank of America, New York, to open an irrevocable letter of credit in your favor by cable ...).

SOFT COTTON®
PRE WASHED SHIRTS

55 East Route 3, Suite 255 Paramus NJ 07652-2655 U.S.A.
Tel. 1 201 291 4450 Fax. 1 201 291 4455

December 2, 2020

Bestex Korea Co Ltd.,
744 Janghang-Dong, Ilsan-Gu
Koyang City
Gyoung-gi Do, 411-380, Korea

This is to confirm the purchase of the following goods on the terms and conditions stated below:

Descriptions : 500 dozen Sample No. 10 Cotton Goods @$10.00 per dozen C.I.F. New York.
Packing : 1 dozen each to be packed in a carton box and 100 dozen in a bale.
Marks : W.S.
New York B. No. 1-up
Shipment : During February, 2021
Insurance : To be covered on I.C.C.(B) including War Risks for 10% over the invoice amount.
Terms : Draft at 30 d/s under an Irrevocable Credit.

Unless otherwise specified, this contract is subject to General Agreement previously exchanged.

Yours truly,

W H Hunt

W. H. Hunt
Vice President

해설

- to confirm the purchase of the following goods on the terms and conditions stated below: 아래 명기된 거래조건으로 다음 물품의 구매를 확인하다(= to verify the purchase of...).
- Unless otherwise specified, this contract is subject to General Agreement previously exchanged: 달리 명기되지 않는 한 이 계약은 예전에 교환한 일반거래조건협정서에 구속된다.

(2) Computer에 관한 승낙 Fax

XTRA TEC

To	**Mr. William Morgan, Office Manager**
Company	**LENCO COMPUTER**
Fax No.	**+ 1-847-290-2483**
From	**Kang-Ryong Song, Business Manager**
Subject	**Accept to Offer**
Date	**July 20, 2020**
Pages(including this page)	**2**

Dear Mr. William Morgan:

We are pleased to accept your counter offer of July 15 for Pentium IV Computers Model No.8909, at US$2,000.00 per set, CIF New York for July shipment.

To confirm this business, we are attaching our Sales Note No.101 in duplicate to this fax. We trust that you will find them in order. Please sign both copies and return the duplicate to us.

We have arranged with our supplier to ship the goods on the M/S "Arirang" leaving Pusan around July 25. We will let you know the definite date of shipment by fax as soon as the goods are loaded on board the vessel.

Yours sincerely,

K R Song

K. R. Song
Sales Manager

해설

- We trust that you will find them in order: 그들 매도계약서에 하자가 없음을 발견하리라 믿는다(= We believe that they will be correct in every respect).
- to arrange with our supplier to ship ...: …을 선적하도록 당사의 공급업자와 약정하다(= to instruct our supplier to ship ...).
- the goods are loaded on the vessel: 물품이 선박에 적재되다(= the goods are on board the vessel).

XTRA TEC

To	Mr. William Morgan, Office Manager
Company	LENCO COMPUTER
Fax No.	+ 1-847-290-2483
From	Kang-Ryong Song, Business Manager
Subject	Sales Condition
Date	June 20, 2020
Pages(including this page)	2

Dear Mr. William Morgan:

We are pleased to confirm our sale to you of the following goods on the terms and conditions as set forth below:

Article: Pentium IV Computer No.8909
Quantity: 1,000 sets
Unit Price: US$2,000 per set, CIF New York
Total Amount: US$2,000,000
Packing: Packed in export carton
Payment: Draft at sight under an irrevocable L/C
Shipment: During July 2020, latest by August 5, 2020

Yours sincerely,

K R Song

K. R. Song
Sales Manager

해설

- as set forth below: 아래 명기된 바와 같이(= as specified(= stipulated, expressed, stated) below

(3) Amino Acid에 관한 승낙 E-mail

Re: Re: Sales Offer

File Edit View Insert Tools Message Help

Send Spelling Attachment Recorder Signature Formatting Typing Sounds

To: vanmeir@pharmanex.de
Cc:
Subject: Re: Re: Sales Offer

Dear Mr. Schaefer:

We thank you for your e-mail of 20 June with your counter offer of Amino Acid against our offer of 15 June, and would like to confirm our acceptance, as the result of our hard negotiation with our supplier, as follows:

Commodity: Lysine Amino Acid
Price: US$3.00/kg, CIF Hamburg
Quantity: 100MT, 4 Containers Lot
Packing: In Paper Bag with PE Lining of 50 kgs
Shipment: During June, 2001, latest by 5 July
Inspection: Maker's Inspection to be final
Payment: Documents Against Payment

First, we would like to have your special attention to the fact that we modified the terms of payment from the Irrevocable Letter of Credit to D/P this time so that we can meet your request of the time of shipment in view of the way you have done business with us.

You will be able to receive the cargo in Hamburg by 9 August since we made all the necessary arrangements today to ship the goods on the M/S Arirang which will leave Pusan on 4 July and is scheduled to arrive at Hamburg on 5 August. Let's congratulate each other on the conclusion of our initial business of Amino Acid.

Yours sincerely,

O. H. Park
Director

해설

- hard negotiation: 어려운 협상(= difficult compromise)
- to modify the terms of payment: 결제조건을 변경하다(= to vary(amend, adjust, change, revise, alter) the terms of payment)
- to be scheduled to arrive at Hamburg on August 5: 8월 5일 Hamburg에 도착예정이다(= to be expected (= planned) to arrive at ...)

CHAPTER 4

계약이행 단계의 무역통신문

I 주문과 확인

1 주문과 확인의 의의

청약은 매도인이 매매조건과 함께 확정적인 판매의사(definite selling intention)를 매수인에게 제시하는 Selling Offer가 일반적이지만 주문(order)은 청약의 승낙에 따라 청약상에 나타난 조건으로 매수인이 구매의사를 표시하는 것이다. 즉, 주문이란 물품을 구매하고자 하는 매수인이 물품의 명세, 수량, 규격, 단가, 결제조건, 납기 등을 명시하여 매도인에게 자신의 의사를 확정적으로 표시하는 행위를 말한다. 주문서는 주문의 내용을 일일이 Typing하여 매도인에게 보내는 것은 번거롭기 때문에 매수인은 자신에게 필요한 내용은 미리 인쇄한 주문서 양식(Order Sheet)을 이용하여 필요한 사항을 기재한 후 서명하는 방법을 주로 사용한다.

한편 이와 같은 주문을 매도인이 받아들여 그 조건대로 판매하겠다는 의사표시가 바로 주문수락(Acknowledgement)이다. 주문에 대한 수락 내지 확인의 통지는 주문서처럼 미리 인쇄된 서식을 이용하는 것이 일반적이나 일반 서한에 Typing하여 보내기도 한다. 주문이 수락되면 주문의 내용을 이행하기 위하여 L/C를 개설하거나 D/A나 D/P계약서를 작성하게 된다.

2 ▸▸ 내용구성과 주요표현

(1) 내용구성

① 주문(Order)

Opening	– 지난 서신에 대한 감사와 주문의 의사표시 및 주문서가 동봉됨을 기재
Body	– 결제조건, 선적조건, 인도조건, 포장조건 등 거래조건을 확인함
Ending	– 주문에 대한 수락 내지 확인의 요청과 주문이행의 특별배려와 원만한 이행시 추가주문 예정임을 기재

② 확인(Confirmation)

Opening	– 주문에 대한 감사의 표시
Body	– 주문 내용대로 이행 예정 내지 이행과정 중에 있음을 표시하고 이에 대해 귀사 측의 이행을 촉구
Ending	– 주문이행 내용에 대한 귀사의 만족과 추가주문을 희망함을 기재

(2) 주요표현

① 주 문

i) Opening

- Thank you for your reply of May 14 regarding our mail about the mobile phones. Enclosed you will find our official order(No.B561) for 5,000 sets of Model No.K35GR.

▶ Enclosed you will find our official order(No.B561): 동봉된 당사의 공식주문서(No.B561)를 보십시오.

※ 유사표현: Please find enclosed our official order(No.B561)

- I would like to place a trial order for the 'Latherine' material we discussed at the trade show last month. Please find enclosed order (No.R154).

➧ to place a trial order: 시험주문을 하다.

※ 유사표현: to give (= put in, make, render, send, hand, forward) a trial order, to place an order on trial

ii) Body

- We would like to confirm that payment is to be made by irrevocable letter of credit, which we have already applied to the bank for.

➧ to confirm that payment is to be made by irrevocable letter of credit: 대금결제는 취소불능신용장에 의해 이루어짐을 확인하다.

※ 유사표현: to make sure that ..., to make clear that ...

- Although we anticipated a higher trade discount than 15%, we will place an initial order and hope that the discount can be reviewed in the near future.

➧ to anticipate a higher trade discount than 15%: 15% 이상의 높은 할인을 기대하다.

※ 유사표혀: to expect (= foresee, wait for, predict) a higher trade discount than 15%

➧ the discount can be reviewed in the near future: 그러한 할인은 가까운 미래에 재조정될 수 있다.

※ 유사표현: the discount can be readjusted in the near future.

- The carpets should be wrapped, and the packaging reinforced at both ends to avoid wear.

➧ the packaging reinforced at both ends to avoid wear: 포장은 양끝에서 마모를 피하기 위해 보강되어야 한다.

iii) Ending

- We hope that this will be the first of many orders we place with you.

  ➧ this will be the first of many orders we place with you: 이 주문이 당사가 귀사에 내는 많은 주문 중의 처음일 것입니다.

  ※ 관련표현:

  a) We will place further orders if this one is completed to our satisfaction.

  b) If our sales targets are met, we shall be placing further orders in the near future.

  c) We will place repeat orders should the present one be executed in a satisfactory manner to us.

- We look forward to receiving your advice(or shipment, acknowledgement, confirmation)

  ➧ to receive your advice(or shipment, acknowledgement, confirmation): 귀사의 통지(또는 선적, 수령확인, 확인)를 수령하다.

② 확 인

i) Opening

- We acknowledge with thanks your order No.352KG for 50 packets of A4 copier papers

  ➧ to acknowledge with thanks your order No.352KG: 귀사의 주문서(No.352KG)를 감사히 수령하였음을 확인합니다.

  ※ 관련표현:

  a) Thank you for your order No.338B for 500 garments of sweaters which we received today.

  b) We appreciate your order No. G554 of May 7, 2020, which we are pleased to acknowledge.

c) We have received with thanks your order No.52GH for Cylinders Mode; M-5.

ii) Body

- We are now dealing with it and you may expect delivery within the next three weeks.

  ➧ to deal with it: 그것을 처리하다.

- Your order No.6712/2 is now being processed and should be ready for despatch by the end of this week.

  ➧ Your order No.6712/2 is now being processed: 귀사의 주문(No.6712/2)은 지금 처리 중에 있다.

  ※ 유사표현: Your order No.6712/2 is now in the course of being executed (= fulfillod, filled, attended to)

- We are pleased to inform you that we have already made up your order No.9901/1/5 for 500 bed-linen packets, and are now making arrangements for shipment to Rotterdam.

  ➧ to make up your order No.9901/1/5: 귀사의 주문(Order No.9901/ 1/5)을 준비하다.

  ※ 유사표현: to prepare (≒ make ready for) your order No.9901/1/5

  ➧ to make arrangements for shipment to Rotterdam: Rotterdam을 향해 선적준비를 하다.

iii) Ending

- We hope that this initial business will lead to a pleasant business relationship and further order in the near future.

➧ to lead to a pleasant business relationship and further order in the near future: 좋은(유쾌한) 영업관계와 가까운 미래에 추가주문을 내다.

※ 유사표현: to result in ... (= to bring about ..., to make the outcome of ...)

※ 관련표현:

a) We hope to be favored with your further order.

b) We look forward to your continued patronage.

c) We thank you for this order and hope to serve you again.

d) Thank you for your order, and we hope we can be of further service in the near future.

e) We thank you again for your valued order, and trust we may be given further orders in the near future.

f) We sincerely hope that this order will be just the first of many and that we may have many years of pleasant business relationships together.

g) We trust that this initial order will become the first step to a good relationship between our two companies.

h) I hope that this order will be the beginning of a mutually beneficial relationship between us.

3 ▸▸ 주문서와 확인서의 예

(1) 남성용 Sweater의 주문과 주문수락서신

① 주문서

F. Lynch & Co. Ltd

Head Office
Nesson House
Newell Street
Birmingham
B3 3EL

Telephone: +44 (0)21 236 6571
Fax: +44 (0)21 236 8592
Email: pcrane@lynch.co.uk
www.lynch.com

Your ref: D/1439
Our ref: Order DR4316

December 12, 2020

Satex S.p.A
Via di pietra papa
00146 Roma
ITALY

Attn. Sig. D. Causio

Dear Sig. Causio,

Please find enclosed our official order, No.DR4316
For this order, we accept the 15% trade discount you offered, and the terms of payment (documents against payment), but hope you are willing to review these terms if we decide to order again.
Would you please send the shipping documents and your sight draft to Northminster Bank (City Branch), Deal Street, Birmingham B3 1SQ?
If you do not have any of the items we have ordered currently in stock, please do not send alternatives.
We would appreciate delivery within the next six weeks, and look forward to your acknowledgement.

Yours sincerely,

P Crane

Peter Crane
Chief Buyer

Enc. Order No.DR4316

해설

- trade discount: 동업자할인
- to review these terms: 이들 거래조건들을 재검토하다(= to reconsider these terms)
- any of the items we have ordered currently in stock: 당사가 주문한 품목들의 재고

F. Lynch & Co. Ltd

Head Office
Nesson House
Newell Street
Birmingham
B3 3EL

Telephone: +44 (0)21 236 6571
Fax: +44 (0)21 236 8592
Email: pcrane@lynch.co.uk
www.lynch.com

Order no. DR 4316

Satex S.p.A
Via di Pietra Papa
00146 Roma
ITALY

Authorized
Peter Crane

Quantity	Item description	Cat. No.	Price(CIF London)
50	V-neck: 30red+20ble	R432	£30.80 each
30	Roll neck: 15black+15blue	N154	£20.40 each
30	Crew neck: 15green+15beige	N157	£23.00 each
40	Crew neck: patten	R541	£25.60 each
	Note:Subject to 5% quantity discount		

Comments 15% Trade Disc. allowed. Pymt. D/P Del. 6 weeks

Date December 12, 2020

② 주문수락서

Satex S.p.A.

Via di pietra papa, 00146 Roma, ITALY
Telefono: +39 06 769910 Telefax: +39 06 6815473 Email: causiod@satex.co.it

Mr. P. Crane, Chief Buyer
F. Lynch & Co. Ltd.

Vs. rif. : ORDER DR 4316
Ns.rif. : D/1140

December 22, 2020

Nesson House
Newell Street
Birmingham B3 3EL
UNITED KINGDOM

Dear Mr. Crane,

Thank you for your order(No. DR4316) which we are now making up. We have all the items in stock and will advise you about shipment in the next few days.

Yours sincerely,

D. Causio

D. Causio

해설

- to have all the items in stock: 모든 품목의 재고를 보유하고 있다(↔ The items you ordered are out of stock, The goods you ordered have run out of stock, The articles you ordered are no longer in production).

(2) Polyester Sweater의 주문과 주문수락 Fax

① 주문 Fax

DRESS
S T Y L E
D-2/64 Fortune Street EVERPARK, SEA, Washington,
Phone : 1 - 860 - 290 - 9211 Fax: 1 - 860 - 290 - 9566

FACSIMILE COMMUNICATION

To: Mr. Hwang From: R. Cliff
Company/Firm: SHINHAN TEXTILES. Reference:
Department/Location: Business Department
Fax Number: 82-2-435-6442 Date: Nov. 07, 2020
No. of pages (including this page): 2

Dear Mr. Hwang:

Thank you very much for your letter of October 25, 2020 with a price list and samples. We are glad to make our order No.KR354 as specified in our Order Sheet enclosed.
This order is based on the price list and samples you sent. Shipping instructions and Letter of Credit will be airmailed on receipt of your fax confirmation of our order.
We hope that you will promptly acknowledge our order and make your usual and careful execution.

Yours sincerely,

R Cliff

R. Cliff
Sales Director

해설

- to be glad to make our order No.KR354 as specified in our Order Sheet enclosed: 당사의 동봉된 주문서에 명시된 바와 같이 당사의 주문 제KR354호를 주문하게 되어 기쁘다(= to be pleased (= happy, delighted) to place (= give, put in, render, send, hand, forward) our order No.KR354 ...)
  cf. * ~에게 ~를 주문하다.
  = to order (a thing) from (one)
  to give (one) an order for (a thing)
  to place an order for (a thing) with (one)
  to hand (= send, forward) an order for (a thing) to (one)
  * 주문을 받다.

= to receive an order
to be in receipt of an order
to take an order

* 주문을 조달하다.
= to fill(= fulfil) an order
to execute an order
to attend to an order

- to make your usual and careful execution: 귀사의 통상적이고 주의 깊은 주문의 이행을 하다.

DRESS
S T Y L E

D-2/64 Fortune Street EVERPARK, SEA, Washington,
Phone : 1 - 860 - 290 - 9211 Fax: 1 - 860 - 290 - 9566

FACSIMILE COMMUNICATION
ORDER SHEET(No.KR354)

Dear Sirs:

We have the pleasure of placing the following order with you.

Ref. No	Description	Quantity	Unit Price	Amount
		in dozen	CIF BUSAN	
	300 dozen Ladies 100% Polyester Sweaters, as per Nos. S/1001, S/3002, S/3003, 100 doz in each article.			
	Sizes : S.M.L.			
	Prices : Art No : S/3001	100	@U.S. $26.20	
	Art No : S/3002	100	@U.S. $25.50	
	Art No : S/3003	100	@U.S. $24.30	
	Colours : 50 doz/Col No : 1			
	20 doz/Col No : 2			
	30 doz/Col No : 3			

Shipment : During December
Packing : Each piece wrapped in polybag, 1 doz in a carton box
Payment : At sight under irrevocable L/C
Insurance : To be effected by buyer
Shipping Marks : SELL
PUSAN
C/#1-2
Made in U.S.A.

Remarks : Certificate of Inspection & Shipment Samples to be sent by airmail prior to shipment. We will instruct our bank to open an L/C on receipt of your shipment sample.

② 주문수락 Fax

SHINHAN TEXTILES

12-1 NamDaeMun-Ro 5Ga, Chung-Gu, Seoul, Korea
Tel : 82-2-3490-5532 Fax : 82-2-3490-5533

FACSIMILE COMMUNICATION

To: R. Cliff, Sales Director
From: J. Hwang, Sales Manager
Company/Firm: DRESS STYLE UOMO. Reference: 20151107
Department/Location: Business Department
Fax Number: 1 - 860 - 290 - 9566 Date: Nov 12, 2020
No. of pages (including this page): 1

Dear Mr. R. Cliff:

Thank you very much for your fax dated on November 7, 2020 enclosing with your Order Sheet for 300 dozen Ladies Sweater, No. 3001, 3002, 3003 at U.S.$26.20, $25.50, $24.30 per doz.
We have arranged for immediate shipment as requested. Please open your L/C by cable by the end of this month.
We hope that this initial business will lead to a pleasant business relationship and further order in the near future.

Yours sincerely,

Hwang

J. Hwang
Sales Manager

해설

- initial business: 최초의 거래 (= first, opening business)

(3) 도자기류 제품에 관한 주문과 주문수락 E-mail

① 주문 E-mail

MacKenzie order

File Edit View Insert Tools Message Help

Send Spelling Attachment Recorder Signature Formatting Typing Sounds

To: j.merton@glaston.co.uk
Cc:
Subject: MacKenzie order

Dear Mr. Merton

Please find attached an order (R1432) from our principals, MacKenzie Bros Ltd, 1-5 Whale Drive, Dawson, Ontario, Canada.
They have asked us to instruct you that the 60 sets of crockery ordered should be packed in 6 crates, 10 sets per crate, with each piece individually wrapped, and the crates marked clearly with their name, the words 'fragile' and 'crockery', and numbered 1-6.
They have agreed to pay by letter of credit, which we discussed on the phone last week, and they should like delivery before the end of this month, which should be no problem as there are regular sailings from Liverpool.
If the colours they have chosen are not in stock, they will accept an alternative provided the designs are those stipulated on the order.
Please send any further correspondence relating to shipment or payment direct to MacKenzie Bros, and let us have a copy of the commercial invoice when it is made up.

Many thanks,

Linda Lowe

Attached file: Order(R1432).doc

해설

- principals: 본사
- packed in 6 crates, 10 sets per crate: crate(운송용 나무상자)당 10세트씩 6 crates에 포장된(= packed in 6 crates each containing 10 sets)
- The crates marked clearly with their name, the words 'fragile' and 'crockery', and numbered 1-6: Crates는 그들의 명칭과 'fragile'(파손주의) 및 'cockery'(도자기)가 명료히 표기되어야하고 1-6까지의 번호가 매겨져야 한다.
- they will accept an alternative provided ... : ...라면 그들은 대체품을 수락할 것이다(= they will allow a substitute provided ...; they will take other colours instead so long as ...)

② 주문수락 및 발송통지 E-mail

MacKenzie order

File Edit View Insert Tools Message Help

Send Spelling Attachment Recorder Signature Formatting Typing Sounds

To: mackenzie@mbros.co.ca
Cc:
Subject: MacKenzie order

Dear Mr. MacKenzie

Thank you for your order (R1432) and it has now been completed and sent to Liverpool Docks, where it is awaiting loading on to the SS Manitoba, which sails for Dawson, Canada on 16 July arriving 30 July. When we have the necessary documents we will transfer them to Burnley City Bank, your bank's agents here, and they will forward them to the Canadian Union Trust Bank.
We have taken particular care to see that the goods have been packed as per your instructions: the six crates have been marked with your name, and numbered 1-6. Each crate Measures 6ft×4ft×3ft and weighs 5 cwt.
We managed to get all items from stock with the exception of Cat. No. G16, which is only available in red, but we included it in the consignment as it was of the design you asked for.
If you need any further information, please contact us. Thank you very much for your order.
We look forward to hearing from you again soon.

Sincerely,

John Merton
Sales Manager
Glaston Potteries Ltd
Clayfield, Burnley BB10 1RQ
Tel: +44 (0) 1282 46125
Fax: +44 (0) 1282 63182
Email: j.merton@glaston.co.uk

해설

- We have taken particular care to see that the goods have been packed as per your instructions: 귀사의 지시에 따라 물품이 포장되었는지 확인하기위해 특별한 주의를 기울였습니다(We have most carefully ensured that the goods have been packed as described in your instructions; We have taken particular care to find that your packing instructions has been strictly observed).

Ⅱ 국제결제

1 각종 결제관계서신

(1) 신용장

① 신용장의 의의

화환신용장(Documentary Letter of Credit)은 개설은행(Issuing Bank or Opening Bank)이 개설의뢰인(L/C Applicant)인 매수인을 위하여 신용장조건에 일치하여 발행한 환어음과 선적서류를 신용장에 첨부하여 제시하면 지급(Payment), 연지급(Deferred Payment), 인수(Acceptance) 또는 매입(Negotiation)할 것을 매도인인 수익자(Beneficiary)에게 확약하는 서장(Letter)이다.

이러한 신용장거래에서 매도인은 매수인의 신용이 아닌 개설은행의 신용을 믿고 물품을 선적하며 그 물품이 수입지에 도착하기 전에도 유송물품에 대한 유가증권인 선화증권을 선적서류와 환어음으로 거래은행과의 화환취결을 통하여 수출대금을 회수할 수 있기 때문에 추심(Collection)에 따른 시간상의 지연과 금융상의 압박을 해소할 수 있고, 매수인도 물품도착 전에 선적서류와 환어음을 할인하므로 운송중인 물품에 대한 전매를 계속할 수 있다.

매매계약서나 Offer의 지급조건(Terms of Payment)에 신용장상 환어음과 선적서류를 첨부하여 결제하도록 약정되어 있으면 매수인인 수입업자는 거래은행에 신용장의 개설을 의뢰하여야 하는 바, 이때 쓰이는 서식이 **신용장개설신청의뢰서(Application Form for Documentary Credit)**이다.

매수인의 신용장 개설의뢰에 따라 신용장 개설은행(Issuing Bank)이 매도인을 수익자로 하여 신용장을 개설하면 동 은행은 수출상의 소재지에 있는 환거래은행(또는 통지은행(Advising Bank))을 통하여 신용장의 개설을 매도인에게 통지한다. 그러나 일정기일이 지나도 신용장이 내도하지 않으면 매도인은 신용장의 개설을 독촉하는 신용장개설요청서를 매수인에 송부한다.

한편 신용장개설의 통지를 받은 매도인은 수취한 신용장 그 자체의 유효성 및 신용장상의 제 조건과 매매계약의 내용이 일치하는지 여부를 확인하여야 한다. 확인결과 별 문제가 발견되지 않으면 매수인에게 신용장수령통지서를 송부하면 된다. 그러나 수령한 신용장에 문제가 있다면 즉시 이 사실과 함께 매수인에게 신용장의 변경을 요청하는 서신을 발송하여 매수인으로 하여금 개설은행을 통해 그 정정절차를 밟을 수 있게 해야 한다.

② 내용구성과 주요 표현

i) 내용구성

ⓐ 신용장 개설요청, 개설통지 및 수령통지

a) 신용장 개설요청

Opening	– 신용장이 도착하지 않았음을 통지
Body	– 신용장의 신속한 개설을 독촉
Ending	– 신용장의 조속한 수령을 기대하고 이에 대한 배려를 부탁함을 표시

b) 신용장 개설통지

Opening	– 주문수락서 내지 신용장개설요청서를 수령하였음을 표시
Body	– 요구되는 신용장이 특정 일자에 특정 은행을 통해 발행되었음을 알림
Ending	– 신속한 주문의 이행을 부탁

c) 신용장 수령통지

Opening	– 신속한 신용장 개설에 감사함을 표시
Body	– 특정은행에 의해 발행된 신용장을 수령하였음을 알림 – 주문의 이행상황을 전달
Ending	– 신속한 배려에 감사 표시

ⓑ 신용장 조건변경 요청

Opening	–(신용장 조건이 매매계약과 불일치한 경우) 특정은행에 의해 발행된 신용장을 수령하였음을 알림 –(신용장 조건이 매매계약과 일치하나 그 이행에 문제가 발생한 경우) 신용장조건의 변경을 요구하게 된 배경 설명
Body	– 신용장 조건이 매매계약과 불일치한 점들을 지적함 – 전술한 배경에 따라 신용장 조건의 변경을 요청함
Ending	– 신속한 신용장의 조건변경을 부탁함

ii) 주요표현

ⓐ 신용장 개설요청, 개설통지 및 수령통지

a) 신용장 개설요청

㉠ Opening

- The Letter of Credit to cover your order No. 110 dated the 15th of August has not yet been received by us, although the shipment for this order has to be made in a few days.

➧ to cover your order No. 110: 귀사의 주문(No. 110)을 결제하기 위한

※ 유사표현: to settle (= make up, square up) your order No. 110

㉡ Body

- However, we have not been informed of your instruction of opening L/C till now and would ask you to open the L/C as soon as possible so that we can complete shipment as requested.

➧ to open the L/C: L/C를 개설하다.

※ 유사표현: to establish (= issue) the L/C

※ 관련표현:

a) Please open an irrevocable L/C by cable for the amount of U.S. $10,000 in favor of XYZ Co.

b) We request you to establish by cable an L/C with the ChoHeung Bank Ltd., for the amount of U.S.$10,000.

c) The writer hereby requests you to issue by cable your irrevocable credit as follows :

d) Please let us know the number of credit as soon as it is established.

㉢ Ending

- We hope you will lose no time in arranging the required credit with your bank.

▶ to lose no time: 지체하지 않다.
※ 유사표현: not to delay (= retard, keep long)

b) 신용장 개설통지

㉠ Opening

- We have today received your letter of the 30th of August informing us that you have not yet received the Letter of Credit covering our order No. 110 and requesting us to open it at once.

▶ to open it at once: 즉시 L/C를 개설하다.
※ 유사표현: to issue (= establish, arrange) it promptly (= immediately, directly, without delay, readily, instantly, in no time, forthwith, on the spot[instant], offhand, out of hand, straightway).

㉡ Body

- The credit in question was mailed to you through the branch office of our bank in New York on the 5th of this month, and so we expect it will reach you in time for shipment of this order.

▶ The credit in question: 문제의 신용장
▶ in time for shipment: 선적에 늦지 않도록
※ 관련표현(신용장 개설통지):
a) We have opened a letter of credit in your favor.
b) Today we instructed Woori Bank to establish a credit for U.S. $10,000 in your favor.
c) We have arranged an L/C covering our order No. 110 with Shin Han Bank in favor of Seoul Trading Co.

㉢ Ending

- Please do your best to hasten shipment within the stipulated date.

➧ to hasten shipment: 선적을 서두르다.

※ 유사표현: to hurry (up), nip, make haste, use despatch[dispatch], use expedition, make time.

c) 신용장 수령통지

㉠ Opening

- Thank you for your prompt arrangement of the L/C.

➧ your prompt arrangement of the L/C: 귀사의 신속한 L/C 개설

※ 유사표현: your quick (= rapid, swift, expeditious, speedy) arrangement of the L/C.

㉡ Body

- We have received today your letter of credit No.876728 through the Hana Bank, Head Office, Seoul and are now proceeding with shipment in the beginning of October.

➧ to proceed with shipment in the beginning of October: 10월 초순 선적을 위헤 준비하다.

※ 유사표현: to prepare (= arrange, get ready, plan) for shipment in the beginning of October

- We have already started arranging shipment of your order No.35647. As soon as we finish shipping your order, we will let you know the name of the vessel and the estimated time of arrival.

➧ the estimated time of arrival: 도착예정시간

※ 유사표현: the expected (= anticipated) time of arrival:

㉢ Ending

- Thank you again for your prompt attention.

➧ your prompt attention: 귀사의 신속한 배려
※ 유사표현: your prompt consideration

ⓑ 신용장 조건변경 요청

a) Opening

- Your L/C No.28836 covering your order N0.76890 has been received with thanks.

➧ to be received with thanks: 감사히 수령하다.

- We greatly regret to inform you that a temporary derangement of machines in our maker's factory has rendered us unable to ship the goods of your order No. 1890 by September 30 as arranged.

➧ a temporary derangement of machines: 일시적인 기계의 고장
※ 유사표현: a temporary breakdown (= trouble, fault, accident) of machines

➧ to render us unable to ship the goods: 물품을 선적할 수 없게 하다.
※ 유사표현: to cause (= make, leave, turn into) us unable to ship the goods

b) Body

- Please correct the name of the merchandise to Pentium Ⅳ Computer instead of Pentium Ⅲ Computer as agreed in our contract of November 24.

➧ to correct the name of the merchandise: 상품명을 수정하다.
※ 유사표현: to amend (= revise) the name of the merchandise

➧ as agreed in our contract of November 24: 11월 24일자 계약에 합의된 바와 같이

※ 유사표현: as arranged (= mentioned, expressed, stipulated) in our contract of November 24, according to our contract of November 24.

- Please amend the L/C No.3647458 as follows:
  1. Validity to be extended to December 28
  2. The words, "Transhipment is prohibited" are deleted

➡ Validity to be extended to December 28: 12월 28일까지 신용장 유효기간의 연장

c) Ending

- We hope you will comply with our request and extend the L/C as soon as possible.

➡ to comply with our request: 당사의 요청에 응하다.

※ 유사표현: to act in accordance with our request, to fulfill (= meet) our request

③ 신용장 관계서신의 예

i) 신용장 개설요청, 개설통지 및 수령통지

ⓐ 신용장 개설요청서

VICTOR

435-5 Chun-Ho 1 Dong, Kang-Dong Gu, Seoul, 134-021, Korea
Tel. 82-2-456-6766 Fax. 82-2-456-6767

April 3, 2020

Backcountry.com
351 Fifth Avenue
New York, N.Y. 10118

Dear Mr. G. Brown:

We bring your attention to the fact that the letter of credit covering your order No. 105 has not reached us in spite of our repeated request.
We urged our producers to execute an early delivery of products to meet your requirements.
As we have not received your L/C, we may be forced to cancel your order. However, we would prefer you to establish your L/C by the end of August so that we can continue our usual friendly business relations.

Sincerely yours,

K D Hong

K. D. Hong
Sales Manager

해설

- in spite of our repeated request: 당사의 반복된 요청에도 불구하고
- to urge our producers to execute an early delivery: 당사의 제조업자에게 조기인도의 이행을 촉구하다(= to push our producers ...)

ⓑ 신용장 개설통지 Fax

CiEL (주) 씨 엘 양 행
CIEL TRADING CO., LTD.

CiELTRADING CO., LTD.
604 ESpace BD
212-26 Gu-Ro 3 Dong, Gu-Ro Gu
Seoul, 152-848, Korea
Phone +82-2-857-3663
Fax +82-2-3282-3940~2
e-mail smkm@cieltrading.com

FAX

To	**Mr. David McDonald, Sales Manager**
Company	**COMMUNITY TRADE CO., LTD.**
Fax No.	**+ 1-818-895-3514**
From	**Sang-Myung Kim, Business Manager**
Subject	**Order N0.8815 and Notice of L/C Issue**
Date	**June 12, 2020**
Pages(including this page)	**2**

Dear Mr. McDonald:

We are placing the attached order for 12 (twelve) C3001 computers, your Catalogue No.548. We have instructed our bank, Woori Bank, Seoul, to open an irrevocable letter of credit for $22,000.00 (twenty two thousand dollars) to cover the consignment, shipment (CIF Incheon), and bank charges. The credit is valid until August 10, 2020.
You will receive confirmation from our bank's agents, Citi Bank Ltd, Denver, CO, and you can draw a draft on them at 60 (sixty) days for the full amount of the invoice. When submitting your draft, please enclose the following documents.
- Bill of Lading (3 copies)
- Invoice CIF Incheon (2 copies)
- AR Insurance Policy for $24,000.00 (twenty four thousand dollars)
Please fax us as soon as you have arranged shipment.

Sincerely yours,

SMKIM
Sang-Myung Kim
Business Manager

해설

- to cover the consignment, ...: 적송품 등을 결제하다 (= to pay the consignment ...).
- to draw on them at 60(sixty) days: 그들을 지급인으로 하여 60일짜리 기한부어음을 발행하다.

ⓒ 신용장 수령통지 E-mail

Re: Notice of L/C Issue

File Edit View Insert Tools Message Help

Send Spelling Attachment Recorder Signature Formatting Typing Sounds

To: shkim@samsung.co.kr

Cc:

Subject: Re: Notice of L/C Issue

Dear Mr. Brown:

We have just been informed from Korea Exchange Bank, New York, that they received through their head office in Seoul an irrevocable letter of credit No. 1047 opened by you to cover your order No. 110. We shall execute shipping the goods for your order in the middle of this month.

Thank you for your prompt attention to our letter of August 30.

Yours sincerely,

S. Kim

Director

해설

- to execute shipping the goods: 물품의 선적을 이행하다(= to carry out (= effect, perform, implement) shipping the goods.

ii) 신용장 조건변경 요청

ⓐ 신용장상의 선적 및 유효기간 연장요청서

Fibertech networks.

140 Allens Creek Road Rochester, NY 14618, U.S.A
Tel : 82 - 585 - 697 - 5100　Fax : 82 - 585-697-5110

April 2, 2020

ANSO NYLON Co., Ltd.
82 Church ST., New York
N.Y. 10007, U.S.A

Dear Sirs:

We regret to tell you that because of the strike of seamen, the sailing of S/S "Atlas Maru" scheduled to clear for your port on the 23rd has been cancelled, and accordingly, no direct steamer from here is available during this month. Under these circumstances, we would like to request you to extend your credit to the following effect.

Shipping date: May 15, 2020
Expiry date: End of May, 2020

Your prompt attention would be appreciated.

Yours very truly,

GM Cho

G. M. Cho
Sales Manager

해설

- to clear for your port: 귀국의 항구로 출항하다(=to sail (=start on a voyage, set sail, depart, leave, put out to sea) for your port).
- to the following effect: 아래와 같은 취지로
- shipping date: 선적기일
- expiry date: 유효기일

ⓑ 신용장상의 상품명 변경 요청 Fax

YAMAICHI ELECTRONICS

Yamaichi Electronics Deutschland GmbH
Karl-Schmid-Str. 9
81829 München
Germany
Tel + 49-89-45109-0
Fax + 49-89-45109-110

FAX

To	William Morgan
Company	LENCO COMPUTER COMPANY
Fax No.	1-847-290-2483
From	Kang-Ryong Song, Sales Manager
Subject	Request for Changing of the line item
Date	July 15, 2020
Pages(including this page)	1

Dear Sirs:

Thank you very much for your L/C No.2865 covering your order No.685 for pocket tape recorders.

Upon checking, however, we have found that the name of the commodity is wrongly described as "Pocket Translaters". On execution of order, we will be unable to negotiate the draft with our bankers since they do not know the goods are actually pocket tape recorders.

We ask you, therefore, to amend the L/C immediately so that we can execute your order as requested.

Yours truly,

K R Song

K. R. Song
Sales Manager

해설

- upon checking: 점검시
- to negotiate the draft with our bankers: 당사의 거래은행에 어음을 매도하다.
- to execute your order: 귀사의 주문을 이행하다(= fill (= fulfil, perform, carry out) your order).

ⓒ 신용장상의 결제조건 변경 요청 E-mail

L/C amendment

File Edit View Insert Tools Message Help

Send Spelling Attachment Recorder Signature Formatting Typing Sounds

To: kwilliams@pharmanex.de

Cc:

Subject: L/C amendment

Dear Mr. Williams:

We would like to explain the matter of L/C amendment.

According to the L/C we received, the payment was to be made at 120 d/s. But we want it to be made at sight. This was agreed on between us, and expressly mentioned in your order sheet. Therefore please amend it as stated in it. The goods will be shipped by the 20th of this month. We should be obliged for immediate amendment of the L/C as requested by us.

Yours sincerely,

S. K. Park

Director

해설

- 120 d/s: 일람후 120일 기한부어음(120 days after sight)
- as stated in it: 귀사의 주문서에 명시된 대로

(2) 환어음 및 대금회수

① 환어음

i) 환어음의 의의

환어음(draft or bill of exchange)은 발행인(drawer or originator)인 수출상이 환어음의 지급인(drawee)인 수입상이나 은행 앞으로 약정된 미래의 일자에 약정된 금액을 지급하도록 요청하는 '**문서화된 지시서**'**(written order)**이다.

환어음의 취결은 신용장 방식에 의하는 경우와 추심결제방식에 의하는 경우가 있는데, 전자는 통상 신용장개설은행의 지급확약에 의하기 때문에 매입은행

이 **매입(negotiation)**하지만 후자의 경우는 지급인이 통상 수입상이기 때문에 **추심(collection)**방법에 따라 대금을 회수한다.

한편 환어음에 선적서류가 첨부되면 **화환어음(documentary bill)**이라고 하고 선적서류의 첨부 없이 환어음이 발행될 때, 즉 Traveller's L/C나 Red Clause L/C의 경우에 발행되는 환어음을 **무담보어음(clean bill)**이라고 한다.

환어음의 지급조건은 **'선적서류지급도조건'(Documents against Payment: D/P)**과 **'선적서류인수도조건'(Documents against Acceptance: D/A)**이 있는데, 전자는 서류제시시 바로 지급해야 하지만 후자는 서류인수 후 약정기간이 지난 다음에 지급하는 조건이다.

또 만기일에 따라 구분하면 **일람출금어음(sight bill)**과 **기한부어음(usance bill)**이 있으며, 전자는 어음 제시일이 지급일이지만 후자는 일람 후(at X days after sight: d/s) 또는 일부 후(at X days after date: d/d) 일정기간이 경과하여야 만기가 된다.

환어음은 요식증권이므로 유효하기 위해서는 일정한 형식을 갖추어야 한다. 기재사항은 필수기재사항과 임의기재사항으로 나눌 수 있고 필수기재사항을 빠뜨리면 법적 구속력이나 효력을 상실하게 된다. 즉, 환어음표시문자(예 : Bill of Exchange), 금액(금액은 표시통화와 문자 및 숫자로 표시해야 함), 지급인과 지급지, 만기일표시(예 : at sight 또는 at 90 days after sight), 수취인표시(예: payable to the order of X), 발행일 및 발행지, 발행인의 서명 등이 필수기재사항이고 임의기재사항에는 환율문언, 상환불능문언, L/C No., 개설은행명, 개설일자, 어음번호 및 D/A, D/P표시 등이다.

ii) 내용구성과 주요 표현

ⓐ 환어음의 발행통지

a) 내용구성

Opening	- 선적사실의 통지
Body	- 선적분에 대한 결제로 어음이 발행되었음을 알림 - 발행된 어음에 대해 지급 내지 인수를 부탁함
Ending	- 주문에 대한 감사의 표시와 선적물품의 안전한 도착희망을 전달

b) 주요표현

㉠ Opening

- We have pleasure in advising you that we have shipped 600 pcs. Worsted Suitings by the M.S. "Empress of Asia", which left London yesterday, the particulars of which please note on the invoice No. 2356 enclosed.

➡ to advise you that ...: that 이하를 통지하다.

※ 유사표현: to inform (= notify) you that ...

➡ Worsted Suitings: 소모사(梳毛絲, 털실) 양복지

㉡ Body

- For the amount of the invoice, viz., £125,250, we have drawn on you at sight under L/C No. 1225, with documents attached, Bill of Exchange No. 101, payable to Woori Bank here, or order, which we ask you kindly to protect.

➡ to draw on you at sight: 귀사를 지급인으로 하여 일람불어음을 발행하다.

※ 관련표현:

a) Today we have drawn on you U.S. $10,000.00.

b) We drew on you at 30 d/s for the amount of the enclosed invoice U.S. $4,500.00.

c) This is to inform you that today we have valued on you at sight through KEB under the L/C No. 1234 covering your order.

➡ to ask you kindly to protect: 귀사에 환어음의 친절한 지급을 요청하다.

※ 유사표현: to ask you kindly to honor (= pay)

※ 관련표현:

a) Kindly protect the draft upon presentation.

b) We will thank you to honor the draft upon presentation.

c) Your draft of March 1 for U.S.$ 1,000 has been accepted and will be given our protection.

d) We notify that your draft No. 11 for U.S.$ 550 has been dishon-oured by non-payment.

e) We were very much surprised to receive information from our banks that your acceptance for U.S.$500 due on May 1, has been dishonored.

f) We have negotiated the bill through the Woori Bank, Ltd.

㉢ Ending

- We thank you for your order and hope the goods will arrive in the first class condition.

➡ to arrive in the first class condition: 최고의 상태로 도착하다.
※ 유사표현: to arrive in the best condition (= order)

ⓑ 환어음의 수락 또는 거절

a) 내용구성

Opening	- 환어음 발행통지 서신을 수령하였음을 알림
Body	- (환어음의 수락) 환어음이 수락되었음을 알리고 선적서류의 수령을 전달함 - (환어음의 거절) 환어음 인수가 거절되었음을 전달하고 그 이유를 알림
Ending	- (환어음의 수락) 선적물품의 도착시 그 사실을 통보하겠다고 전함 - (환어음의 거절) 인수 거절된 환어음을 반송함을 알림

b) 주요표현

㉠ Opening

- Your letter of the 30th of July, advising us of your drawing on us at 60 d/s, has been received.

➡ advising us of your drawing on us at 60 d/s: 귀사가 당사를 지급인으로 하여 일람후(days after sight) 60일 기한부 어음을 발행하였음을 당사에 통지하는

㉡ Body

- The bill was just presented by the Bank of Pusan and was accepted by us, and also we have received the bill of lading.

  ➧ to be presented by the Bank of Pusan: 부산은행에 의해 제시된
  ※ 유사표현: to be handed in by the Bank of Pusan

  ➧ to be accepted by us: 당사에 의해 수락되다.
  ※ 유사표현: to be honored (= protected) by us.

- We have examined our records carefully and have discovered that your draft was incorrectly drawn on us at 60 d/s instead of 120 d/s which was agreed between us.

  ➧ to be incorrectly drawn: 부정확하게 발행된
  ※ 유사표현: to be wrongly (= mistakenly, erroneously, improperly) drawn

㉢ Ending

- The "Arirang" will reach here safely in a few days, and we wish to be able to write to you as to the safe arrival of the goods before long.

  ➧ to reach here: 이곳에 도착하다.
  ※ 유사표현: to arrive (= get) here

  ➧ before long: 머지않아
  ※ 유사표현: shortly (= in a while, soon)

- Your draft has been refused and we return the dishonored draft for renewal.

  ➧ to be refused: 인수(또는 지급)거절되다.
  ※ 유사표현: to be dishonored by non-acceptance (or non-payment)

  ➧ for renewal: 갱신을 위해
  ※ 유사표현: for readjustment

iii) 환어음 관계서신의 예

ⓐ 환어음의 발행통지

a) 기한부 환어음 발행통지서

VERO

9 Station Hill Farnham Surrey England GU9 8AA
Tel. +44-1252-714151 Fax: +44-1252-719754

November 2, 2020

Mrs B. Haas
B.Haas B.V.
Heldringstraaat 180-2
Postbus 5411
Amsterdam 1007
The Netherlands

Dear Mrs. Haas,

Order No. 8842

Thank you for the above order which has now been completed and is being sent to you today.
As agreed we have forwarded our bill, No. 1671 for £3,860.00, with the documents to your bank, Nederlandsbank, Heldringstraat, Amsterdam.
The draft has been made out for payment 30 days after sight, and the documents will be handed to you on acceptance.

Yours sincerely,

Donald Panton

Donald Panton
Managing Director

해설

- The draft has been made out for payment 30 days after sight: 일람후 30일 기한부 어음이 발행되었다.
- to be handed to you on acceptance: 어음의 인수시 귀사에 건네지다(= to be tendered (= passed, forwarded, supplied).

b) 일람불 환어음 발행통지 Fax

Lumitek®
Iluminação

LUMITEK Italia Co., Ltd
Centro Colleoni
Palazzo Taurus, 3
I - 20041 Agrate Brianza (MI)
Tel. +39 039 6881 185
Fax: +39 039 6892 150

FAX

To	Mr. Jan, Business Manager
Company	XTRA TEC CO., LTD.
Fax No.	+ 82-2-780-1254
From	D. Jennings, Managing Director
Subject	Advising of issuing B/E at sight
Date	Nov 11, 2020
Pages(including this page)	1

Dear Jan,

The above order is now on board the Leda, sailing for Copenhagen tomorrow, arriving Thursday.

As there was no time to check references, we drew a sight draft for the total amount of £4,150(four thousand, one hundred and fifty pounds sterling). This was sent to Nordbank, Garnes Vej, Copenhagen, and will be presented to you with the documents for payment.

If you can supply two business references before your next order, we will put the transaction on a documents against acceptance basis with payment 40 days after sight.

Best wishes

D Jennings

Donald Jennings
Managing Director

해설

- to be presented to you with the documents for payment.: 귀사에 선적서류와 함께 대금지급을 위해 제시되다(선적서류지급도조건).
- to put the transaction on a documents against acceptance basis with payment 40 days after sight: 일람후 40일 지급 선적서류인수도 조건으로 거래를 두다.

c) 기한부 환어음 발행통지 E-mail

Shipment of your order No.8815

File Edit View Insert Tools Message Help

Send Spelling Attachment Recorder Signature Formatting Typing Sounds

To: m.tanner@nzbm.co.nz

Cc:

Subject: Shipment of your order No.8815

Dear Mr.Tanner

The above order has been shipped clean aboard the Northern Cross, due in Wellington 12 June.
The shipping documents have been passed to the Eastland Bank, London, and will be forwarded to the New Zealand Bank, Wellington, who will advise you. As agreed we have drawn on the Eastland Bank at sixty days after sight for the net amount of £23,100.00 (twenty three thousand, one hundred pounds sterling) which includes the bank's discount, commission, and charges.

Sincerely,

Neil Smith

Senior Shipping Clerk

Delta Computers Ltd
Wellingborough, NN8 4HB, UK

Tel.: +44 (0)1933 16431/2/3/4
Fax: +44 (0)1933 20016
Email: smithn@delta.com

해설

- to be shipped clean aboard the Northern Cross: Northern Cross호에 무고장으로 적재되다.

ⓑ 환어음의 수락 또는 거절

a) 환어음의 수락통지서

Tellusvägen 41
S-186 36 Vallentuna (Sweden)
Tel. +46 8 710 03 40
Fax. +46 8 710 42 27

December 23, 2020

Superbuys Ltd.
Superbury House
Wolverton Road
London SW16 7DN
U.K.

Dear Mr Bellon,

We duly have received your letter of December 14 asking us to honor the draft you have drawn on the issuing bank for the goods we need urgently.
Thank you for your prompt shipment of the goods. After the draft was presented together with other relevant documents by C.M. Bank, it was accepted by us directly.
We are waiting for the vessel which will reach here soon, and we will keep in touch with you as soon as we receive them in good condition.

Your sincerely,

P Lane

Peter Lane
Director

해설

- to be presented by C.M. Bank: C.M. Bank에 의해 제시되다.
- to keep in touch with you: 귀사와 연락(접촉)하다.

b) 환어음의 인수거절 Fax

Luxtek

Anglo European House, Trinity Terminal, Suffolk IP11 8SH UK
Tel: 44 1394 606 800 Fax: 44 1394 673 742

FACSIMILE COMMUNICATION

To: Cliff, Business Manager
From: Robert Hughes, Sales Manager
Company/Firm: CiELTRADING CO., LTD. Reference: 20150315
Department/Location: Business Department
Fax Number: +82-2-3282-3940 Date: Oct 22, 2020
No. of pages (including this page): 1

MESSAGE :

Dear Mr. Cliff,

When I received your letter of the 18th of September enclosing invoice No. W. 562, I was surprised to find you had included in your letter draft for $23,600 with the request that I would accept it to clear my account with you.

In all previous dealings I have settled my accounts with you promptly by banker's draft and at no time have you raised any objection to this method of payment. I, therefore, see no reason why the method that has proved satisfactory in the past should now be changed and unless there are special reasons for the change, I am afraid I cannot accept your draft. I am therefore returning it with this letter.

Unless I hear further from you, I will think that you agree to continue our former arrangement and will settle your account punctually by banker's draft when payment becomes due at the end of next month.

Yours sincerely,

R Hughes

Robert Hughes

해설

- to clear my account with you: 귀사와 계산을 결제하다.
- banker's draft: 어음의 지급인이 은행으로 되어 있는 경우, 즉 은행도 어음
- to raise any objection to: ~에 이의를 제기하다.
- to see no reason: 이유를 알 수 없다.

c) 환어음의 지급거절 E-mail

Non-payment of a bill

File Edit View Insert Tools Message Help

Send Spelling Attachment Recorder Signature Formatting Typing Sounds

To: j.merton@glaston.co.uk

Cc:

Subject: Non-payment of a bill

Dear Mr Merton:

To our surprise a bill drawn by you for the goods shipped by S.S. "Ambassador" was presented to us today for acceptance. We naturally refused to take up the bill since we particularly asked for the goods to be sent on consignment and gave no authority for you to draw on us. Moreover, the goods are still on our hands as we have been unable to find buyers at anything like the prices invoiced. We are at a loss to understand why in these circumstances you should draw on us and can only conclude that an error has been made.
We shall continue to do our best to sell the goods though we may have to do so at prices below those stated. Meanwhile, we are returning your unaccepted draft with this letter.

Yours sincerely,

Pierre Gerard

Manager

해설

- to take up the bill: 어음을 인수하다(= to honor(= protect, accept) the bill).
- on the consignment: 위탁판매조건으로
- to give authority: 수권하다.
- like the prices invoiced: 송상에 기재된 가격과 같은
- at a loss: 어찌할 바를 모르고
- meanwhile: 한편, 우선

② 대금회수

i) 대금회수의 의의

외국무역에서 신용장을 이용하면 화환어음의 발행 및 인수로 대금결제가 이루어지지만 D/A 거래나 Commission 및 Claim 대금은 **우편환(Mailing Transfer)**

이나 **전신환(Telegraphic Transfer)**으로 송금하게 된다. 이 경우 송금이 지연되면 기업의 활동에 막대한 영향을 주기 때문에 이때에는 대금회수서신(Collection Letter)을 작성하여 계산서(Statement of Account)를 동봉하여 Buyer에게 발송한다. 이러한 대금회수 서신의 작성 시 유의해야 할 것은 첫째, 상대방에게 청구서(invoice 또는 bill)의 송부여부를 확인해야 하고, 둘째, 청구서 번호, 일자, 금액을 정확하게 기재해야 하며, 마지막으로 대금회수서신의 작성 시점에 상대방의 대금지급이 이미 이루어졌는지를 확인해야 한다.

대금회수서신을 보낼 때에는 거래 및 상대회사의 중요성에 따라 작성하여야 한다. 우선 상대방이 대금지급 일자를 어겼을 경우 정중한 서신과 계산서를 발송하고 우편일수를 감안하여 그때까지도 회신이나 대금지급이 없을 경우 두 번째 대금회수서신을 작성하여 상대방에게 주의를 좀 더 상기시키고 이들 서신에 대하여도 반응이 없을 경우에는 마지막으로 세 번째 대금회수서신을 작성하여 법적 조치가 불가피함을 알려준다. 다만 대금지급회수 서신이 도착하기 전에 대금지급이 완료되는 경우가 있을 수도 있으니 이에 대한 대처로 사과의 Comment를 남겨둘 필요가 있다.

ii) 내용구성과 주요 표현

ⓐ 내용구성

Opening	– 사전 송부된 송장에 대한 지급이 이루어지지 않았음을 알림 – (제2차 이후 대금회수서신의 경우) 미지급에 대한 주의를 환기시킴
Body	– 신속한 대금지급을 요청 – (제3차 대금회수서신의 경우) 미지급시 법적 조치를 취할 것임을 통지
Ending	– 본 서신의 수령 전에 대금지급이 이미 이루어졌다면 본 서신을 무시해도 좋음을 알림 – 계산서(내지 송장 또는 청구서)의 동봉 사실을 알림

ⓑ 주요표현

a) Opening

- This is to inform you that as of this date we have not yet received your payment to our invoice No. 2F-3452 of October 12 referring to your order No. 2534.

▶ as of this date we have not yet received your payment: 오늘 현재 당사는 귀사의 대금지급을 수령하지 못했다.

※ 유사표현: up to now, till(until) this day, (up) to this date.

※ 관련표현:

a) We have not yet received your payment to our invoice No. 3G-545 of July 30.

b) Unfortunately, payment of your purchase order No. 3578 of August 3 has not been made yet.

c) On April 22 we e-mailed you that payment of our invoice No. 2879 of April 5 was not yet made. Still we have not heard from you.

d) I am sorry to note from our records that your account totaling US $220,000 which was due on September has not yet been paid.

● We regret the necessity of reminding you again of your outstanding account of US $245,000, now 30 days overdue.

▶ to remind you again your outstanding account of US $245,000: 귀사에 다시 한번 귀사의 미지급금 미화 245,000달러를 환기시키다.

※ 관련표현:

a) We would like to draw your attention to your outstanding account for your order No. 7458.

b) We wish to remind you of the delay in your remittance of our commission amounting to US $34,000.

c) We wish to call your attention to the enclosed account which is now past due.

d) We have to remind you that we have had no answer to our letter of September 30 as to your overdue account.

e) We still have not received payment for the balance of US $35,000 despite the reminder we e-mailed you on December 27.

- We have sent you several e-mail messages about your overdue account for the last couple of months, but we have not had a response from you.

  ➧ have not had a response from you: 귀사로부터 회답을 얻지 못했다.

  ※ 관련표현:

  a) We have already sent you two reminders and yet we have heard nothing from you.

  b) We send you e-mail about the overdue payment of March 5, but we have not heard back from you.

  c) We have reminded you by several e-mails and letters regarding your overdue account since June, but we have heard nothing from you.

b) Body

- We would appreciate it if you could expedite payment procedures to this outstanding account right away.

  ➧ to expedite payment procedures to this outstanding account right away: 이 미지급계정에 대해서 바로 지급절차를 서두르다.

  ※ 유사표현: to accelerate(= hurry up, speed up) payment procedures to this outstanding account right away

  ※ 관련표현:

  a) We would appreciate receiving your payment immediately.

  b) Your prompt remittance would be greatly appreciated.

  c) Would you please inform us by e-mail when we can expect your payment to the above.

  d) Would you please send your payment as soon as you can.

- If we do not receive any response from you within the next ten days, we will have no choice but to take legal actions.

➡ to have no choice but to take legal actions: 법적소송 수단에 호소할 수밖에 없다.

※ 관련표현:

a) If we do not hear from you within the next seven days, we will have no choice but to turn your account to our collection agency.

b) Unless we receive your payment within the next four weeks, we will not avoid legal action.

c) We hope that you will remit on receipt of this fax to avoid all the unpleasantness legal action.

c) Ending

- If payment has already been made, please disregard this reminder.

➡ to disregard this reminder: 이 독촉장을 무시하다.

※ 유사표현: to ignore(= disrespect) this reminder

※ 관련표현:

a) Should the account have been settled within the last few days, please disregard this reminder.

b) If you have already sent the payment, please accept our apologies for this reminder

c) Please excuse us if payment has already been made.

- Attached to this e-mail are copies of your purchase order and our invoice.

➡ Attached to this e-mail: 이 이메일에 첨부된 것은

※ 관련표현:

a) We have enclosed copies of our statement of account and your purchase order.

b) Enclosed are copies of your purchase order and our invoice.

iii) 대금회수 관계서신의 예

ⓐ 제1차 대금회수서신과 답신

a) 제1차 대금회수서신

HOMEMAKERS

54–59 Riverside, Cardiff CF1 1JW
Telephone: +44 (0)29 20 49721
Fax: +44 (0)29 20 49937
Email: rcliff@homemakers.com
Registered No. C135162

20 November, 2020

R.Hughes & Son Ltd
21 Mead Road
Swansea
West Glamorgan 3ST 1DR

Dear Robert,

I am writing concerning our invoice No.H931 for £919.63, a copy of which is enclosed. It appears that this invoice has not yet been settled.
I see from our records that since we began trading you have cleared your accounts regularly on the due dates. That is why I wondered if any problems have arisen which I might be able to help you with. Please let me know if I can be of assistance.

Yours sincerely,

Richard Cliff

Richard Cliff
Director

해설

- to settle: 결제하다.
- on the due dates: 예정된 일자에

b) 답 신

R. Hughes
& Son Ltd

21 Mead Road, Swansea
West Glamorgan 3ST 1DR
Telephone: +44 (0)1792 58441
Fax: Swansea +44 (0)1792 59472
Email: r.hughes@huson.co.uk

23 November, 2020

Mr. R. Cliff
Homemakers Ltd
54-59 Riverside
Cardiff CF1 1JW

Dear Richard,

I was surprised to receive your letter of November 20 in which you said you had not received payment for invoice No. H931.
I instructed my bank, the Welsh Co-operative Bank, Swansea, to credit your account in Barnley's Bank, Cardiff, with the £919.63 on November 2.
As my bank statement showed that the money had been debited from my account, I assumed that it had been credited to your account as well. It is possible that your bank has not advised you yet. Could you please check this with Barnley's, and if there are any problems, let me know, so that I can make enquiries here?

Yours sincerely,

Robert Hughes

Robert Hughes

해설

- to credit your account: 귀사의 구좌에 입금하다.
- to debit: 차변에 기입하다(인출하다).

ⓑ 제2차 대금회수 및 그에 대한 답신 Fax

a) 제2차 대금회수 Fax

LOUIS ARDEN

LOUIS ARDEN COMPANY.
1C/Monton de Trigo 2
28760 Tres Cantos - Madrid
Tel. +34 91 806 38 00
Fax. +34 91 806 38 05

FAX

To Mr.	**Sig. Giordinino , Accountant**
Company	**SELECT MACHINE COMPANY**
Fax No.	**+ 1-847-290-9121**
From	**R. Costello, Credit Controller**
Subject	**Payment Collection**
Date	**Dec 09, 2020**
Pages(including this page)	**1**

Dear Sig. Giordianino,

With reference to my letter of 10 August, I enclose copy invoices which made up your June statement, the balance of which still remains outstanding.
Having dealt with you for some time, we are concerned that we have neither received your remittance nor any explanation as to why the balance of €6,000.00 has not been cleared. Please would you either reply with an explanation or send us a cheque to clear the account within the next seven days?

Yours sincerely,

R. Costello

R. Costello(Sr)
Credit Controller

해설

- to make up: 보충하다.
- still remains outstanding: 아직 미지급상태로 있다.

b) 답신 Fax

TELECOM ITALIA

VIA CONTE DI RUVO, 153 65128 PESCARA, ITALIA
TEL. +39 039 6882 364 FAX: +39 039 688 365

FACSIMILE COMMUNICATION

To: R. Costello(Sr), Credit Controller
From: D.Giordianino, Accountant
Company/Firm: LOUIS ARDEN COMPANY. Reference:
Department/Location: Credit Department
Fax Number: + 34 91 806 38 05 Date: Dec 11, 2020
No. of pages (including this page): 1

Dear Sr Costello,

First let me apologize for not having cleared our June statement or replying to your letter of 10 August. However, I am surprised that you did not receive our circular letter informing all our suppliers that we were moving from Milan to Turin. I have checked our post book, and find that a letter was sent to you on June 30.
As you will see from the copy enclosed, we warned suppliers that there mighty be some delay in clearing accounts and replying to correspondence as the move would involve employing new staff who needed time to get used to our accounts and filing systems.
You will be pleased to hear that we have now settled into our new offices and will have a fully trained staff by the end of next month. Meanwhile, I am enclosing a cheque for €20,000 on account, and will send a full settlement of your June statement within the next few days.
Could you please note our new address for future reference?

Yours sincerely,

D. Giordianino

D.Giordianino(Sig.)
Accountant

해설

- June statement: 6월 청구서
- in clearing accounts: 구좌를 청산하다.
- our staff: 당사의 직원
- meanwhile: 그 사이에
- for future reference: 앞으로의 참고를 위해

ⓒ 제3차 대금회수 E-mail

Third Collection Letter

File Edit View Insert Tools Message Help

Send Spelling Attachment Recorder Signature Formatting Typing Sounds

To: k.theopolis@ath.forthnet.gr

Cc:

Subject: Third Collection Letter

Dear Mr. Theopolis:

Account No.TYG 99014

We wrote to you on two occasions, 21 October and 14 November, concerning the above account, which now has an outstanding balance of £3,541.46 and is made up of the copy invoices enclosed.
We have waited three months for either a reply to explain why the balance has not been cleared. or a remittance, but have received neither.
We are reluctant to take legal action to recover the amount, but you leave us no alternative. Unless we receive your remittance within the next ten days, we will instruct our solicitors to start proceedings.

Yours sincerely,

J.Millar (Mrs)

Chief Accountant

Enc. invoice copies

해설

- to be reluctant to: 마지못해 하다.
- to take legal action: 법적 조치를 취하다.

2 ▸▸ 각종 결제관계서류

(1) 신용장

① 신용장개설신청서

취소불능화환신용장발행신청서
(Application for Irrevocable Documentary Credit)

TO : **WOORI BANK** 1. DATE :

※1. Credit no : 용도구분 : (예시: NS, ES, NU 등)
※2. Advising Bank : (SWIFT CODE :)
3. Applicant :
4. Beneficiary :

5. Amount : 통 화 금 액 Tolerance : /
6. Expiry Date : ☐ in the Beneficiary Country ☐ at the counters of ourseleves 7. Latest date of shipment :
8. Tenor of Draft ☐ At Sight (☐ Reimbursement ☐ Remittance)
☐ Usance (☐ Banker's ☐ Shipper's) days ☐ After sight
☐ From B/L date
☐ Other :

9. For % of the invoice value

DOCUMENTS REQUIRED (46A:)

10. ☐ Full set of Clean (☐ on Board Ocean Bills of Lading ☐ Multimodal Transport Document) made out to the order of WOORI BANK marked
"Freight ☐ Collect ☐ Prepaid ☐ Payable as per charter party" and notify (☐ Applicant ☐ Other :)
☐ Air Waybills consigned to WOORI BANK marked "Freight ☐ Collect ☐ Prepaid" and notify (☐ Applicant ☐ Other :)
11. ☐ Insurance Policy or certificate in duplicate endorsed in blank for 110% of the invoice value, stipulating that claims are payable in the currency of the draft and also indicating a claim settling agent in Korea. Insurance must include :
the Institute Cargo Clause : ☐ All Risks ☐ Other :
12. ☐ Signed commercial invoice in 13. ☐ Certificate of analysis in
14. ☐ Packing list in 15. ☐ Certificate of weight in
16. ☐ Certificate of origin in issued by
17. ☐ Inspection certificate in issued by
18. ☐ Other documents (if any)

19. Description of goods and/or services (45A:) (H.S CODE :) Price Term :

Commodity Description	Quantity	Unit Price	Amount
Country of Origin		Total	

20. 해상/항공 Port of loading / Airport of Departure : Port of Discharge / Airport of Destination :
복합운송 Place of Taking in Charge / Dispatch from / Place of Receipt :
Place of Final Destination / For Transportation to... / Place of Delivery :
21. Partial Shipment : ☐ Allowed ☐ Prohibited 22. Transhipment : ☐ Allowed ☐ Prohibited
23. Confirmation : (☐ Without ☐ May add ☐ With)
Confirmation Charges : ☐ Beneficiary ☐ Applicant
24. Transfer : ☐ Allowed (Transferring Bank :
25. Documents must be presented within days after the date of shipment of B/L or other transportation documents.

Additional Conditions (47A:)

☐ All banking charges (including postage, advising and payment commission, negotiation and reimbursement commission) outside Korea are for account of ☐ Beneficiary ☐ Applicant
☐ Stale B/L AWB acceptable ☐ Charter Party B/L is acceptable ☐ Third party B/L acceptable
☐ Third party document acceptable
☐ T/T Reimbursement : ☐ Allowed ☐ Prohibited
☐ Bills of lading should be issued by
☐ (House) Air Waybills should be issued by
☐ ( ) % More or less in quantity and amount to be acceptable.
☐ The number of this credit must be indicated in all documents.
☐ Other conditions :

※ Drawee Bank (42A:) :
※ Reimbursement Bank (53A:)

Except so far as otherwise expressly stated, This Documentary credit is subject to the Uniform Customs and Practice for Documentary Credits (2007 Revision) International Chamber of Commerce Publication No. 600

위와 같이 신용장 발행을 신청함에 있어서 따로 제출한 외국환거래약정서의 해당 조항을 따를 것을 확약하며, 아울러 위 수입물품에 관한 모든 권리를 귀행에 양도하겠습니다.
중국 위안화에 의한 거래시에는 현지 정책에 따라 거래제한이 될 수 있음을 인지하였으며, 거래상대방이 위안화 결제 가능 기업에 포함되는지의 여부를 당사에서 사전에 확인하였고 이로 말미암은 문제에 대해서는 당사에 책임이 있음을 확약합니다.

승인신청번호	
고 객 번 호	

주 소

신 청 인 (인)

인감 및 원본 확인

② 신용장조건변경신청서

취소불능화환신용장조건변경신청서

고 객 용

(Application for Amendment to Irrevocable Documentary Credit)
(□취소인 경우 ✔표시)

TO : ABC BANK　　　　　　　　　　　　　　　　　　　　Date :

Documentary Credit Number :　　　　　　EDI-NO :
Currency :　　　　　　Amount :
Beneficiary :　　　　　　Expiry date :
Advising Bank :

We request you to amend by (□TELECOMMUNICATION □AIRMAIL) the captioned Documentary Credit

□ New date of expiry :　　　　(YY-MM-DD)
□ Amount increased By ______________ TO ______________
□ Amount decreased By ______________ TO ______________
□ All banking charges ______________
□ Credit is cancelled subject to beneficiary's concent
□ Latest date for shipment to　　　　　　　(YY-MM-DD)
□ Other amendments

All other terms and conditions remain unchanged

위 기재사항이 틀림없음을 확인하고
신용장조건변경을 의뢰합니다.

년　　월　　일

지급보증 확　인	담당	결재

주　소

신청인　　　　　　(인)

인감 및 원본확인

③ 취소불능화환신용장

Application header block :	
: Input/Output Identifer	: I Outgoing Message
: Transaction Typer	: 700 issue of a documentary credit
: Transaction Prioity	: n Normal
: From	: WOORI BANK, SEOUL
: To	: HANKOOK BANK HONG KONG BRANCH, HONG KONG

Text Block :	
/27 : sequence of total	: 1/1
/40A : form of documentary credit	: IRREVOCABLE
/20 : documentary credit number	: M1234 606NS00018
/31C : date of issue	: 20/06/24
/31D : date and place of expiry	: 20/08/20 HONG KONG
/50 : applicant	: KOREA TOYS CO., LTD. 159-1SAMSUNGDONG KANGNAM-GU, SEOUL, KOREA
/59 : beneficiary	: CHINA TOYS CO., LTD. RM 1000 CHAI WAN IND. CITY PHASE 1, 60 WING TAIRO, CHAIWAN H.K.
/32B : currency code amount	: USD 119,000.00
/39A : pct credit amount toterance	: 10/10
/41D : available with/by name, address	: ANY BANK BY NEGOTIATION
/42C : drafts at	: AT SIGHT
/42A : drawee	: HONG KONG FIRST BANK LTD., HONG KONG(ADDR : 2007, JARDINE HOUSE 1 CONNAUGHT PLACE, CENTRAL, HONG KONG)
/43P : partial shipments	: ALLOWED
/43T : transshipment	: NOT ALLOWED
/44A : on board/disp/taking charge	: SHIDAO, CHINA
/44B : for transportation to	: BUSAN, KOREA
/44C : latest date of shipment	: 20/08/12

/45A : descr goods and/or services
700PAIRS OF CHINESE GIANT BEAR TOY
SIZE : MIN 1.5 METERS AT USD170.00
F.O.B.SHIDAO.CHINA

/46A : documents required
+SIGNED COMMERCIAL INVOICE IN QUINTUPLICATE
+PACKING LIST IN TRIPLICATE
+FULL SET OF CLEAN ON BOARD OCEAN BILL OF LADING MADE OUT TO THE ORDER OF WOORI BANK MARKED FREIGHT COLLECT AND NOTIFY APPLICANT
+CERTIFICATE OF ORIGIN

/47A : additional conditions
ALL DOCUMENTS MUST BEAR OUR CREDIT NUMBER M1234 606NS00018
T/T REIMBURSEMENT NOT ALLOWED
OUANTITY 10 PCT MORE OR LESS ALLOWED
+THIRD PARTY DOCUMENTS ACCEPTABLE

/71B : charges	: ALL BANKING COMMISSIONS AND CHARGES INCLUDING REIMBURSEMENT CHARGES OUTSIDE KOREA ARE FOR ACCOUNT OF BENEFICIARY
/49 : confirmation instructions	: WITHOUT
/53A : reimbursement bank	: HONG KONG FIRST BANK LTD., HONG KONG(ADDR : 2007, JARDINE HOUSE 1 CONNAUGHT PLACE, CENTRAL, HONG KONG)

/78 : instructions to pay/acc/neg bk :
DRAFTS MUST BE SENT TO DRAWEE BANK FOR YOUR REMBURSEMENT
AND ALL DOCUMENTS TO US BY COURIER SERVICE IN ONE LOT

/72 : sender to receiver information	: THIS CREDIT IS SUBJECT TO U.C.P(1993 REVISION) I.C.C. PUBLICATION NO. 600.

④ 확인신용장

Confirmation of Irrevocable Letter of Credit
[CONFIRMING BANK]

Date:

Confirming Bank Letter of Credit Confirmation Number:_______________

Issuing Bank Letter of Credit Reference Number: ______________________

STATED AMOUNT: USD

EXPIRATION DATE:
(unless extended as provided herein)

BENEFICIARY:
New York Independent System
Operator, Inc.
10 Krey Boulevard
Rensselaer, New York

ISSUING BANK:
[Bank or Branch Name]
[Address]
[Address]

APPLICANT:
[Market Participant Name]
[Address]
[Address]

PRESENT DRAFTS TO: [Confirming Bank or Branch Name]
[Address]
[Address]

Attn: [•]
Phone: [•]
Facsimile: [•]
Email: [•]

Dear Beneficiary:

At the request of the above-named issuing bank, **[BANK]** (the "**Confirming Bank**") has been instructed to advise the above-named Beneficiary of the opening of the above-referenced Irrevocable Letter of Credit (the "**Letter of Credit**") issued by Issuing Bank in Beneficiary's favor. The authenticity and form of the Letter of Credit has been reviewed by the Confirming Bank and found to be in order. A copy of the Letter of Credit is attached hereto; the original has been forwarded directly to the Beneficiary by the Issuing Bank.

1

CONFIRMATION OF IRREVOCABLE LETTER OF CREDIT

Please review the Letter of Credit immediately to determine whether the terms and conditions meet the Beneficiary's requirements. If the Beneficiary finds the terms and conditions of the Letter of Credit unacceptable, please contact the above-named Applicant and request the Applicant to instruct the Issuing Bank to amend the Letter of Credit as appropriate.

Confirming Bank hereby confirms the Letter of Credit and undertakes that all drafts drawn and presented to Confirming Bank at the address for presenting drafts indicated above that are in compliance with the terms of the Letter of Credit and presented on or before the close of business in **[city, state where counter is located]** on the above-stated Expiration Date, or future expiration date as provided herein, will be duly honored at sight. It is a condition of this confirmation that it shall be automatically extended, without amendment, for successive periods of one year from the Expiration Date, or any future expiration date, unless at least ninety (90) calendar days prior to the then current expiration date the Beneficiary receives notice from the Bank, sent by registered mail or overnight courier, that Confirming Bank has elected not to extend this confirmation for an additional period. Any such notice that Confirming Bank sends to Beneficiary advising of its election not to renew this confirmation in no way affects the Issuing Bank's obligation to Beneficiary under the Letter of Credit.

To the extent not inconsistent with the express terms hereof, this confirmation shall be subject to and construed in accordance with International Practices ISP98 , International Chamber of Commerce Publication No. 590, and governed by the internal laws of the State of New York without giving effect to its conflict of laws principles (other than Section 5-1401 of the New York General Obligations Law).

Sincerely,

____

Authorized Signature

2

⑤ 지급신용장

PAYMENT CREDIT

MT 700 ISSUE OF A DOCUMENTARY CREDIT
From : BANK OF AMERICA, NEW YORK
To : KOREA EXCHANGE BANK, SEOUL, KOREA
:27 sequence of total : 1/1
:40A form of documentary credit : IRREVOCABLE
:20 documentary credit number : 78910
:31C date of issue : 15 JUNE 2020
:31D date and place of expiry : 10 SEPTEMBER 2020 KOREA
:50 applicant : KENNY INTERNATIONAL INC.
310 FIFTH AVE, NEW YORK, NY10118, U.S.A.
:59 beneficiary : KANGNAM TRADING CO., LTD.
275, YANGJAE-DONG, SEOCHO-GU, SEOUL 137-130, KOREA
:32B currency code amount : USD100,000
:39A pct credit amount tolerance : 0/0
:41D available with by name, address : ADVISING BANK
BY PAYMENT
:42C drafts at : SIGHT
:43P partial shipment : ALLOWED
:43T transshipment : NOT ALLOWED
:44A loading on board/dispatch/taking in charge : BUSAN, KOREA
:44B for transportation to : NEW YORK, U.S.A.
:44C latest date of shipment : 31 AUGUST 2020
:45A description of goods and/or services and/or performance
4000 PCS OF MEN'S SPLIT LEATHER JACKETS OTHER DETAILS AS PER SALES NOTE NO. 10016 DATED JUNE 5, 2020 CIF NEW YORK Incoterms® 2020
:46A documents required
+SIGNED COMMERCIAL INVOICE IN TRIPLICATE
+PACKING LIST IN TRIPLICATE
+FULL SET OF CLEAN ON BOARD OCEAN BILL OF LANDING MADE OUT TO THE ORDER OF BANK OF AMERICA MARKED FREIGHT PREPAID AND NOTIFY ACCOUNTEE
+MARINE INSURANCE POLICIES AND CERTIFICATES IN DUPLICATE ENDORSED IN BLANK FOR 110PCT OF INVOICE VALUE. INSURANCE POLICES OR CERTIFICATES MUST EXPRESSLY STIPULATE THAT CLAIMS ARE PAYABLE IN THE CURRENCY OF THE DRAFTS AND MUST ALSO INDICATE A CLAIM SETTLING AGENT IN NEW YORK. INSURANCE MUST INCLUDE INSTITUTE CARGO CLAUSES(B)
+CERTIFICATE OF ORIGIN IN DUPLICATE
:47A additional conditions
ALL DOCUMENTS MUST BEAR OUR CREDIT NUMBER
T/T REIMBURSEMENT NOT ALLOWED
:48 period for presentation : DOCUMENTS MUST BE PRESENTED WITHIN 3 DAYS AFTER THE DATE OF BILL OF LADING BUT WITHIN THE CREDIT VALIDITY
:71B charges : ALL BANKING COMMISSIONS AND CHARGES OUTSIDE U.S.A. ARE FOR ACCOUNT OF BENEFICIARY
:49 confirmation instructions : WITHOUT
:78 instructions to the paying/accepting/negotiating bank
NEGOTIATIONS UNDER THIS LETTER OF CREDIT ARE RESTRICTED TO ADVISING BANK SEOUL KOREA.
PAYMENT WILL BE DULY MADE AGAINST DOCUMENTS PRESENTED IN CONFORMITY OF THE TERMS OF CREDIT AND ALL DOCUMENTS TO US BY COURIER SERVICE IN ONE LOT
:72 sender to receiver information : THIS CREDIT IS SUBJECT TO UCP(2007 REVISION) ICC PUBLICATION NO. 600

⑥ 매입신용장

NEGOTIATION CREDIT

MT 700 ISSUE OF A DOCUMENTARY CREDIT
From : BANK OF AMERICA, NEW YORK
To : KOREA EXCHANGE BANK, SEOUL, KOREA
:27 sequence of total : 1/1
:40A form of documentary credit : IRREVOCABLE
:20 documentary credit number : 78910
:31C date of issue : 15 JUNE 2020
:31D date and place of expiry : 10 SEPTEMBER 2020 KOREA
:50 applicant : AMERICA INTERNATIONAL INC.
310 FIFTH AVE, NEW YORK, NY10118, U.S.A.
:59 beneficiary : KANGNAM TRADING CO., LTE
275, YANGJAE-DONG, SEOCHO-GU, SEOUL 137-130, KOREA
:32B currency code amount : USD100,000
:39A pct credit amount tolerance : 0/0
:41D available with by name, address : ANY BANK
BY NEGOTIATION
:42C drafts at : SIGHT
:42A drawee : BANK OF AMERICA, NEW YORK, NY10015, U.S.A.
:43P partial shipment : NOT ALLOWED
:43T transshipment : NOT ALLOWED
:44A loading on board/dispatch/taking in charge : BUSAN, KOREA
:44B for transportation to : NEW YORK, U.S.A.
:44C latest date of shipment : 31 AUGUST 2020
:45A description of goods and/or services and/or performance
4000 PCS OF MEN'S SPLIT LEATHER JACKETS OTHER DETAILS AS PER SALES NOTE NO. 10016 DATED JUNE 5, 2020 CIF NEW YORK Incoterms® 2020
:46A documents required
+SIGNED COMMERCIAL INVOICE IN TRIPLICATE
+PACKING LIST IN TRIPLICATE
+FULL SET OF CLEAN ON BOARD OCEAN BILL OF LANDING MADE OUT TO THE ORDER OF BANK OF AMERICA MARKED FREIGHT PREPAID AND NOTIFY ACCOUNTEE
+MARINE INSURANCE POLICIES AND CERTIFICATES IN DUPLICATE ENDORSED IN BLANK FOR 110PCT OF INVOICE VALUE. INSURANCE POLICES OR CERTIFICATES MUST EXPRESSLY STIPULATE THAT CLAIMS ARE PAYABLE IN THE CURRENCY OF THE DRAFTS AND MUST ALSO INDICATE A CLAIM SETTLING AGENT IN NEW YORK. INSURANCE MUST INCLUDE INSTITUTE CARGO CLAUSES(B)
+CERTIFICATE OF ORIGIN IN DUPLICATE
:47A additional conditions
ALL DOCUMENTS MUST BEAR OUR CREDIT NUMBER
T/T REIMBURSEMENT NOT ALLOWED
:48 period for presentation : DOCUMENTS MUST BE PRESENTED WITHIN 3 DAYS AFTER THE DATE OF BILL OF LADING BUT WITHIN THE CREDIT VALIDITY
:71B charges: ALL BANKING COMMISSIONS AND CHARGES INCLUDING REIMBURSEMENT CHARGES OUTSIDE U.S.A. ARE FOR ACCOUNT OF BENEFICIARY
:49 confirmation instructions : WITHOUT
:53A reimbursement bank : BANK OF KOREA, NEW YORK, NY10015, U.S.A.
:78 instructions to the paying/accepting/negotiating bank
DRAFTS MUST BE SENT TO DRAWEE BANK FOR YOUR REIMBURSEMENT AND ALL DOCUMENTS TO US BY COURIER SERVICE IN ONE LOT
:72 sender to receiver information : THIS CREDIT IS SUBJECT TO UCP(2007 REVISION) ICC PUBLICATION NO. 600

⑦ 양도가능신용장

-- TRANSMISSION

RECEIVED FROM : SWIFT
MESSAGE ID : 20200601IN000909
MESSAGE STATUS : DEV
MESSAGE OUTPUT REFERENCE :
11:12-2020/06/01-NACFKRSEXXX-4233-123456
CORRESPONDENT INPUT REFERENCE :
11:12-2020/06/01-BOTKJPJTOSA-1709-654321

-- MESSAGE HEADER

SENDER : BOTKJPJTOSA
BANK OF TOKYO-MITSUBISHI UFJ, LTD.,

RECEIVER : NACFKRSEXXX
NATIONAL AGRICULTURAL COOPERATIVE FEDERATION
(NH BANK)
MESSAGE TYPE : MT710 [ADV OF THIRD BANK'S DOC CREDIT]

-- MESSAGE TEXT

SEQUENCE OF TOTAL	27 : 1/1
FORM OF DOCUMENTARY CREDIT	40B : IRREVOCABLE TRANSFERABLE WITHOUT OUR CONFIRMATION
SENDER'S REFERENCE	20 : S-KYS-2000941
DOCUMENTARY CREDIT NUMBER	21 : AC-785-1103348
DATE OF ISSUE	31C : 2020-05-31
NO TAG EXPLANATION	40E : UCP URR LATEST VERSION
DATE AND PLACE OF EXPIRY	31D : 200725 COUNTERS OF NEGOTIATING BANK
ISSUING BANK	52A : KYSBJPJZXXX KYOTO SHINKIN BANK,
APPLICANT	50 : NORMAN TRADING CO., LTD. 23-6 HIGASHINISHIKAMIYA KYOTANABE KYOTO JAPAN
BENEFICIARY	59 : JEKIYA CO., LTD. SAMWON B/D 202 JUNGANGDONG 422-21 DONGDAEMUN-GU, SEOUL, SOUTH KOREA
	* Currency *Amount
CURRENCY CODE AMOUNT	32B : USD 25,840.00
PERCENTAGE CRDT AMT TOLERANCE	39A : 5/5
AVAILABLE WITH..BY.. -NAME/ADDR	41D : ANY BANK BY NEGOTIATION
DRAFTS AT...	42C : DRAFTS AT SIGHT FOR FULL INVOICE VALUE
DRAWEE	42A : KYSBJPJZXXX KYOTO SHINKIN BANK, THE

PARTIAL SHIPMENTS 43P : ALLOWED
TRANSSHIPMENT 43T : PROHIBITED
PORT OF LOADING/AIRPORT OF DEPARTURE 44E : SHANGHAI PORT
PORT OF DISCHARGE/AIRPORT OF DESTINATION 44F : JAPANESE PORT
LATEST DATE OF SHIPMENT 44C : 2020-07-10
DESCP OF GOODS AND/OR SERVICES 45A :
CONT NO. HH-110420AF/PH/110526CH
LADIES KNITTED GARMENT FOB SHANGHAI PORT
DOCUMENTS REQUIRED 46A :
+SIGNED COMMERCIAL INVOICE IN 1 ORIGINAL AND 1 COPY INDICATING CREDIT NO.
+FULL SET LESS ONE OF CLEAN ON BOARD OCEAN BILLS OF LADING MADE OUT TO ORDER OF SHIPPER AND BLANK ENDORSED MARKED FREIGHT COLLECT NOTIFY APPLICANT INDICATING L/C NO.
+PACKING LIST IN 1 ORIGINAL AND 1 COPY.
+BENEFICIARY'S CERTIFICATE STATING THAT 1/3 ORIGINAL B/L SENT TO APPLICANT DIRECTLY WITHIN 2 DAYS AFTER SHIPMENT BY DHL

ADDITIONAL CONDITIONS 47A:
+INSURANCE IS TO BE EFFECTED BY BUYER.
+ADVISING BANK IS AUTHORIZED TO EFFECT TRANSFER.
+SURRENDERED B/L ACCEPTABLE
IN THIS CASE COPY OF SURRENDERED B/L IS REQUIRED AND BENEFICIARY'S CERTIFICATE IS NOT REQUIRED.
+++INSTRUCTIONS TO PAY/ ACC/ NEGO BANK+++
FOR EACH PRESENTATION OF DISCREPANT DOCUMENTS UNDER THIS CREDIT, A FEE OF USD50.00 SHOULD BE DEDUCTED FROM THE PROCEEDS. THIS EFFECT MUST BE EVIDENCED ON COVERING LETTER. NOTWITHSTANDING ANY INSTRUCTION TO THE CONTRARY, THIS FEE SHOULD BE FOR ACCOUNT OF THE BENEFICIARY.
+++INSTRUCTIONS TO THE ADVISING BANK AND NEGO/ ACC/ PAY BANK+++
THE BANK OF TOKYO-MITSUBISHI UFJ, LTD. IS NOMINATED AS L/C PROCESSING AGENT OF THE KYOTO SHINKIN BANK,(I.E. L/C ISSUING BANK) UNDER THIS CREDIT.
FOR YOUR INQUIRY, PLEASE ALWAYS CONTACT US REFERRING SENDER'S REF NO. S-KYS-2000941 AND L/C NO.
+++INFORMATION TO NEGO BANK+++
THE BANK OF TOKYO-MITSUBISHI UFJ,LTD.(BTMU) IS NOT AN ISSUING BANK, NOR A CONFIRMING BANK, NOR A NOMINATED BANK. THEREFORE, BTMU WILL RELAY THE DETAILS OF THE REFUSAL NOTICE, IF ANY, PROVIDED BY THE ISSUING BANK WITHIN 5 BANKING DAYS FOLLOWING THE DAY OF PRESENTATION OF DOCUMENTS AT THE ISSUING BANK'S COUNTERS IN ACCORDANCE WITH UCP600 SUB-ARTICLE 16(D).

CHARGES 71B : ALL BANKING CHARGES OUTSIDE JAPAN ARE FOR ACCOUNT OF BENEFICIARY.
PERIOD FOR PRESENTATION 48 : DOCUMENTS MUST BE PRESENTED WITHIN 15 DAYS AFTER THE DATE OF SHIPMENT BUT WITHIN THE VALIDITY OF THE CREDIT.
CONFIRMATION INSTRUCTIONS 49 : WITHOUT
REIMBURSING BANK 53A: BOTKUS33XXX

BANK OF TOKYO-MITSUBISHI UFJ,
LTD.,(NEW YORK BRANCH)

INSTRUC TO PAY/ACCPT/NEGOT BNK 78 :
REIMBURSEMENT BY TELECOMMUNICATION IS PROHIBITED.
DRAFTS AND ALL DOCUMENTS MUST BE SENT TO US, I.E. THE BANK OF TOKYO-MITSUBISHI UFJ, LTD. GLOBAL SERVICE CENTER 1-1 KAWARAMACHI 2-CHOME, CHUO-KU, OSAKA 541-0048 JAPAN WITH YOUR SCHEDULING COVER LETTER INDICATING SENDER'S REF NO. S-KYS-2000941 AND L/C NO. IN ONE LOT BY COURIER SERVICE AND REIMBURSE YOURSELVES FROM REIMBURSING BANK.
PLEASE ALWAYS QUOTE L/C ISSUING BANK'S NAME I.E. THE KYOTO SHINKIN BANK, AND THEIR L/C NO. IN YOUR REIMBURSEMENT CLAIM.

ADVISE THROUGH BANK-NAME/ADDR 7D : YOUR MADEULYOUK BRANCH
NOWON-GU SEOUL. SOUTH KOREA

-- END OF MESSAGE

(2) 환어음

BILL OF EXCHANGE

① No. 123456 BILL OF EXCHANGE, ② SEOUL, ③ MAY 2020

④ FOR US$53,200.-

⑤ AT ××××× SIGHT OF THIS FIRST BILL OF EXCHANGE(SECOND OF THE SAME TENOR AND DATE BEING UNPAID) PAY TO

⑥ THE COMMERCIAL BANK OF KOREA, LTD, OR ORDER THE SUM OF

⑦ SAY US DOLLARS FIFTY THREE THOUSAND TWO HUNDRED ONLY ;

VALUE RECEIVED AND CHARGE THE SAME TO ACCOUNT OF ⑧ TOKYO SUPPLY LTD

⑨ DRAWN UNDER THE MIISUBISHI BANK, LTD. HEADOFFICE TOKYO, JAPAN

⑩ L/C NO. U-1041509 ⑪ DATE APRIL 17, 2020

⑫ TO THE MIISUBISHI BANK, LTD
HEADOFFICE, TOKYO

⑬ K. K. TRADING CO.

780603-626 13(X)B-16B

수출(4030011, 210×100) 외국환어음 백상지 80g/m²

해설

- "First Bill of Exchange": 환어음의 제1통. Draft는 보통 2통 발행하는데, 제1통은 'First'로 표기하고 제2통은 제1통 괄호 안의 'First'가 'Second'가 되는 외에 내용과 형식은 동일하다. 수입국에 따라서는 3통을 필요로 하는 경우도 있다. 어느 경우에나 모두 정식, 즉 Negotiable한 어음이며 이에 부대하는 선적서류와 마찬가지로 분할하여 우송한다. 두 통 중에서 먼저 도착한 것이 효력을 가지며 그 후에 도착하는 것은 무효가 된다. 두 통씩 보내는 이유는 도중에 1통이 사고가 나서 분실되거나 할 경우에 대비하기 위해서이다.
- "Second (또는 First) unpaid": 두 통으로 발행된 환어음은 각각이 법률적으로 동등한 효력을 갖고 있기 때문에 이 중의 어느 한 통에 의해 지급이 완료되면 나머지 본은 자동적으로 효력이 상실함을 의미
- "Pay to the Order of ~ the Sum of ~": ~의 지시인에게 ~ 금액을 지급하시오.
- "Value received": 대가수령 함. 이것은 수출상이 어음과 상환으로 수출대금을 수령하였다는 것을 의미하는 문언으로 환어음이 수령증의 관습적인 기능을 나타내는 것임. Cf. "Charge the same to account of~"라는 문구가 들어가면 이는 "동 금액을 ~의 계정에서 결제하시오"라는 의미로, 즉 대금은 누구한테서 받으라는 뜻이다.
- "To": Drawee 표시 란으로 이곳에 은행이름이 들어가면 Banker's Bill이라 한다. 수입상이름이 들어가면 Trader's Bill이라고 하고 "to account of"의 다음 란은 공란이 된다.
- "under Letter of Credit No. ~ Dated ~ Issued by ~": 관련 신용장의 번호, 개설일자 및 개설은행을 기재.

Ⅲ 국제운송

1 각종 운송관계서신

(1) 의 의

매매계약의 내용에 따라 운송계약을 체결해야 할 의무가 있는 수출업자는 해상운송을 포함한 각종 운송을 위한 선적(내지 발송)의 준비를 시작한다. 이러한 준비 단계에 수출업자는 먼저 운송인에게 운항 스케줄과 운임률 등에 대한 문의를 통해 적절한 운항편을 결정한다.

그리고 오늘날 일반화된 해상운송형태 중의 하나인 개품운송에 의한 선적을 계획하고 있는 경우 이를 위한 선복수배를 위하여 수출업자는 먼저 선박회사에 선복신청서(Shipping Request : S/R)를 제출하고 운송인으로부터 화물선적예약서(Freight Booking Note : B/N)를 교부받음으로써 **개품운송계약(Contract of Affreightment)**이 체결된다. 동 계약이 성립되면 수출업자는 화물을 보세구역(Bonded Area)에 반입하거나 타소장치허가를 받아서 타소장치를 하고 세관(Customs House)의 장치확인을 받는다. 그리고 수출업자는 자기의 명의나 관세사 또는 통관법인의 명의로 **수출신고(Export Declaration)**를 하고 **수출면장(Export Permit)**을 교부받는다.

보세구역에서 부두까지 보세운송하여 선박회사에서 본선의 선장 앞으로 발급한 **선적지시서(Shipping Order ; S/O)**에 따라 선적이 완료되면 본선의 일등항해사(Chief Mate)로부터 **본선수취증(Mate's Receipt ; M/R)**을 발급받는다. 선적시 화물의 부족(Missing), 포장파손(Broken), 부패(Rotten) 등의 경우에는 고장부본선수령증(Foul Mate's Receipt)이 발급되어 이를 근거로 발급되는 선화증권도 고장부선화증권(Foul Bill of lading)이 될 수밖에 없으며 고장부선화증권이 발급되면 화환취결시 은행이 그 수리를 거절할 것이다. 이때에 수출업자는 무고장선화증권(Clean Bill of Lading)을 발급받기 위하여 선박회사에 **파손화물보상장(Letter of Indemnity : L/I)**을 제출하고 무고장선화증권을 발급받게 된다.

수출업자는 주문품의 선적이 무사하게 종료되면 그 선적통지(advice of shipment)를 수입업자에게 보내고 매매계약상 의무를 정확하게 이행할 것을 연락한다. 화물이 목적항에 도착하면 선박회사는 수입업자에게 **화물도착통지서(Arrival Notice)**를 발급하고 수입업자는 선화증권원본(Original B/L)을 선박회사에 제출하고 이와 상환으로 선박회사로부터 화물인도지시서(Cargo Delivery Order)를 발급받아 화물을 인수하게 된다. 그러나 소요 B/L이 화물보다 늦게 올 경우 B/L이 없이도 수화인으로 하여금 선취득하게 하는 편법이 국제관행으로 용인되어 있으며, 이것이 **화물선취보증장(Letter of Guarantee : L/G)**이다.

수출업자는 매매계약과 신용장에 명시된 선적기한 내에 물품을 선적(내지 발송)하는 것이 불가능한 경우, 이는 신용장 조건에 대한 명백한 위배로 수출대금을 회수하지 못하는 결과를 초래하게 된다. 이 경우 수출업자는 선적지연의 이유 등을 설명하고, 불가항력(force majeure)에 의한 선적지연이라면 이를 증명하는 서류를 동봉하여 선적기한의 연장에 대한 수입업자의 양해를 구하는 서신을 보내야 할 것이다.

아래는 선적절차 중의 주요서신이라 할 수 있는 운송인에 송부하는 운항계획 및 운임문의서와 매수인에 송부하는 선적(발송)통지 및 선적지연통지서를 중심으로 살펴보고, 그 외 각 선적절차에 쓰이는 서류는 장을 달리하여 추후에 검토될 것이다.

(2) 내용구성과 주요표현

① 운송사에 운항계획 및 운임문의

i) 내용구성

Opening	- 특정 운송구간, 운송 목적물의 세부사항, 선적 예정일 등을 명기
Body	- 운항 스케줄 및 운임률에 대한 견적을 의뢰
Ending	- 귀사의 신속한 답신을 고대하겠음을 기재

ii) 주요표현

ⓐ Opening

- We shall shortly have been ready for shipment from Liverpool to Pusan against four cases of crockery. The cases measure 4×4×3 feet, each weighing about 150 pounds.

➧ to measure 4×4×3 feet: 가로×세로×높이가 4×4×3 feet가 되다.
➧ to weigh about 150 pounds: 무게가 150 pounds 되다.

- We have a consignment of accessories and clothes now waiting to be shipped from Pusan to Long Beach. The products packed in 100 cartons of accessories and 200 cartons of clothes are weighing 325kgs and measuring 12 cubic meters.

➧ waiting to be shipped from Pusan to Long Beach: 부산항에서 롱비치 항을 향해 선적을 기다리고 있는

ⓑ Body

- As our customers want the products urgently, we would appreciate it if you would let us know the possible earliest direct vessel together with your competitive rate of freight by a return e-mail as soon as possible.

➧ to let us know the possible earliest direct vessel: 당사에 가능한 이른 직항편 선박을 알려주다.
※ 유사표현: to inform(= notify) us of the earliest direct vessel available.

➧ your competitive rate of freight: 귀사의 경쟁적인 운임요율

- Will you please quote your rate for freight and send us details of your sailing and the time usually taken for the voyage. We understand that S.S. "Merchant Prince" is due to sail on the 25th of July, but we should like an earlier sailing if possible.

➧ to quote your rate for freight: 귀사의 운임요율을 견적내다.

➡ due to sail on the 25th of July: 7월 25일 출항예정이다.

ⓒ Ending

I would appreciate a prompt reply, as delivery must be made before the end of next week.

➡ to appreciate a prompt reply: 신속한 답신에 감사하다.

※ 유사표현: to be grateful(= thankful) for a prompt reply, to be glad (= pleased) about a prompt reply

② 선적(발송)통지 및 선적지연통지

i) 내용구성

ⓐ 선적(발송)통지

Opening	- 주문에 감사표시와 이에 대한 선적(발송)사실을 통지함
Body	- 주문품을 약정된 적재항에서 목적항으로 약정된 방법과 운송수단에 선적(발송)하였음을 알림 - 신용장에 따라 요구되는 선적서류가 조만간 도착될 것임을 알림
Ending	- 주문물품의 안전한 도착과 추가주문을 기대하겠음을 알림

ⓑ 선적(발송)지연통지

Opening	- 주문에 감사와 선적(발송)지연에 대한 사과
Body	- 선적(발송)지연의 통지 및 이유 설명 - 선적(발송)예정일의 통고
Ending	- 문제해결에 대한 모든 노력을 할 것임을 약속하고 이해를 부탁함

ii) 주요표현

ⓐ 선적(발송)통지

a) Opening

Thank you for your order of November 23, 2020. We are pleased to inform you that your order No.7635 has been loaded on the M/S Arirang, leaving Pusan on December 10, 2015 and ariving at Genoa around January 3, 2016.

➧ to be loaded on the M/S Arirang: 아리랑호에 선적되다.
※ 유사표현: to be placed on board the M/S Arirang

➧ leaving Pusan on December 10, 2020 and ariving at Genoa around January 3, 2021: 2020년 12월 10일 부산항을 출항하여 2021년 1월 3일 제노아항에 도착예정인
※ 유사표현: sailing from Pusan on December 10, 2020, due to arrive on January 3, 2021

- We have shipped today by the M/V Beatle 500 units of Pentium IV computers covering your order No.28346, which is scheduled to arrive at London on February 23.

➧ to be scheduled to arrive at London on February 23: 런던에 2월 23일 도착예정이다.
※ 유사표현: due to arrive at London on February 23, to be expected (= set) to arrive at London on February 23

b) Body

- All goods in your order No.3562 were sent out this morning as specified in the attached copies of the shipping documents.

➧ to be sent out: 발송되다.
※ 유사표현: to be dispatched (= shipped out)

- As requested we have airfreighted your order as follows:

Your Order	: No.9084
Contents	: CPU, Intel Pentium 200MHz 30,000EA
Shipment	: KE023
Departure	: Incheon, Korea on 16:05 November 22, 2020
Arrival	: San Fransisco, CA on 11:25 November 22, 2020
AWB	: No.45562

The original shipping documents will be sent to you by international courier tomorrow.

➡ to airfreight your order: 귀사의 주문품을 항공화물편으로 출하하다.
※ 유사표현: to send (= dispatch) by air cargo your order

➡ international courier: 국제특송

- The packing was carefully carried out according to your instructions, and we are sure that all goods will reach you in good condition.

➡ to be carried out: 이행되다.
※ 유사표현: to be performed(= executed, completed)

- In compliance with the agreed terms of payment, the original transport documents have just been delivered by us to our bankers, along with our draft which has been drawn on you at 30 d/s for the invoice amount as stipulated in your L/C, which we ask you to honor upon presentation.

➡ In compliance with the agreed terms of payment: 합의된 결제조건에 따라
※ 유사표현: According to (= in accordance with) the agreed terms of payment

c) Ending

- We are looking forward to your further order soon.

➡ further order: 추가주문
※ 관련표현: We look forward to receiving another order from you.

- We hope all merchandise ordered will reach you in good condition.

➧ to reach you in good condition: 양호한 상태로 도착하다.

※ 유사표현: to arrive in good condition.

ⓑ 선적(발송)지연통지

a) Opening

- Thank you for your order No.456-7 of January 23 for 2,000 pairs of golf shoes. We are sorry, but we are unable to fulfill that order by the requested delivery date.

➧ to be unable to fulfill that order by the requested delivery date:요구된 인도일까지 그 주문품을 이행(인도)할 수 없다.

※ 유사표현: to be unable to execute(= deliver) that order by the requested delivery date

- We regret to inform you that your order of parts will be delayed by 20 days.

➧ to regret to inform you that ...: 귀사에 that 이하를 통지하게 되어 유감이다.

※ 유사표현: to be sorry that ..., to apologize for that ....

b) Body

- Because of an unusually heavy demand for these two products, we are temporarily out of stock, but everything possible is being done to ensure that you receive delivery as soon as possible.

➧ out of stock: 재고의 부족.

※ 유사표현: a dearth(= shortage) of goods in stock

- Because of the short water supply brought about by recent drought which continued for 30 days, the production at the factory is very much behind the schedule. We fear we may be unable to dispatch your order before February 22.

➧ to be behind the schedule: 예정보다 지연되다.

※ 유사표현: to be delayed(= be retarded, be overdue, be late; procrastinate)

※ 관련표현:

a) Due to unexpectedly great demand from customers, it is on back-order until May.

b) Unfortunately, due to unexpected circumstances there is a delay in production; and consequently, the delivery will be late.

c) We regret to inform you that the 50,000 pieces of Enfile you ordered will be shipped late due to a delay in the final stage of production.

d) We have contacted the shipping company and have found out that they are on strike. The goods are still on board.

- We would be able to ship the goods on the next vessel, which is scheduled to sail on June 20.

➧ to be scheduled to sail on June 20: 6월 20일 항해예정인

※ 유사표현: to be planned(= expected) to sail on June 20

※ 관련표현:

a) We arranged today for another company to deal with the shipment of your order quickly.

b) Your order will be ready for shipment by November 20.

c) As soon as we obtain the exact date of completing production, we will confirm the shipping schedule.

d) We assure you that we will be able to ship your order without fail by July 30.

c) Ending

- We apologize for the delay, and hope that it does not inconvenience you too much.

  ➡ to inconvenience you too much: 귀사에 상당한 불편을 끼치다.

  ※ 유사표현: to cause you a great deal of trouble(= hassel, problem)

- We are really very sorry about this overdue delivery. We apologize for not reporting when the goods will arrive and appreciate your understanding.

  ➡ overdue delivery: 지연 인도

  ※ 유사표현: late delivery, delivery in arrears, delivery behind schedule

(3) 각종 선적관계서신의 예

① 운송사에 운항계획 및 운임문의

i) 운항계획 및 운임문의서신과 그에 대한 답신

ⓐ 운항계획 및 운임문의서신

CARAVELLE Powerboats

6800 Greenspoint Park Drive Suite 300 South Houston, TX
Tel. 1-281-673-2843 Fax. 1-281-673-2844

January 21, 2020

Hanjin Shipping Co., LTD
Hanjin Shipping Bldg
25-11, Yoido-Dong
Youngdeungpo-Gu
Seoul, Korea

Dear Sir/Madam:

We intend to ship a consignment of dinghies and their equipment to London at the beginning of next month. The consignment consists often boats which have been packed into wooden crates marked 1-10, each measuring 4×2×2.5 meters and weighing 90 kilos.
Could you inform us which vessels are available to reach London before the end of next month, and let us know your freight rates?
I look forward to your reply.

Yours truly,

John Lee

John Lee
Director

해설

- dinghy: (대형의 배·요트 따위에 딸려 잡용으로 쓰이는) 작은 배[보트].
- to reach London: 런던에 도착하다(= to arrive at, get to).

ⓑ 답 신

HANJIN SHIPPING

Hanjin Shipping Bldg., 25-11, Yoido-Dong, Youngdeungpo-Gu, Seoul, Korea
Tel. 82 2 3770 6114 Fax. 82 2 3770 6748

January 27, 2020

CARAVELLE BOAT Co., LTD
16800 Greenspoint Park Drive
Suite 300 South
Houston, TX

Dear Mr. Lee:

Thank you for your letter of 5 January. Enclosed you will find details of our sailings from Hong Kong to Tilbury for the end of this month and the beginning of next.
You will see that the first available vessel we have will be the MV Orient, which will accept cargo from 3 February to 7 February, when she sails. She is due in Tilbury on 3 March.
Our freight rate for crated consignment is $191.00 (ninety-one dollars) per ton, and I have attached our shipping instructions to the enclosed itinerary.

Yours sincerely,

M. Whang

M. Whang(Mrs)
Director

Enc. Itinerary
Shipping instructions

해설

- details of our sailing: 당사의 항해에 관한 세부사항 (= particulars of our sailings, information on our sailings).
- to accept cargo: 화물을 받아들이다(선적하다) (= ship cargo, load cargo; lade a ship with cargo, make a shipment of cargo, effect shipment of cargo).
- itinerary: 여정

ii) 운항계획 및 운임문의 Fax와 그에 대한 답신 Fax

ⓐ 운항계획 및 운임문의 Fax

BOSTIC STEEL

BOSTIC STEEL COMPANY
6000 Lombardo Drive, Ste. 135
Cleveland , OH
USA 44131
Phone +1-216-328-9220
Fax +1-216-328-9256

FAX

To	Mr. David Muner, Business Manager
Company	ACTIONOR SHIPPING
Fax No.	+ 44 20 7629 9996
From	Thomas Pike, Export Department
Subject	Shipment enquiry
Date	Mar 15, 2020
Pages(including this page)	1

Dear Sir/Madam,

We are a large steel company and wish to export a consignment of steel tubing, approximate weight 16 tons, and lengths varying from 2 to 6 meters.
The consignment is destined for Dörtner Industries, Hamburg. Could you pick it up at our works in Sheffield and deliver it to Hamburg by the end of April?
If you can handle this consignment by the date given, please let us have details of your sailings and freight charges. We can promise you regular shipments if you quote a competitive rate.

Yours truly,

Thomas Pike

Thomas Pike
Export Department

해설

- lengths varying from 2 to 6 meters: 길이가 2에서 6미터 까지 다양하다.
- to be destined for Dörtner Industries: Dörtner Industries 행이다.

ⓑ 답신 Fax

ACTINOR SHIPPING

Calder House, 1 Dover St., London W1S 4LA, U.K.
Tel 44 20 7629 9999 Fax 44 20 7629 9996

FACSIMILE COMMUNICATION

To: **Mr. Pike, Export Department**
From: **David Muner, Business department**
Company/Firm: BOSTIC STEEL COMPANY **Reference: 20160315**
Department/Location: Business Export Department
Fax Number: + 44 20 7629 9996 **Date: Mar 17, 2020**
No. of pages (including this page): 2

Dear Mr. Pike,

Thank you for your fax of 15 March.
The Europe sails from Tilbury on March 26 and will arrive in Hamburg on March 28, which appears to suit your schedule for delivery. Please note, however, that the vessel closes for cargo on March.
You will see from our list of tariffs that charges are calculated by cubic metre or cubic kilogram and that we offer substantial rebates for regular shipments.
The most suitable container of your consignment would be a half-height container which is 20'×8'×4' or, in metres, 6.1×2.4×1.3. This can carry a payload of 18,300 kg. It has a solid removable top, and will protect the metal against all elements.
I suggest that, as the consignment is to be loaded from lorry to ship and then transferred again, you should use our combined transport bill. This would cover the goods from point of acceptance to point of delivery. If you would like to go ahead on this basis, please complete the attached export cargo shipping instructions and the export cargo packing instructions and return them to us as soon as possible.

ACTINOR SHIPPING

Calder House, 1 Dover St, London W1S 4LA, U.K.
Tel 44 20 7629 9999 Fax 44 20 7629 9996

FACSIMILE COMMUNICATION

To: Mr. Pike, Export Department
From: David Muner, Business department
Company/Firm: BOSTIC STEEL COMPANY **Reference: 20160315**
Department/Location: Business Export Department
Fax Number: + 44 20 7629 9996 **Date: Mar 17, 2020**
No. of pages (including this page): 2

Although we accept door-to-door responsibility, we would advise you to take out an all-risk insurance policy, and send a copy of this and three copies of the commercial invoice to us.

The cargo should be marked on at least two sides with a shipping mark which includes the destination port. This should correspond with the mark on your shipping documents.

I look forward to receiving your instructions.

Yours sincerely,

David Muner

David Muner

해설

- to suit your schedule: 귀사의 스케줄에 적합하다.
- substantial rebates: (상품 대금·부과금의 일부)환불, 리베이트

iii) 운항계획 및 운임문의 E-mail과 그에 대한 답신 E-mail

ⓐ 운항계획 및 운임문의 E-mail

Shipment enquiry

File Edit View Insert Tools Message Help

Send Spelling Attachment Recorder Signature Formatting Typing Sounds

To: cargo@universal.com

Cc:

Subject: Shipment enquiry

Dear Sirs:

We would like to send ex-Heathrow to Riyadh, Saudi Arabia, 12 crates of assorted glassware, to be delivered within the next 10 days.
Each box weighs 40 kilos, and measures $0.5m^3$. Could you please quote charges for shipment and insurance?

Yours truly,

S. Feltham (Ms)
Export Manager

해설

- ex-Heathrow to Riyadh: Heathrow 공항에서 Riyadh 공항으로

ⓑ 답신 E-mail

Shipment enquiry

File Edit View Insert Tools Message Help

Send Spelling Attachment Recorder Signature Formatting Typing Sounds

To: felthams@crystal.com
Cc:
Subject: Shipment enquiry

Dear Ms. Feltham,

Thank you for your enquiry of 15 June.
We can send your consignment to Riyadh within 24 hours of delivery to Heathrow. The cost of freight Heathrow-Riyadh is £10.60 per kilo, plus £8.00 air waybill, and £54.00 customs clearance and handling charges.
You will need to arrange your own insurance.
Please fill in the despatch form and return it to us with the consignment and commercial invoices, one of which should be included in the parcel for customs inspection.
Please contact us for any further information.

Yours sincerely,

R. Laden(Mr)
Cargo Manager

해설

- within 24 hours of delivery to Heathrow: Heathrow로 인도 후 24시간이내

② 선적(발송)통지 및 선적지연통지

i) 선적(발송)통지

ⓐ 선적통지서신

Hantra Corporation

Marine Center Main Bldg.51 Sogong-Dong, Jung-Gu, Seoul, Korea
Tel. 82 2 3782 1158 Fax. 82 2 3782 1155

January 10, 2020

Messrs. Wilson & Co., Inc.
50 Liberty St.
New York, N.Y. 10005
U.S.A.

Gentlemen:

Shipment Order No. 100

We inform you that we have shipped 500 dozen of Cotton Shirts by M/S "Island Container V23" of the Hong Kong Island Line which left here today. As requested, two non-negotiable copies of the B/L and three copies of shipping invoice are enclosed.
We hope that the goods will reach you in good condition and to your satisfaction so that you may place further orders with us.

Truly yours,

M. Y. Song

M. Y. Song
Director, Trading Dept.

해설

- V23: 23항차(= Voyage 23)
- nonnegotiable B/L: 비유통성 선화증권
- shipping invoice: 선적송장
- in good condition: 양호한 상태로
- to place further orders with us: 당사에 추가주문을 하다.

ⓑ 항공편 발송통지 Fax

USER FRIENDLY MACHINE

Sakurai

Tokyo KAL Bldg., 3rd, 4th Fl. 4-15, Shiba 3-Chome, Minato-Ku Tokyo, Japan
Tel 81 3 5443 3721 Fax 81 3 5443 3707

FACSIMILE COMMUNICATION

To: Mr. Kim	**From: H. Nakada**
Company/Firm: Hantra Corporation	**Reference:**
Department/Location:	
Fax Number: 82 2 3782 1155	**Date: May 11, 2020**
No. of pages (including this page): 1	

Dear Sir/Madam,

With thanks for your letter of March 20, we are glad to inform you that fortunately we were just in time for the appointed time to deliver by Tokyo Air Service for your order of Friction Coefficient Tester with Cooperlate Polishing Machine, addressed to Seoul Trading Co., Ltd. Seoul on March 29, which you needed so urgently. The consignment will arrive at Incheon Airport on April 1, at the latest.
We appreciate very much your new inquiry of item No.4504 Wearing Tester, and are pleased to quote as follows:

1 Set 4504 "MKS" Brand Specification
MKS Wear Testing Machine
CIP Incheon Airport ¥ 1,650,000

The above illustration will be sent by next mail as soon as possible.
Thank you again for your patronage and cooperation.

Very faithfully yours,

H Nakada

H Nakada
Export Department

해설

- Friction Coefficient Tester: 마찰계수 시험기
- Cooperplate Polishing Machine: 금속광택기
- the consignment: 적송품
- at the latest: 늦어도
- Wearing Tester: 내구성 시험기
- patronage: 보호, 후원

ⓒ 선적통지 E-mail

Advice of shipment

File Edit View Insert Tools Message Help

Send Spelling Attachment Recorder Signature Formatting Typing Sounds

To: b.glough@gbcycles.co.uk

Cc:

Subject: Advice of shipment

Dear Mr. Golugh,

Order No. 8901/6

The above order was shipped on 17th April 2005 on the SS America which is due in Liverpool on 27th April.
We have informed your agents, Eddis Jones, who will make arrangements for the consignment to be sent on to you, as you requested.
Our bank's agents, Westmorland Bank Ltd., High Street, Nottingham, will hand over the documents which consist of a shipped clean bill of lading(No. 517302), invoice(No. EH3314), and insurance certificate(AR 118 4531), once you have accepted our bill.
We are sure you will be delighted when you see the machines, and that they will find a ready market in your country. Meanwhile we are enclosing a catalogue of our new models and believe you will be very interested in the machines illustrated on pp. 103-110. We look forward to hearing from you again in due course.

Yours sincerely,

T.N Hackenbush
Export Manager

해설

- hand over: 넘겨주다.
- in due course: 곧

ii) 선적지연통지

ⓐ 선적지연통지 서식

SAMBAEG TRADING COMPANY

TAEHEUNG BLDG., 340-18, MANGU 1-DONG,
CHUNGRANG-KU, SEOUL, KOREA.
Tel. 82 - 2 - 434 - 4461
Fax 82 - 2 - 434 - 4462

April 10, 2020

Kent, Clarke & Co. Ltd.
South Bank House
Borough Road
London SE1 0AA, UK

Dear Sirs,

We are very sorry to advise you that the shipment during September covering your order No. 413 seems impossible to be executed within the date stipulated on account of manufacturers' labor shortage.
Korea Steel Co., Ltd. with which your order was placed is suffering a serious labor shortage.
Every effort is being made to deliver the goods as requested. However, they say that one month delay of shipment is unavoidable. We ask, therefore, that you kindly approve the situation with a 3% price discount as shown in the enclosed table.
Although this is beyond our control, we deeply apologize for the inconvenience you have been put to.
We assure you that we will take every precaution against such trouble arising in the future.

Yours faithfully,

K. Hwang

K. Hwang
Director, Trading Dept.

해설

- to execute: 이행하다(= fill, fulfill, carry out).
- on account of: -에 기인하여(= because of, due to)
- unavoidable: 불가피한
- to take every precaution: 모든 예방조치를 취하다.

ⓑ 선적지연통지 Fax

Golf Pride®

1-5, Jungang-Dong 3 Ga, Jung-Gu, Busan, Korea
Tel 82 51 442 1823 Fax 82 51 442 1824

FACSIMILE COMMUNICATION

To: Manager   From: H Park
Company/Firm: FAIRWAY GOLF   Reference:
Department/Location:
Fax Number: 1 678 239 0229   Date: May. 11, 2020
No. of pages (including this page): 1

Dear Sir/Madam ;

Thank you very much for your order No.4567-9 of September 20 for 5,000 pairs of golf shoes.
As we explained in the meeting with your representative, and as stipulated in the article for time for shipment in the contract, delivery for models made to your specifications is not possible in less than 60 days, but we are giving your order priority. You may be sure that all models will be completed by November 29. Your shipping instructions would be appreciated so that we can arrange their shipment without delay.
You should be satisfied with the goods ordered to us in every respect.

Very truly yours,

H Park

H Park
Export Department

해설

- to give your order priority: 귀사의 주문에 우선권을 부여하다.
- delivery for models made to your specifications: 귀사의 명세에 따라 생산되는 모델의 인도

ⓒ 선적지연통지 E-mail

Apologies for delayed shipment

To: m.lancelot@lancelot.co.fr

Cc:

Subject: Apologies for delayed shipment

Dear Sirs,

We regret very much your complaint of August 25, that we have not yet been able to execute your order No. 381. We are, of course, aware that your goods are long overdue, but work at the plant was suspended for several weeks through the strike of employees.

However we have been doing everything possible in our power to deliver the goods within a week, and now are arranging for shipment.

In the meantime we offer our apologies to you for the inconvenience the delay has caused you.

Yours faithfully,

K. Winford

해설

- complaint: 불평, 고충
- long over due: 오래 지체된
- to suspend: 중지하다.
- to cause one the inconvenience: 폐를 끼치다.

2 ▸▸ 각종 운송관계서류

(1) 선복신청서(Shipping Request)

TO: TOP CARRIER SHIPPING COMPANY

JAN 1. 2020

DEAR SIR.
PLEASE SHIP OUR CARGO AS PER BELOW SHIPPING REQUEST;

SHIPPING REQUEST

SHIPPER
ABC IRADING
111 GARAKDONG SONGPAGU,
SEOUL. KOREA TEL : +82-2-333-4444

CONSIGNEE
NANIA SA
INDUSTIAL AREA 66
2200 BASTOGNE. BELGIUM
ATTN: MR. BRUND GRANDJEAN**

NOTIFY
SAME AS ABOVE
**TEL: 44 34 34 56

L/C NUMBER & DATE

OCEAN VESSEL	PORT OF LOADING BUSAN. PORT
PORT OF DISCHARGE BELGIUM PORT	PLACE OF DELIVERY BELGIUM PORT

Container	Seal No marks and numbers	No of containers or pkgs	Kind of packages description of goods	Gross weight	Measu rement
		760 CARTONS	EGG WHITE POWDER NET. WEIGHT AT PACKING:50KG BATCH# B3-41 PRODUCTION DATE: 05/12/2019 EXPIRY DATE: 04/12/2021 ***FREIGHT COLLECT***	25.444KGS	44CBM

TOP CARRIER SHIPPING에게 2020년 1월 1일

아래의 화물에 대하여 선적을 요청하는 바입니다.

(2) 화물선적예약서(Freight Booking Note)

Booking Confirm Sheet

Date : 2018-01-31
Time : 13:14
Page : 1 of 1

Booking Root	Offline Booking	Booking Date	2018-01-31
Shipper Name	ABC해운(주)	대한상사㈜	
Booking No	10180111058	PIC	홍길동
***Information of Schedule ***			
VSL Name / Vay	SINOKOR QINGDAO // 0313S		
E.T.D	2018-02-25	E.T.A	2018-03-02
Port of Loading	BUSAN, KOREA	Port of Discharge	HUANGPU, CHINA
Port of Delivery	HUANGPU, CHINA	Delivery Option	
Cntr Q'TY	20'x3 40FRx3 40Hx3	Special CNTR	OOG CARGO
CNTR Closing	2018-02-23 22:00	DOC Closing	2018-02-23 14:00
VGM Closing	2018-02-23 14:00		
Information of Conveyance			
SELF/LINE Trans	SELF	Pickup Date	2018-02-20
Factory Name	[자가] (주)동북종합물류	Trans Company	[자가] (주)동북종합물류
Pickup Place		Pickup P.I.C	
Return Place	Terminal	부산 인터내셔널터미널(BICT) / 03012226	
	CY	부산 인터내셔널터미널(BICT) / 03012226	
Information of Sinokor PIC.			
Vessel PIC	HQ*	김미숙 Tel No: 02-1234-5678 Fax No:	
	LOCAL*	박민국 Tel No: 051-123-4567 Fax No:	
Doc PIC		박대한 Tel No: 02-1234-5679 Fax No: 02-123-1234	
***Information of Special Cargo**			
[AWK] 42PC (L : 670 / W : 250 / H : 275) B/K P.I.C : // Tel. 02-1234-5678 e-Mail. misukkim@sinokor.co.kr e-Mail. misukkim@sinokor.co.kr			
INFORMATION OF SENDER NAME 김 미숙 TEL: 02-1234-5678 FAX: EMAIL : misukkim@sinokor.co.kr			

* 2016년 7월 1일부터 국제해사기구(IMO)의 해상인명안전조약(SOLAS)의 개정안인 "컨테이너 총중량 검증 의무제도" 가 시행됩니다. (http://www.vgm.kr)

원활한 업무 진행을 위하여 페사 홈페이지 (http://www.sinokor.co.kr)에
VGM 가이드 라인을 제공해 드리오니 업무에 참조 부탁드립니다.

SKR **Sinokor Merchant Marine Co., Ltd**

(3) 선적지시서(Shipping Order)

Shipper

Consignee

Notify Party (Without Liability to Carrier)

Local Vessel | From

Ocean Vessel | Voy. No. | Port of Loading

Port of Discharge | For Transhipment to | Final destination(for the Shippe's reference only)

CSAV
Compania Sud Americana de Vapores S.A.

FAR EAST LINER SERVICE

SHIPPING ORDER
(Office Copy)

(Forwarding Agent)

PARTICULARS FURNISHED BY SHIPPER

Marks & Numbers	No. of P'kgs or Units	Kind of Packages or Units; Description of Goods	Gross weight	Measurement
Total No. of Packages or Units(in words)				

for Manager

S/O No.

(4) 본선수취증(Mate Receipt)

CSAV
Compania Sud Americana de Vapores S.A.

FAR EAST LINER SERVICE

MATE'S RECEIPT ______________________ (Forwarding Agent)

Shipped on board the vessel the undermentioned Goods in apparent good order and condition unless otherwise indicated herein;

Shipper	
Consignee	
Notify Party (Without Liability to Carrier)	
Local Vessel	From
Ocean Vessel　Voy. No.	Port of Loading
Port of Discharge	For Transhipment to

Final destination (for the Shipper's reference only)

PARTICULARS FURNISHED BY SHIPPER

Marks & Numbers	No. of P'kgs or Units	Kind of Packages or Units; Description of Goods	Gross weight	Measurement
Total No. of Packages or Units (in words)				

(This receipt is given subject to all the conditions of carrier's bill of lading.)

Total Packages. (To be entered in writing) ;

DATE; ______________________ (Terminal operator's signature)

for Manager

Hatch No. ______________________
" " ______________________
" " ______________________

Chief Officer.

S/O No. ______________________

(5) 선화증권(Bill of Lading)

Shipper

B/L NO. **SNKO010170409202**

長錦商船株式會社
SINOKOR MERCHANT MARINE CO., LTD.
As Carrier

Consignee

Notify Party

BILL OF LADING
COPY
NON-NEGOTIABLE

ALL TERMS, CONDITIONS AND EXCEPTIONS AS PER ORIGINAL BILL OF LADING.

Pre Carriage by	Place of receipt

Ocean Vessel / Voy No.	Port of loading	
KMTC CHENNAI 1705S	BUSAN, KOREA	
Port of discharge	**Place of delivery**	**Final Destination (for the Merchants reference only)**
JAKARTA, INDONESIA	JAKARTA, INDONESIA	

Container No. / Seal No / Marks and numbers	No of containers of pkgs	Kind of packages description of goods	Gross weight	Measurement
20' GESU3734379 S770557 NO MARKING	600 PACKAGES 20'X1	SHIPPER'S LOAD. COUNT & WEIGHT SAID TO CONTAIN 600 SHEETS OF POLYETHYLENE FOAM * P/O NO.: IM3-17-000024	724.00KGS	21.000 CBM

PARTICULARS FURNISHED BY MERCHANT

SURRENDERED

(*) Total No.of Containers or Packages (in words): ONE (20'X1) CONTAINER ONLY. CY/CY

Freight and Charges	Revenue Tons	Rate	per	Prepaid	Collect
FREIGHT PREPAID					

Ex rate	Prepaid at	Payable at	Place and date of issue
	SEOUL, KOREA		SEOUL, KOREA 2020-05-14
	Total Prepaid in local currency	**No of original B(s)/L**	
		ZERO(0)	SINOKOR MERCHANT MARINE CO., LTD.

Date	Laden on board the Vessel
2020-05-14	

(6) 파손화물보상장(Letter of Indemnity)

Letter of Indemnity

To : Korea Co., Ltd

Dear Sirs,

VSL/VOY.	: ASIATIC NEPTUNE
POL/POD	: INCHON/FANG CHENG
Bill of Lading No.	: KMTCINC2140252
CNTR No.	: TEMU6345659/KG321226
No. of Package	: 10PACKAGE
Description of Goods	: SINGLE FLANK TESTER-N0.4
Invoice Value	: USD570,000

The above cargo was shipped on the above vessel by "(Insert name and address of shippers)" and consigned to "TO ORDER" for delivery at the port of (Insert Discharging Port), but the original Bills of Lading were not endorsed by the Shipper(s) (Insert name and address of shippers). In these circumstances, we, (Insert name and address of shippers) as the Shipper(s) hereby request you to give delivery of the said cargo to "(Insert name and address of consignees)" without the Shipper's endorsement.

In consideration of your complying with our above request, we hereby agree as in the following :

1. We hereby undertake to hold you, your servants and agents and each of you harmless and keep you, each of you, your servants and agents indemnified against all claims which you may be made upon you and any of you or each of you under the said B/L or any of the set of which it forms a part against all losses, costs, damage and expenses which you or any of you may suffer or be put to be and reason of delivering the cargo in accordance with our request.

2. If a claim should be raised against you, we further to authorize you to settle such claim directly with the claimant, and we undertake to keep you indemnified for all your outlays to this effect.

3. The liability of each and every person under this guarantee shall be joint and several and shall not be conditional upon your proceeding first against any person, whether or not such person is partly to or liable under this guarantee.

Yours faithfully,

For and on behalf of
Shipper's Name

For and on behalf of
Consignee's Name

Signature

Signature

(7) 도착통지서(Arrival Notice)

Hapag-Lloyd ARRIVAL NOTICE

E-DO발급 (유로지스허브)
WWW.HAPAG-LLOYD.COM
)Trace container (스케쥴 조회 가능)

Shipper	B/L No. **HLCUHAM171286947** 수신인 : 수입담당자 발신인: 이은영 귀 화물의 도착 예정일을 통지하오니 선하증권 원본을 지참하시어 조속히 화물을 인수하시기 바랍니다.
Consignee	*접안부두: PNC(03077102) *라인운송사 : 세방 T.051-630-5965 *HOUSE B/L 2월 6일까지, KT-NET 전송 *EDI 신고 담당자 : 목경임 과장님 T.051-603-0513 F.603-0557 *중국스케쥴따라 입항일 변동가능성있습니다
Notify Party SAME AS CONSIGNEE	

Importing Vessel and Voyage	Loaded to Vessel at	
AL MASHRAB, 003E	(DEODG)	도착 예정 일 2020 / 02 / 09 선박호출부호 : **V7HL9** 선박국적 : **MH** MRN# **18HLCU1048I** MSN# **0037** 선박 도착일은 사전통보없이 변동될 수 있습니다.
Port of Discharge PUSAN(KRPUS)	Destination KIMPO AIRPORT(KRSEL)	* 중량 및 수량 확인 후 이상 있을시 연락바랍니다
Marks and Number	No. of PKGS. 10 GT	* EDI 문의 T. 051-603-0513~0515 F.603-0557 * D/O 문의 T. 051-603-0516~0519 F.603-0555

size/ Type	Container No Seal No	Pkgs	G/Weight	Description Of Package Goods	G/Weight	Measurment
22GP	UACU3226508 A003786	10 GT		1 X 20' CNTR BRAUMEISTER 5001 STAINLESS STEEL BEER PRESSURE TANK FD AISI 304 1. 430 1 (V2A), IIID STAINLESS STEELTANK 5001 + ACCESSORIES FREIGHT PREPAID	1,351.000 KG	0.000

< FREE TIME 안내 >

* 신항터미널은 경과보관료 발생, 수화주 부담
* 터미널 경과보관료 : 각 터미널에 직접 문의 및 정산
(SOC TANK CONTAINER의 경우 3DAYS 적용)
* 냉동 전기료 : 반입 48시간 이후 발생, 터미널에 직접 문의 및 정산

* 선사기본 FREETIME & 요율 (별도계약건은 DO팀에 문의)
반납 기준 COMBINED FREE TIME (입항일 제외, 공휴일 포함)

\- 일 반 컨테이너: 반납까지 CALENDAR 10 DAYS -
(기본 FREE TIME 이후 5일 단위로 금액변경/DAY당 금액/KRW)
20'DRY: 1ST PERIOD 11,000 2ND PERIOD 22,000 이후 44,000
40'DRY: 1ST PERIOD 22,000 2ND PERIOD 44,000 이후 88,000

\- 스페셜 컨테이너: 반납까지 CALENDAR 6 DAYS -
(스페셜 : REEFER, OPEN TOP, HARD TOP, BULK, FLAT RACK 등)
(기본 FREE TIME 이후 발생 7일 이후 금액변경/DAY당 금액/KRW)
20'스페셜: 1ST PERIOD 50,000 이후 70,000
40'스페셜: 1ST PERIOD 70,000 이후 90,000

* DETENTION 인보이스는 반납일 기준으로 유로지스허브로 신청 요망

< 기타 안내 >

* DO 관련 업무는 유로지스허브 통해 진행 가능
(DO신청,INVOICE/AN/입금표 출력, DETENTION 신청 등)
(자가운송사 COPINO 전송은 카고뷰에서만 가능)

* LINE 운송사
\- 세방기업 (보세운송: 051-630-5387 X-RAY: 051-630-5965)
\- 코리아브이 (보세운송: 051-465-1376 X-RAY: 051-465-1033)

* L/G 진행 (담당자 : 권미경 차장 051-603-0541)
\- LETTER OF INDEMNITY&BANK GUARANTEE작성 후 선사승인필요
\- D/O발급 후에도 OBL회수 원칙 / HAPAG-LLOYD POLICY에 의함

* 화물도착 후 2개월 경과시 세관공매 및 국고귀속등이 발생할 수 있음

* 수입 위험물 IMO 1(화약), 2(가스), 7(방사능) 의 경우
사전승인 후 직반출 운송 / 미승인시 법규에의거 양하 불가

* 반납관련 문의: T.051-603-0511, 0543
* 부곡반납 관련 : 카고뷰를 통한 신청요망 (코드: KRBGK)
일반컨테이너만 가능, 부산 B/L건은 PNC(부산신항)만 반납가능
* 해송을 통한 인천항 도착 화물 - EMPTY 반납은 부곡세방만 가능
(일반 컨테이너만 가능/스페셜 컨테이너 부산 반납 원칙)

(8) 인도지시서(Delivery Order)

Page : 1 of 1

NAMSUNG

DELIVERY ORDER

(e-D/O)

문서구분 : 포워더용

발급업체 : 남성해운(주) - 전혜빈 / 051-460-2843

D/O No.	DH2020010600075C	Issue Date:	2020-01-06 16:07:43
B/L No.	NSSLASHK19L00407	운송구분	
MRN-MSN	20KMTCSR01I - 1049	Vessel Arrival Date	2020-01-07
Vessel	SUNNY ROSE	Voyage No.	1926
Consignee	WORLDLINKS LOGIX CO., LTD.		
Notify	SAME AS CONSIGNEE		

Unloading Area 02012016 - 한진인천컨테이너터	Allocating Area 02012016 - 한진인천컨테이너터
Port of Loading CNSHK	Total Package 239 / CT
Port of Discharge KRINC	Total Weight 3,661.780 / KG
Port of Delivery KRINC	Total Measure 24.980 / MTQ

Total Q'TY of Container : 1

Demurrage Free-Time :

Detention Free-Time :

Container Detail (Dem: Demurrage, Det : Detention)

Container No	Type	Dem Free-Time	Det Free-Time
NSSU0071404	20DC	20200116	

Rep.Commodity

SPEAKER

Remark 상기 VESSEL ARRIVAL DATE는 입항 예정일 입니다.

**************** 현재 당사에서는 전자 자가 각서를 이용중이오니, 자가 각서 원본 및 사본 을 당사로 접수 및 FAX 발송 하지 않으셔도 됩니다.

E TRANS 홈페이지 꼭 확인후 자가 신청 바랍니다.*************************

D/O상 표기된 반출기한 초과시 해당 터미널에서 반출이 불가하오니, 반출시 업무에 착오 없으시길 바랍니다.

부산,광양,마산,울산 입항 051-460-2800

인천,평택,군산,대산 입항 051-460-2843-46

Signed By

NAMSUNG SHIPPING CO., LTD.

363, Samil-daero, Jung-gu, Seoul, Korea

President & CEO Kim Yongkyu

본 화물인도지시서(D/O)는 "전자무역촉진에 관한 법률 제12조 1항 8호"에 의거하여
전자무역기반사업자인 KTNET(한국무역정보통신)을 통해 발행된 적법한 전자 D/O 출력물 입니다.

인쇄일시 : 2020-01-06 16:25:51

(9) 화물선취보증장(Letter of Guarantee)

LETTER OF GUARANTEE

Date :

<table>
<tr><td rowspan="2">① Shipping Co.
Korea shipping co.</td><td colspan="2">⑥ (L/C NO.)
MI701905NS06260</td><td>⑦ (L/G NO.)</td></tr>
<tr><td>⑧ (B/L NO.)</td><td colspan="2">74343043</td></tr>
<tr><td rowspan="3">② Shipper

KOBNACK CO., LTD
TOKYO, Japan</td><td>⑨ Vessel Name</td><td colspan="2">Korea Shipping Co.</td></tr>
<tr><td>⑩ Arrival Date</td><td colspan="2">Jan. 24, 2020</td></tr>
<tr><td>⑪ Voyage No.</td><td colspan="2">NYPU013</td></tr>
<tr><td rowspan="2">③ Invoice Value

¥600,000</td><td>⑫ Port of Loading</td><td colspan="2">TOKYO</td></tr>
<tr><td>⑬ Port of Discharge</td><td colspan="2">BUSAN</td></tr>
</table>

<table>
<tr><td>④ Nos. & Marks</td><td>⑤ Packages</td><td>⑭ Description of Goods</td></tr>
<tr><td>WOOJIN
PUSAN
P/NO.1
Made in Japan</td><td>1set</td><td>Weather Facsimile Receiver
Model : FAX-108
Maker : Electric Co.
Complete set</td></tr>
</table>

Whereas you have issued a Bill of Lading covering the above shipment and the above cargo has been arrived at the above port of discharge(or the above place of dilivery), we hereby request you to give dilivery of the said cargo to the above mentioned party without production of the original Bill of Lading.

In consideraion of your complying with our above request, we hereby agree as follows :

1. To indemnify you, your servants and agents and to hold all of you harmless in respect of liability, loss, damage or expenses which you may sustain by reason of delivering the cargo in accordance with our request, provided that the undersigned Bank shall be exempt from liability for freight, demurrage or expenses in respect of the contract of carriage.
2. As soon as the original Bill of Lading corresponding to the above cargo comes into our posession, we shall surrender the same to you, whereupon our liability hereunder shall cease.
3. The liability of each and every person under this guarantee shall be joint and several and shall not be conditional upon your proceeding first against any person, whether or not such person is party to or liable under this guarantee.
4. This guarantee shall be governed by and construed in accordance with Korean law and the jurisdiction of the competent court in Korea.
   Should the Bill of Lading holder file a claim or bring a lawsuit against you, you shall notify the undersigned Bank as soon as possible.

Yours faithfully

For and on behalf of	For and on behalf of
[Name of Requestor]	[Name of Bank]
Authorized Signature	Authorized Signature

수입(4040051, 210×297) NCR 2매 1조

(10) 항공화물운송장(Airway Bill)

180 | ICN | 2280 4261 — 180-2280 4261

Shipper's Name and Address	Shipper's Account Number	Not negotiable Air Waybill KOREAN AIR *issued by* 41-3, SOSOMUN-DONG, CHUNG-GU, SEOUL, KOREA
ABC CORPORATION.		Copies 1, 2 and 3 of this Air Waybill are originals and have the same validity.

Consignee's Name and Address	Consignee's Account Number	
TO BANK OF BARODA, ASHRAM ROAD BRANCH, OPP. NATRAJ THEATRE. AHMEDABAD 380 009, INDIA A/C. CADILA HEALTHCARE LTD., AHMEDABAD, INDIA Telephone :		It is agreed that the goods described herein are accepted in apparent good order and condition (except as noted) for carriage SUBJECT TO THE CONDITIONS OF CONTRACT ON THE ROAD OR OTHER CARRIER UNLESS SPECIFIC CONTRARY INSTRUCTIONS ARE GIVEN HEREON BY THE SHIPPER, AND SHIPPER AGREES THAT THE SHIPMENT MAY BE CARRIED VIA INTERMEDIATE STOPPING PLACES WHICH THE CARRIER DEEMS APPROPRIATE. THE SHIPPER'S ATTENTION IS DRAWN TO THE NOTICE CONCERNING CARRIER'S LIMITATION OF LIABILITY. Shipper may increase such limitation of liability by declaring a higher value for carriage and paying a supplemental charge if required.

Issuing Carrier's Agent Name and City		Accounting Information
CARGO LINE CO.,LTD.		NOTIFY: CADILA HEALTHCARE LTD., ZYDUS TOWER, SATELLITE CROSS ROAD, SATELLITE. AHMEDABAD 380015. INDIA. PHONE:(079) 686 8100 FAX:(079) 686 8533 *FREIGHT PREPAID*
Agent's IATA Code 99-9 7676/001 5	Account No.	
Airport of Departure(Addr. of First Carrier) and Requested Routing ANY KOREAN AIRPORT(INCHEON AIRPORT)		

TO	By First Carrier	Routing and Destination	to	by	to	by	Currency	CHGS Code	WT/VAL PPD	WT/VAL COLL	Other PPD	Other COLL	Declared Value for Carriage	Declared Value for Customs
BOM	KE						KRW		P		P		N.V.D	CIFUSD30,000.00

Airport of Destination	Requested Flight/Date	Amount of Insurance	INSURANCE-If Carrier offers Insurance, and such insurance is requested in accordance with the conditions thereof indicate amount to be insured in figures in box marked "Amount of Insurance".
MUMBAI AIRPORT, INDIA	KE389 / 30.JUN.2020	NIL	

Handling Information

PACKED IN CARTON BOXES

INVOICE & P/LIST & CERTIFICATE OF ANALYSIS ATTACHED

SCI

No. of Pieces RCP	Gross Weight	kg lb	Rate Class	Commodity item No.	Chargeable Weight	Rate / Charge	Total	Nature and Quantity of Goods (incl. Dimensions or Volume)
9	182.0	K	Q		207.0	5,370	1,111,590	10,000 VIALS OF COVERING FULL INVOICE COST OF AIRFREIGHT DISPATCHES PURPORTING TO BE: JAPANESE ENCEPHALITIS VIRUS VACCINE INV. NO. :C240619 DOCUMENTARY CREDIT NUMBER & DATE OF ISSUE: AHMLC47 130603 040228
	182.0						1,111,590	

Prepaid	Weight Charge	Collect	Other Charges
1,111,590			HC 19.900 FS 49,680
	Valuation Charge		
	Tax		
	Total Other Charges Due Agent		Shipper certifies that the particulars on the face hereof are correct and that insofar as any part of the consignment contains dangerous goods, such part is properly described by name and is in proper condition for carriage by air according to the applicable Dangerous Goods Regulations.
19.900			
	Total Other Charges Due Carrier		CARGO LINE.CO.,LTD. Signature of Shipper or his Agent
49,680			
Total Prepaid		Total Collect	AS AGENT FOR CARRIER NAME : KOREAN AIR 30. JUN. 2020 ICN S.H.LEE / SJP
1,181,170			
Currency Conversion Rates		CC Charges In Dest. Currency	Executed on(date) at(place) Signature of Issuing Carrier or its Agent
For Carrier's Use Only at Destination		Charges at Destination	Total Collect Charges

ORIGINAL 3(FOR SHIPPER)

(11) 해상화물운송장(Seaway Bill)

Forwarding Agents

Waybill No.

NYK LINE
NIPPON YUSEN KAISHA

WAYBILL

NON-NEGOTIABLE

Shipper

Consignee

Notify Party

RECEIVED by the Carrier from the Shipper named herein in apparent good order and condition unless otherwise indicated herein, the Goods, or the container(s) or package(s) said to contain the Goods herein mentioned, to be carried subject to the terms and conditions on the back hereof by the vessel named herein or any substitute at the Carrier's option and/or other means of transport, from the place of receipt or the port of loading to the port of discharge or the place of delivery shown herein and there to be delivered unto the Consignee named herein, or his authorized agents, on production of such proof of identity as required by the Carrier.

In witness whereof, the undersigned, on behalf of Nippon Yusen Kaisha as carriers, has signed the number of Waybill(s) stated under, all of this tenor and date.

Pre-carriage by	Place of Receipt
Ocean Vessel / Voy. No.	Port of Loading
Port of Discharge	Place of Delivery

Final destination (for the Merchant's reference only)

Particulars furnished by the Merchant

Container No.	Seal No.: Marks & Nos.	No. of Containers or P'kgs.	Kind of Packages; Description of Goods	Gross Weight	Measurement

NULL AND VOID
ANG SHIPPING CO., LTD.
BUSAN, KOREA

(*) TOTAL NUMBER OF CONTAINERS, PACKAGES OR UNITS(IN WORDS)

FREIGHT & CHARGES	Revenue Tons	Rate	Per	Prepaid	Collect

ICS B/L

Ex. Rate	Prepaid at	Payable at	Place of Waybill(s) Issue	Dated
@	Total Prepaid in Local Currency	Number of Original Waybill(s)	NIPPON YUSEN KAISHA	

Laden on Board the Vessel

Date | By

(JSA STANDARD FORM A)

Form No. C-1018R

(TERMS CONTINUED ON BACK HEREOF)

(12) 복합운송증권(Combined Transport Bill of Lading)

Consignor/Shipper	**BILL OF LADING** **OR MULTIMODAL TRANSPORT DOCUMENT** Bill of Lading No. OSDLC190504
Consignee(Complete Name and Address/Non-Negotiable Unless Consigned to Order)	**ORIENT SHIPPING Co., Ltd.** TEL : (02) 716-9500 (REP) FAX : (02) 716-6636 (REP) **(FMC ORG. # 024290)**
Notify Party SAME AS ABOVE	For Delivery of Goods Please Apply to:
Pre-Carriage by | Place of Receipt PYONGTAEK, KOREA	
Vessel / Voyage No. VOSTOCHNY VOYAGER 0252W	Port of Loading PYONGTAEK, KOREA

Port of Discharge	Place of Delivery	Final Destination(For the Merchant's Ref. Only)
DALIAN, CHINA	DALIAN, CHINA	DALIAN, CHINA

Particulars Furnished by Consignor / Shipper

Container No. & Seal No. Marks & No.	No. & Kinds of Containers or Packages	Description of Goods	Gross Weight (KGS)	Measurement (CBM)
- ATTACHED RIDER - CY/CY	35 PKGS 40`HC x 6 40`FR x 5	"SHIPPER'S LOAD & COUNT" SAID TO CONTAIN: 35BOXES OF 6AT EOL TESTER (P18-114MAN-DAE-01) (P18-114MAN-DAE-02) (P18-114MAN-DAE-03) (P18-114MAN-DAE-04) (P18-114MAN-DAE-05) HARNESS PALLET	185,150.000KG ON BOARD DATE: MAY.14,2019 ---------------	526.700CBM

COPY

NON NEGOTIABLE

Excess Value Declaration(Refer to § II -4.3) : "FREIGHT COLLECT"

SURRENDERED

Total Number of Containers or Packages(In Words)	SAY : ELEVEN (11) CONTAINERS ONLY.	Freight Payable at SEOUL, KOREA

Freight & Charges	Prepaid	Collect
FREIGHT COLLECT AS ARRANGED		

Received by the Carrier, the Goods specified herein in apparent good order and condition unless otherwise stated, to be transported to such place as agreed, authorized or permitted herein and subject to all the terms and conditions appearing on the front and reverse of this Bill of Lading or Multimodal Transport Document(hereinafter called the 'B/L') to which the Merchant agrees by accepting this B/L, notwithstanding any local privileges, customs or any other agreements between the parties. The particulars of the Good provided herein were stated by the shipper and the weight, measurements, quantity, condition, contents and value of the Good are unknown to the Carrier. in witness whereof three(3) original B/L(s) have been signed unless otherwise stated herein. If two(2) or more original B/L(s) have been issued and either one(1)has been surrendered, all the other(s) shall be null and void. If required by the Carrier one(1) duly endorsed original B/L must be surrendered in exchange for the Goods or delivery order.

Place and Date of Issue	No. of Original B/L	Signature
SEOUL, KOREA MAY.14,2019	ZERO(0)	ORIENT SHIPPING Co., Ltd. As a Carrier
Bill of Lading No. OSDLC190504		

Authorized By Korea International Freight Forwarders Association 1997 (210×297mm)

Ⅳ 해상보험

1 ▸▸ 각종 해상보험관계서신

(1) 의 의

매매계약의 내용에 따라 해상보험계약을 체결해야 할 당사자는 CIF, CIP 등의 경우 수출자이고 FOB, CFR, CPT 등의 경우는 수입자가 된다. 해상보험계약 체결당사자는 보험회사에 보험료를 문의하고 이에 따른 적정요율을 산정받고 이에 대해 보험회사에 부보요청을 하게 된다. 보험의 청약은 긴급한 경우에는 구두나 전화로 받는 경우도 있지만 원칙적으로 소정의 청약서(Application)에 필요사항을 기입한 후 서명 또는 날인하여 청약을 하고 보험자는 이에 대해 **보험증권(Policy of Insurance)** 또는 **보험증명서(Certificate of Insurance)**를 발행하게 된다.

보험증권은 피보험자(assured, insured)와 보험자(assurer, insurer)가 보험계약을 체결한 사실에 대한 증거로서 계약의 내용을 명백하게 하기 위하여 보험자가 피보험자에게 발급하는 증서이다. 증권의 약관은 대개의 경우 영국의 로이즈(Lloyd's)가 사용하던 표준양식을 그대로 사용하거나 이를 모체로 약간씩 변경하여 과거부터 사용하던 구양식과, 구약관의 본문약관을 협회화물약관에 수용하여 1982년부터 사용해 오고 있는 신양식이 있다.

보험증명서는 주로 포괄보험(Open Cover)에서 사용하는 증서로 큰 무역업자는 매 수입시마다 보험계약을 체결하지 않고 사전에 보험회사와 기간을 정하고 각 화물의 적재선명, 수량, 금액 등 중요사항이 미상・불명한대로 포괄하여 보험계약을 체결하고 후일에 이들 사항들이 확정되는 대로 통지하는 조건으로 보험계약을 체결한다. 이러한 방법은 보험료가 저렴하고 선적시마다 계약을 체결하는 번거로움을 덜 수 있다. 수출상이 부보할 경우에는 선적에 대하여 적당한 시간 내에 적화의 명세, 보험금액, 선박명, 출항일, 선적지, 도착지 등을 보험회사에 통지(declaration)하여 **보험증명서(Certificate Insurance)**를 발급받지만 수입상이 보험회사와 포괄보험계약을 체결하고 있을 경우에는 그 사실을 수출상에게 알려서 수출상은 선적시마다 포괄보험확정통지서(Declaration under Open Policy)에 의하여 그 명세를 수출지소재의 보험회사 지점 또는 대리점에 통지하고 그 승인서인 보험증명서를 입수한다.

일반적으로 신용장상에서 보험증권이나 보험증명서 중 어느 하나를 요구하고 있으면 이를 제출해도 되지만 보험증권만 요구할 경우에는 보험증명서는 정당한 서류가 될 수 없다. 한편 보험중개업자가 발행한 보험승인장(Cover Note)이 있지만 이것은 신용장거래에서 특별히 허용되지 않는 한 수리되지 않는다.

아래는 해상보험계약절차 중의 주요서신이라 할 수 있는 보험사에 송부하는 해상보험료 견적요청서와 부보요청서를 중심으로 살펴보고 그 외 해상보험 관련 서류는 장을 달리하여 검토될 것이다.

(2) 내용구성과 주요표현

① 해상보험료 견적요청서

i) 내용구성

Opening	- 특정 운송구간, 운송 목적물의 세부사항, 선적 예정일 등을 명기
Body	- 보험료율에 대한 견적을 의뢰
Ending	- 귀사의 신속한 답신을 고대하겠음을 기재

ii) 주요표현

ⓐ Opening

- We have a consignment of 200 sets of Copiers, from Busan to New York by ocean vessel as from November 20, to the invoice amount of US $30,000 at FOB Busan.

  ➡ as from November 20: 11월 20일자로부터
  ※ 유사표현: on and from November 20

ⓑ Body

- We should be obliged if you would quote us your lowest ICC(A) rate on a shipment of 100 units of Washing Machines valued at CIF Seattle US $500,000 by Hanjin Shipping Line from Busan to Seattle.

➡ to quote us your lowest ICC(A) rate: 귀사의 ICC(A)조건 최저 보험요율을 당사에 견적내주시오.

ⓒ Ending

● We are changing insurance companies because of our present insurers' increase in premium, so a competitive quotation would be appreciated.

➡ our present insurers' increase in premium: 당사의 현재 보험업자의 보험료 인상

※ 유사표현: our present insurers' raise(= upward revision) in premium

② 부보요청서

i) 내용구성

Opening	- 부보 대상인 운송 목적물의 세부사항, 운송구간, 선적 예정일 등을 명기 후 이에 대한 부보요청의 취지 명시
Body	- 부보시 희망하는 보험조건을 기재
Ending	- 보험증권 및 보험료에 대한 송장의 송부요청

ii) 주요표현

ⓐ Opening

● We should thank you to effect marine cargo insurance on 500 pcs of Men's Leather Jackets, which we are about to ship by the s/s "Penstar Busan" from Busan to Kobe on April 30, 2020.

➡ to effect marine cargo insurance: 해상적화보험을 부보하다.

※ 유사표현: to effect(= make, open, undertake, cover) marine cargo insurance

ⓑ Body

- Please cover us on ICC(B) clauses for 110% of the invoice amount of US $50,000 at the rate you gave us by telephone yesterday under Credit No.F-6788 and Invoice No.5677.

➡ to cover us on ICC(B) clauses for 110% of the invoice amount of US $50,000: 송장금액의 110%에 대해 ICC(B) 조건으로 당사를 부보하다.
※ 유사표현: to insure (= assure) on ICC(B) clauses for 110% of the invoice amount of US $50,000

- As per copy enclosed, we shall be pleased if you will effect insurance for us on ICC(A) for US $27,000 value of 30 cases canned provisions, to be shipped from Busan on the s/s "Dragon Chingtao", sailing for Los Angeles on or about June 23.

➡ As per copy enclosed: 동봉된 사본에 따라
※ 유사표현: in accordance with copy enclosed

➡ on or about June 23: 6월 23일경
※ 유사표현: by June 23

ⓒ Ending

- We hope you will send us your Marine Cargo Insurance Policy in duplicate and five copies, and at the same time your invoice for the insurance premium.

➡ Marine Cargo Insurance Policy in duplicate and five copies: 해상적화 보험증권 2통과 사본 5통
※ 각종 보험서류: Insurance Policy(보험증권), Insurance Certificate(보험증명서), Provisional Policy(예정보험증권), Definite Policy(확정보험증권), Floating Policy(선명미상보험증권), Named Policy(선명확정보험증권), Unvalued Policy(금액미상보험증권), Valued Policy(금액확정보험증권)

(3) 각종 해상보험관계서신의 예

① 해상보험료 견적요청서

i) 해상보험료 견적요청 서신과 답신

ⓐ 해상보험료 견적요청 서신

ISLAND COMPUTER SYSTEMS

Calder House, 1 Dover St., London W1S 4LA, U.K.
Tel 44 20 7629 9999 Fax 44 20 7629 9996

April 30, 2020

ALFA INSURANCE COMPANY
City Point, 5th Fl. 705 Chester Rd
Old Trafford Manchester M25
ORW, U.K

Dear Sirs,

We will be sending on behalf of our clients, Delta Computers Ltd., a consignment of 20 computers to N.Z. Business Machines Pty., Wellington, New Zealand. The consignment is to be loaded on to the SS Northern Cross which sails from Tilbury on the 18th of May and is due in Wellington on the 25th of June.
Details with regard to packing and values are attached, and we would be grateful if you could quote a rate covering all risks from port to port.
As the matter is urgent, we would appreciate a prompt reply. Thank you.

Yours faithfully,
J. D. Simpson

J. D. Simpson
Supervisor

해설

- on behalf of: 의 대신에
- to be due in Wellington on the 25th of June: 6월 25일 Wellington 도착예정인
- a rate covering all risks: 전 위험을 담보하는 보험료율

ⓑ 답 신

ALFA
INSURANCE

City Point, 5th Fl. 705 Chester Rd, Old Trafford Manchester M25 ORW, U.K
Tel 44 161 877 5055 Fax 44 161 877 5051

May 7, 2020

ISLAND COMPUTER SYSTEM CO., LTD
Calder House, 1 Dover St.
London W1S 4LA, U.K.

Dear Mr. Simpson,

Thank you for your letter of the 30th of April, in which you asked about insurance cover for a shipment of computers from Tilbury to Wellington.
We note from the details attached to your letter that the net amount of the invoice is £22,000, and payment is by Letter of Credit. We would therefore suggest a valued policy against all risks for which we can quote £4.35p%.
We will issue a Cover Note as soon as you complete and return the enclosed declaration form.

Yours sincerely,

D. Adair

D. Adair
Manager

해설

- A valued policy: 기평가보험
- Cover Note: 보험승인장
- P%: point percentage(1/1000)

ii) 해상보험료 견적요청과 답신 Fax

ⓐ 해상보험료 견적요청 Fax

SAMKU SAMKU INDUSTRIES, INC.
988-3 Bangbae-dong, Seocho-gu, Seoul, Korea
Tel. 82-2-587-3991 Fax 82-2-587-3993

FACSIMILE COMMUNICATION

To: N Sagnum, District Manage

From: H Min, Export Department

Company/Firm: Amreco Marine Insurace. Reference:

Department/Location: Business Department

Fax Number: + 1-415-360-2590 Date: Jan 11, 2020

No. of pages (including this page): 1

Gentlemen:

Please quote us your lowest rate for Marine Insurance A.A.R, on a shipment of 400 dozen underwears, valued at US $3,800 by the M/S Masan from Pusan to New York.

Your prompt reply would be highly appreciated.

Yours truly,

H Min

H Min

Export Department

해설

- A.A.R.: Against All Risks(전위험담보조건)
- valued at US $3,800: 보험가액 3,800달러

ⓑ 답신 Fax

Amreco Marine Insurace
152 Montgomery St. Suite 1928,
San Francisco, CA. 94104. U.S.A.
Tel 1 415 403 2500
Fax 1 415 360 2590

FAX

To	**Mr. H Min, Export Manager**
Company	**SAMKU INDUSTRIES, INC.**
Fax No.	**+ 82-2-587-3993**
From	**N. Sagnum, District Manager**
Subject	**Reply to your request**
Date	**Jan 13, 2020**
Pages(including this page)	**1**

Dear Mr. Min,

Answering to your fax of January 11, we would like to quote 2.5 percent as our best rate for 400 dozen underwears to be shipped to New York on the M/S Masan.

Yours sincerely,

N Sagnum

N Sagnum
District Manager

해설

- Answering to your fax: 귀사의 Fax에 대한 답신으로 (= in reply to your fax)

iii) 해상보험료 견적요청과 답신 E-mail

ⓐ 해상보험료 견적요청 E-mail

Quotation for Marine Insurance

File Edit View Insert Tools Message Help

Send Spelling Attachment Recorder Signature Formatting Typing Sounds

To: e.daracott@westway.co.uk

Cc:

Subject: Quotation for Marine Insurance

Dear Sirs;

Please quote us your rate for Marine Insurance, ICC(C) including war risk, on a shipment of 10 cases of cotton goods, valued at US $45,000, by the s/s "Hanjin Busan" from Busan to Hong Kong.
The ship will sail from Busan on July 25, and we hope to have your reply by return.

Yours truly,

D. Pruet

해설

- to quote us your rate for Marine Insurance, ICC(B) including war risk: 전쟁위험을 포함한 ICC(C) 조건의 해상보험에 대한 귀사의 요율을 당사에 견적하다.
- by return: 회신편으로

ⓑ 답신 E-mail

Re: Quotation for Marine Insurance

File Edit View Insert Tools Message Help

Send Spelling Attachment Recorder Signature Formatting Typing Sounds

To: d.pruet@kencla.com

Cc:

Subject: Re: Quotation for Marine Insurance

Dear Mr Pruet,

In response to your inquiry of June 10, we wish to quote you the rate of Marine Insurance at 0.289 percent, ICC(C) including war risk, on the shipment referred to in your letter.

This is exceptionally low rate, because many of the insurance companies will hesitate to take the risk at any premium whatever dreading the heavy average to which they are exposed on the South China Sea.

We hope that you will pass us your business.

Yours sincerely,

E. Daracott

해설

- to hesitate to take the risk at any premium whatever: 어떠한 보험료에도 위험을 인수하기를 주저하다.
- dreading the heavy average to which they are exposed on the South China Sea: 남지나해에서 보험사들이 노출되는 대해손을 두려워하여
- to pass your business: 당사에게 귀사의 업무를 맡기다.

② 부보요청서

i) 부보요청서신

NBSS

#4F, Gyungsung BLG, 412-15 Deung Chon5-Dong, Kang So-Ku, Seoul, Korea
TEL : 82-2-3365-0526 FAX : 82-2-3359-0566

April 30, 2020

Worldwide Insurance Ltd.
Worldwide House
Vorley Road
London N19 5HD, U.K.

Dear Sirs,

We are instructed by our buyer to make marine insurance contract with you on 10 cases of our TV Set which we are shipping to New York by the m/s "Korea Maru" due to set sail from Busan on September 25.
Please cover us on W.A. including War Risks for the amount of $23,100 at the rate you gave us by telephone yesterday, and one copy of our invoice is enclosed herewith. In payment of the premium, we enclose a cheque for US $125 on Korea Exchange Bank.
We hope you will send us your Insurance Policy in duplicate and three copies, and at the same time your receipt for the premium we enclose.

Yours faithfully,

Y Ahn

Y. Ahn
Export Manager

해설

- to make marine insurance contract with you: 귀사와 해상보험계약을 체결한다 (= to effect(= conclude) marine insurance contract with you)
- on W.A.: 분손 담보조건으로
- including War Risks: 전쟁위험을 특약으로 하여 (각종 특약: S.R.C.C.(동맹파업, 폭동·내란의 위험), Risks on Deck Cargo(갑판적화물에 대한 위험), T.P.N.D.(도난, 발화, 불착위험), Leakage and Breakage Clause(누손 및 파손약관), Sweat Damage Risk(한유손 위험), Rain and Fresh Water Risk (우 및 담수유 위험)
- for the amount of: 보험금액에 대하여

ii) 부보요청 Fax

도광무역
www.dohkwangtrading.com

579-9 Janghang-dong, Ilsan-gu, koyan-si, Kyunggi-do Korea
Phone: 82-31-904-8851 Fax: 82-31-904-8861

FACSIMILE COMMUNICATION

To: Mr. Giggs	From: K. Choi
Company/Firm: Worldwide Insurance Ltd.	Reference:
Department/Location: District Manager	
Fax Number: 44-20-7629-9996	Date: Jan. 13, 2020
No. of pages (including this page): 1	

Dear Mr. Giggs,

We have been insuring individual shipments of our chinaware with you for some time now, and as you have probably noticed we have established a number of customers in North and South America.
As we will be making regular shipments, we wondered if you could arrange open cover for £60,000 against all risks to insure consignments to North and South American Eastern seaboard ports.
We look forward to hearing from you soon.

Yours sincerely,
Kyung Min Choi

K Choi
Export Department

해설

- to establish a number of customers: 수많은 고객을 확보하다.
- seaboard ports: 해안(연안)의 항구들

iii) 부보요청 E-mail

Request for WA

File Edit View Insert Tools Message Help

Send Spelling Attachment Recorder Signature Formatting Typing Sounds

To: peter.lane@worldwide.co.uk

Cc:

Subject: Request for WA

Dear Mr Lane,

We have just received your letter of July 16 and would ask you to effect insurance at the rate quoted, say 0.36 percent, W.A. including T.P.N.D. on the goods stated below:
Ten Cases of Dyed Cotton Velveteen, valued at U.S.$3,000 going to Manila from Pusan by the S/S "Arirang" which is to set sail from Pusan on the 2nd September.
These goods are packed in strong tin-lined wooden cases with iron-hoop, and marked and numbered.

<TR> MANILA, No. 110.

Please let us have the policy by return.

Yours sincerely,

J. Hong

해설

- W.A.: 분손담보조건(With Average)
- at the rate quoted: 견적한 요율대로
- T.P.N.D.: 도난, 발화 및 불착(Theft, Pilferage and Non-delivery: T.P.N.D. 위험을 담보하기 위해서는 특약으로 T.P.N.D. Clauses를 첨부해야 함)
- to be packed in tin-lined wooden case with iron-hoop: 석판을 깔고 쇠테로 묶은 목상자에 포장된

2 ▸▸ 각종 보험관계서류

(1) 구증권

582－7

CARGO ★

No.

The Institute of London Underwriters.

Companies Combined Policy.

£

Be it known that

as well in *their* own Name, as for and in the Name and Names of all and every other Person or Persons to whom the same doth, may, or shall appertain, in part or in all, doth make Assurance, and cause *themselves* and them and every of them, to be assured, lost or not lost, at and from

upon any kind of Goods and Merchandises, in the good Ship or Vessel called the

whereof is Master, under God, for this present Voyage, or whosoever else shall go for Master in the said Ship, or by whatsoever other Name or Names the said Ship, or the Master thereof, is or shall be named or called, beginning the Adventure upon the said Goods and Merchandises from the loading thereof aboard the said Ship *as above*

and shall so continue and endure during her abode there, upon the said Ship, &c.; and further, until the said Ship, with all her Goods and Merchandises whatsoever, shall be arrived at *as above* and upon the Goods and Merchandises until the same be there discharged and safely landed; and it shall be lawful for the said Ship, &c., in this Voyage to proceed and sail to and touch and stay at any Ports or Places whatsoever without Prejudice to this Assurance. The said Goods and Merchandises, &c., for so much as concerns the Assured by Agreement between the Assured and Assurers in this Policy, are and shall be valued at

TOUCHING the Adventures and Perils which the Assurers are contented to bear and do take upon themselves in this Voyage, they are, of the Seas, Men-of-War, Fire, Enemies, Pirates, Rovers, Thieves, Jettisons, Letters of Mart and Countermart, Surprisals, Takings at Sea, Arrests, Restraints and Detainments of all Kings, Princes and People, of what Nation, Condition, or Quality soever, Barratry of the Master and Mariners, and of all other Perils, Losses and Misfortunes that have or shall come to the Hurt, Detriment or Damage of the said Goods and Merchandises, or any Part thereof; and in case of any Loss or Misfortune, it shall be lawful to the Assured, their Factors, Servants and Assigns, to sue, labour and travel for, in and about the Defence, Safeguard and Recovery of the said Goods and Merchandises, or any part thereof, without Prejudice to this Assurance; to the Charges whereof the Assurers will contribute, each Company rateably, according to the amount of their respective subscriptions hereto. And it is especially declared and agreed that no acts of the Assurer or Assured in recovering, saving, or preserving the property assured, shall be considered as a waiver or acceptance of abandonment. And it is agreed by us, the Assurers, that this writing or Policy of Assurance shall be of as much Force and Effect as the surest Writing or Policy of Assurance heretofore made in Lombard Street, or in the Royal Exchange, or elsewhere in London.

1. *Warranted free of capture, seizure, arrest, restraint or detainment, and the consequences thereof or of any attempt thereat; also from the consequences of hostilities or warlike operations, whether there be a declaration of war or not; but this warranty shall not exclude collision, contact with any fixed or floating object (other than a mine or torpedo), stranding, heavy weather or fire unless caused directly (and independently of the nature of the voyage or service which the vessel concerned or, in the case of a collision, any other vessel involved therein, is performing) by a hostile act by or against a belligerent power; and for the purpose of this warranty "power" includes any authority maintaining naval, military or air forces in association with a power.*
   Further warranted free from the consequences of civil war, revolution, rebellion, insurrection, or civil strife arising therefrom, or piracy.
2. *Warranted free of loss or damage*
   (a) caused by strikers, locked-out workmen, or persons taking part in labour disturbances, riots or civil commotions;
   (b) resulting from strikes, lock-outs, labour disturbances, riots or civil commotions.
3. *(a) Should the risks excluded by Clause 1 (F. C. & S. Clause) be reinstated in this Policy by deletion of the said Clause, or should the risks or any of them mentioned in that clause or the risks of mines, torpedoes, bombs or other engines of war be insured under this Policy, Clause (b) below shall become operative and anything contained in this contract which is inconsistent with Clause (b) or which affords more extensive protection against the aforesaid risks than that afforded by the Institute War Clauses relevant to the particular form of transit covered by this insurance is null and void.*
   (b) This Policy is warranted free of any claim based upon loss of, or frustration of, the insured voyage or adventure caused by arrests restraints or detainments of Kings Princes Peoples Usurpers or persons attempting to usurp power.

NOW THIS POLICY WITNESSETH that we, the Assurers, the Companies whose name are set out overleaf, take upon ourselves the burden of this Assurance each of us to the extent of the amount underwritten by us respectively, and promise and bind ourselves, each Company for itself only and not the one for the other and in respect only of the due proportion of each Company, to the Assured, their Executors, Administrators and Assigns for the true performance and fulfilment of the contract contained in this Policy in consideration of the person or persons effecting this Policy promising to pay a premium at and after the Rate of

IN WITNESS whereof we, the Assurers, have subscribed our Names and Sums assured in London, as hereinafter appears, and the Manager and Secretary of The Institute of London Underwriters has subscribed his name on behalf of each of us.

N. B. —Corn, Fish, Salt, Fruit, Flour and Seed are warranted free from Average, unless general, or the Ship be stranded; Sugar, Tobacco, Hemp, Flax, Hides and Skins are warranted free from Average, under Five Pounds per cent., and all other Goods, also the Ship and Freight, are warranted free from Average, under Three Pounds per cent., unless general, or the Ship be stranded, sunk or burnt.

SPECIMEN

Signed ______________________

Manager and Secretary.
The Institute of London Underwriters.

NOTE.—This policy must bear the seal of The Institute of London Underwriters Policy Department.

SUBJECT TO THE INSTITUTE DANGEROUS DRUGS CLAUSE AS OVERLEAF.

582— 8

INSTITUTE DANGEROUS DRUGS CLAUSE.

"It is understood and agreed that no claim under this Policy will be paid in respect of drugs to which the various International Conventions relating to Opium and other dangerous drugs apply unless

(1) the drugs shall be expressly declared as such in the Policy and the name of the country from which, and the name of the country to which they are consigned shall be specifically stated in the Policy

and

(2) the proof of loss is accompanied either by a licence, certificate or authorisation issued by the Government of the country to which the drugs are consigned showing that the importation of the consignment into that country has been approved by that Government, or, alternatively, by a licence, certificate or authorisation issued by the Government of the country from which the drugs are consigned showing that the export of the consignment to the destination stated has been approved by that Government

and

(3) the route by which the drugs were conveyed was usual and customary."

Amount, Percentage or Proportion.	Company.	Reference.

PRINTED IN ENGLAND.
WITHERBY. LONDON.

This Policy is subscribed by Insurance Companies
Members of The Institute of London Underwriters,
40, Lime Street,
London, E.C.3.

The Institute of London Underwriters
Companies Combined Policy.

In all communications please quote
the following reference

CARGO

ORIGINAL

LIG Insurance

LIG Tower, 649-11, Yeoksam-dong, Gangnam-gu, Seoul, 135-550 Korea TELEPHONE : 1544-0114 FACSIMILE : 0505-136-0550

MARINE CARGO INSURANCE POLICY

Assured(s), etc TO THE ORDER OF INDUSTRIAL BANK OF KOREA

Policy No.20112358314

Ref. No.
L/C#M0402106NU00413
INV#MKCIOX11060034

Claims, if any, payable at:
LIG INSURANCE CO., LTD.
LIG TOWER, 649-11, Yeoksam-dong, Gangnam-gu, Seoul 135-550

TEL) 82-2-6900-3095,
FAX) 82-(0)505-136-0550,
TLX) @
CLAIMS ARE PAYABLE IN USD

Amount insured
USD************96,690.00
(USD **************87,900.00 X ****110.00 %)
X *********1.0000

Survey should be approved by:

THE SAME AS ABOVE

Conditions
Institute Cargo Clauses (All Risks)
Termination of Transit Clause (Terrorism)
On-Deck Clause(A)
Special Replacement Clause
Transit Termination Clause(30 Days)(A)
Sanction Limitation and Exclusion Clause

Local Vessel or Conveyance	From(interior port or place of loading)
Ship or Vessel called the TO BE DECLARED	Sailing on or about JUN/23/2020
at and from SHENZHEN	transhipped at
arrived at KOREA BY AIR	thence to TO BE DECLARED

Goods and Merchandises
ROUTER 6000 PCS

AND OTHERS

Subject to the following Clauses as per back hereof
Institute Classification Clause, [illegible]
Institute Extended Radioactive Contamination Exclusion Clause
Institute Chemical, Biological, Bio-Chemical, Electromagnetic
Weapon and Cyber Attack Exclusion Clause
Termination of Transit(Terrorism)
Comuter Millennium Clause(Cargo)
-With Named Peril Extension
Co-Insurance Clause

Marks and Numbers as per Invoice No. specified above.

Place and Date signed in SEOUL, KOREA JUN/23/2011 No. of Policies issued. ONE

In the event of loss or damage arising under this Policy, no claims will be admitted unless a survey has been held with the approval of this Company's Office or Agents specified in this Policy.

In case of loss or damage, please follow the "IMPORTANT" clause printed on the back hereof.

For LIG INSURANCE CO., LTD.

AUTHORIZED SIGNATORY

(2) 신증권

AIG

AIG Korea Inc.
27Floor, Two IFC, 10 Gukjegeumyung-ro, Youngdeungpo-gu, Seoul 150-945, Korea
T.1588-0065 F.1544-0060

ORIGINAL

Certificate/Insurance Policy

Certificate No.	: Y298751F - 000	**Policy No.**	: YM00002318 - 000
Assured Name	:		
Invoice No., etc.	: I/V No. E5-6073	B/L No. SLHKS150700015	
Amount Insured	: CARGO WON 165,683,595.00(USD 129,500.00 * 110.00 % * 1163.1000)		
Conveyance	: To Be Declared	**Sailing on or about**	:
At and From	: HONG KONG	**Transhipped at**	:
Arrived At	: BUSAN	**Thence to**	:

Goods and Merchandise :

INKJET PRINTER
TOTAL : 250 UNITS

Marks and Number as per Invoice No. specified as above

Valued at the same as Amount Insured

Conditions :

Institute Cargo Clauses (All Risks) - 1/1/63

Subject to the following Clauses :

- Institute Cargo Clauses (as specified above)
- Institute Classification Clause
- On-deck Clause
- Label Clause (applying to labelled goods)
- Co-Insurance Clause (if applicable)
- U.S Economic and Trade Sanctions Clause
- Special Replacement Clause For secondhand Machinery
- Special Replacement Clause (applying to Machinery)
- Duty Clause(applicable only to import duty insured)
- Other Insurance Clause
- Transit Termination Clause (30 days) (applicable only for cargo imported to Korea)
- Institute Extended Radioactive Contamination Exclusion Clause
- Institute Chemical, Biological, Bio-Chemical, Electromagnetic Weapons and Cyber Attack Exclusion Clause
- Termination of Transit Clause (Terrorism)

Settling Agent : AIG Korea Inc.
27Floor, Two IFC, 10
Gukjegeumyung-ro, Youngdeungpo-gu,
Seoul, 150-945, Korea
Tel : (822) 2260-6800 Fax : (822) 2260-6702
Korea.MarineCLM@aig.com

Claims Representative : AIG Korea Inc.
27Floor, Two IFC, 10
Gukjegeumyung-ro, Youngdeungpo-gu,
Seoul, 150-945, Korea
Tel : (822) 2260-6800 Fax : (822) 2260-6702
Korea.MarineCLM@aig.com

Place and date signed in : SEOUL , KOREA Jul 21, 2015	No. of Certificates issued : 2	Typist : BMSMLEE

IMPORTANT

PROCEDURE IN THE EVENT OF LOSS OR DAMAGE FOR WHICH UNDERWRITERS MAY BE LIABLE

LIABILITY OF CARRIERS, BAILEES OR OTHER THIRD PARTIES

It is the duty of the Assured and their Agents in all cases, to take such measures as may be reasonable for the purpose of averting or minimising a loss and to ensure that all rights against Carriers, Bailees or other third parties are properly preserved and exercised. In particular, the Assured or their Agents are required :

1. To claim immediately on the Carriers, Port Authorities or other Bailees for any missing packages.
2. In no circumstances, except under written protest, to give clean receipts where goods are in doubtful condition.
3. When delivery is made by Container, to ensure that the Container and its seals are examined immediately by their responsible official. If the Container is delivered damaged or with seals broken or missing or with seals other than as stated in the shipping documents, to clause the delivery receipt accordingly and retain all defective or irregular seals for subsequent identification.
4. To apply immediately for survey by Carriers' or other Bailees' Representatives if any loss or damage be apparent and claim on the Carriers or other Bailees for any actual loss or damage found at such survey.
5. To give notice in writing to the Carriers or other Bailees within 3 days of delivery if the loss or damage was not apparent at the time of taking delivery.

NOTE : The Consignees or their Agents are recommended to make themselves familiar with the Regulation of the Port Authorities at the port of discharge.

INSTRUCTIONS FOR SURVEY

In the event of loss or damage which may involve a claim under this insurance, immediate notice of such loss or damage should be given to and a Survey Report obtained from this Company's Office or Agents specified in this Policy or Certificate.

DOCUMENTATION OF CLAIMS

To enable claims to be dealt with promptly, the Assured or their Agents are advised to submit all available supporting documents without delay, including when applicable : -

1. Original policy or certificate of insurance.
2. Original or certified copy of shipping invoices, together with shipping specification and/or weight notes.
3. Original or certified copy of Bill of Lading and/or other contract of carriage.
4. Survey report or other documentary evidence to show the extent of the loss or damage.
5. Landing account and weight notes at port of discharge and final destination.
6. Correspondence exchanged with the Carriers and other Parties regarding their liability for the loss or damage.

We, the AIG Korea Inc. hereby agree, in consideration of the payment to us by or on the behalf of the Assured of the premium as arranged, to Insure against loss damage liability or provided.

ENCRYPTION No. OGc/bkxtPz9VPz9WTz8=

For Policy Verification

For a listing of Claim Offices
http://www.aig.co.kr

AIG Korea Inc.
President & CEO Steven Barnett

(3) 보험증명서

LG Insurance Co., Ltd.

CERTIFICATE OF MARINE CARGO INSURANCE

Assured(s), etc ②

Certificate No. ① 002599A65334	Ref. No.③ Invoice No. DS-170228 L/C No. IOMP20748
Claim, if any, payable at : ⑥ GELLATLY HANKEY MARINE SERVICE 842 Seventh Avenue New York 10018 Tel(201)881-9412 Claims are payable in	Amount insured ④ USD 65,120.- (USD59,200 × 110%)

Survey should be approved by ⑦ THE SAME AS ABOVE		Conditions ⑤ * INSTITUTE CARGO CLAUSE(A) 1982 * CLAIMS ARE PAYABLE IN AMERICA IN THE CURRENCY OF THE DRAFT.
⑧ Local Vessel or Conveyance	⑨ From(interior port or place of loading)	
Ship or Vessel called the ⑩ KAJA-HO V-27	Sailing on or abount ⑪ MARCH 3, 2017	
at and from ⑫ PUSAN, KOREA	⑬ transshipped at	
arrived at ⑭NEW YORK	⑮ thence to	

Goods and Merchandiesc ⑯ 16,000YDS OF PATCHWORK COWHIDE LEATHER	Subject to the following Clauses as per back hereof institute Cargo Clauses Institute War Clauses(Cargo) Institute War Cancellation Clauses(Cargo) Institute Strikes Riots and Civil Commotions Clauses Institute Air Cargo Clauses(All Risks) Institute Classification Clauses Special Replacement Clause(applying to machinery) Institute Radioactive Contamination Exclusion Clauses Co-Inssurance Clause Marks and Numbers as

Place and Date signed in ⑰ SEOUL, KOREA MARCH 2, 1999 No. of Certificates issued. ⑱ TWO
⑳ This Certificate represents and takes the place of the Policy and conveys all rights of the original policyholder
(for the purpose of collecting any loss or claim) as fully as if the property was covered by a Open Policy direct to the holder of this Certificate.
This Company agrees lossed, if any, shall be payable to the order of Assured on surrender of this Certificate. Settlement under one copy shall render all otehrs null and viod.
Contrary to the wording of this form, this insurance is governed by the standard from of English Marine Insurance Policy.
In the event of loss or damage arising under this insurance, no claims will be admitted unless a survey has been held with the approval of this Company's office or Agents specified in this Certificate.

SEE IMPORTANT INSTRUCTIONS ON REVERSE
⑲ LG Insurance Co., Ltd.

AUTHORIZED SIGNATORY

This Certificate is not valid unless the Declaration be signed by an authorized representative of the Assued.

V 기타 서류

1 상업송장

(1) 의 의

송장은 상업송장과 공용송장으로 나눌 수 있다.

상업송장(Commercial Invoice)은 매도인이 매수인 앞으로 발행하는 선적물품의 명세를 나타내는 선적안내서로서 물품의 가격에 대한 계산서(statement of account)와 물품대금의 청구서(letter of request)의 기능을 한다. 상업송장은 선적된 물품에 대하여 발행하는 선적송장(Shipping Invoice)과 무역거래의 상담과정에서 매도인이 매수인에게 견적용으로 제시하는 견적송장(Proforma Invoice)으로 구분된다.

공용송장에는 수출국에 주재하는 수입국의 대사관이나 영사관에 제출하여 인증(certification)을 받음으로써 선적품의 가격과 물품명세에 대한 확인을 득하는 영사송장(Consular Invoice)과 국가에 따라서는 영사송장 대신 세관송장(Customs Invoice)을 요구하는 경우도 있다.

UCP(600) 제18조에는 상업송장의 수리요건으로 상업송장은 1) 신용장의 수익자가 발행하여야 하고, 2) 신용장 개설의뢰인 앞으로 작성되어야 하고, 3) 신용장과 동일한 통화로 작성되어야 하며, 4) 서명을 필요로 하지 않으며, 5) 송장금액이 신용장에서 허용된 금액을 초과한 경우 지정은행(지급·인수·매입·연지급은행)은 그 수리여부에 선택권을 지니며, 수리한 경우 이후 관계당사자를 구속하며, 6) 상업송장에서의 물품명세는 신용장에서의 명세와 일치해야 한다고 규정하고 있다.

(2) 각종 송장

① 상업송장(Commercial Invoice)

COMMERCIAL INVOICE

① Shipper/Seller KRGILTRA159SEO GILDING TRADING CO., LTD. 159, SAMSUNG-DONG, KANGNAM-KU, SEOUL, KOREA	⑦ Invoice No. and date 8905 BK 1007 MAY. 20. 2017 ⑧ L/C No. and date 55352 APR. 25. 2017
② Consignee (or For account & risk of Messrs) MONARCH PRO CO., LTD. 5200 ANTHONY WAVUE DR. DETROIT, MICHIGAN 48203 U. S. A	⑨ Buyer(if other than consignee) MONARCH PRODUCTS CO., LTD. 5200 ANTHONY WAVUE DR. DETROIT, MICHIGAN 48203 U. S. A
③ Departure date MAY. 20, 2017	⑩ Other references COUNTRY OF ORIGIN : REPUBLIC OF KOREA
④ Vessel/flight: PHEONIC ⑤From: BUSAN,KOREA ⑥ To DETROIT, U.S.A	⑪ Terms of delivery and payment F.O.B BUSAN L/C AT SIGHT

⑫ Shipping Marks	⑬ No.&kind of packages	⑭ Goods description	⑮ Quantity	⑯ Unit price	⑰ Amount
MON/T DETROIT LOT NO C/NO.1-53 MADE IN KOREA	NYLON OXFORD 420 DP X 420D MATERIAL. AS PER MONARCH PRODUCTS INDENT NO. T. 858		60,000M 1208.06KGS.	US$1.00/M	US$60,000

Signed by
⑱
Christopher Kim

② 영사송장(Consular Invoice)

FORM NO. 48
(REVISED) MAY 2020
(SUBMIT IN TRIPLICATE)

THE FOREIGN SERVICE
OF THE
REPUBLIC OF THE PHILIPPINES
CONSULAR INVOICE

ORIGINAL
No. 015535

(Place)
(Date)

Exporter/Supplier__________

Address__________

Consignee__________

Address__________

Place of Exportation__________ Port of Loading__________

Country of Origin__________

Port of Discharge__________ Carrier:__________

Date of Departure__________

MARK & NUMBERS	QUANTITY/ TYPE OF PACKAGES	DESCRIPTION PARTICULARS	(1) PURCHASE PRICE (If not purchased Current Dom-estic Value)	(2) HOME CONSU-MPTION VALUE (If the same as in Column 1, indicate accordingly)

TOTAL (State whether FOB, FAS, C&F or CIF)

NATURE OF CHARGES	AMOUNT INCLUDED IN OR EXCLUDED FROM COLUMN: ABOVE	
	Included	Excluded
1. Ocean Freight		
2. Marine Insurance Premium		
3. Other Charge		
TOTAL		

Miscellaneous Information:

Exporter/Shipper/Manufacturer/Representative
SUBSCRIBED AND SWORN TO:

(Consular Officer)

(Post)

Fee:
O.R.No.
Date: Consular Invoice No

Consular Seal

③ 세관송장(Customs Invoice)

Revenue Canada Revenu Canade
Customs and Excise Douanes et Accise

CANADA CUSTOMS INVOICE
FACTURE DES DOUANES CANADIENNES

Page of
de

1. Vendor(Name and Address)/Vendeur(Nom at adresse) Dae Han Trading Co., Ltd. 159 Samsung-Dong, Kangnam-Gu, Seoul, Korea	2. Date of Direct Shipment to Canada/Date daxpedition directed vers le Canada 15, APR, 2016 3. Other References(Includa Purchaser's Order No.) Autres relerences(Inclure to no da commanda de racheteur) PO NO 125
4. Consignee(Name and Address)/Destinataire(Nom at adresse) Canadian Tire Co., Ltd. Younge Street Toroato, Ontario	5. Purchaser's Name and Address(If other than Consignee) Nom at adresse do Racheteur(S'il dittere du destinataire) Same as 4 6. Country of Transhipment / Pays de transbordement 7. Country of Origin of Goods Pays d' origine des machandises Republic of Korea IF SHIPMENT INCLUDES GOODS OF DIFFERENT ORIGNS ENTER ORIGNS AGAINST ITEMS M12 SL L'EXPEDITION COMPREND DES MARCHANDISES D'ORIGINES DWFERENTES PRECISER LEUR PROVEMANCE EN 12
8. Transportation. Give Mode and Place of Direct Shipment to Canada Transport : Preciser mode et point d' expadition directe vers le Canada By Sea to Banquover Port, B.C.	9. Conditions of Sale and Terms of Payment (i.e. Sale, Consignment Shipment, Lessed Goods, etc.) Conditions de vente et modalites de parement (p. ex. vante, expedition en consignation, location de marchandises. etc) 30 days after sight 10. Currency of Settlement / Devises du paiement US Dollars

11. No. of Pkgs Nore de : olis	12. Specification of Commodities(Kind of Packages. Marks and Numbers, General Description and Characterstics, i.e. Grade, Quality) Designation des articles(Nature des colis, marques et numeros. description générale et caracteristiques. P. ex. classe. qualite)	13. Quantity (State Unit Quantike) (Preciser runke)	Selling Price / Prix de vente 14. Unit Price Prix Unitaire
	10 cartons containing leather purses		
	1 to 4 catalogue 123	20pcs	US$15each
	5 to 8 catalogue 125	20pcs	US$20each
	9 to 10 catalogue 155	10pcs	US$30each

18. If any of fields 1 to 17 are included on an attached commercial invoice, check this box ☐ Siles renseignements des zones 1 a 17 figurent sur la facture commerciale cochor cotte boite Commercial invoice No./N de la facture commerciale NL 89-0170	16. Total Weight / Poids Total Net 170kg Gross / Brut 200kg
19. Exporter's Name and Address(If other than Vendor) Nom et adresse de rexportateur(S'il differe du vendeur) Dae Han Trading Co., Ltd. 159 Samsung-Dong, Kangnam-Gu, Seoul, Korea	20. Originator(Name and Address) / Expediteur d' origine(Nom at adresse) Chul Su Kim 180-2, Sam sung-Dong, Kangnam-Gu, Seoul, Korea
21. Departmental Ruling(If applicable)/D&cision du Ministore(S'ily a lieu)	22. If fields 23 to 25 are not applicable check this box Siles zones 23 a 25 sont sans objet. cocher cette boite

23. If included in field 17 indicate amount: Si compris dans le total a la zone 17. preciser. (i) Transportation charges, expenses and insurance from the place of direct shipment to Canada $________________________ (ii) Costs for construction, erection and assembly incurred after importation into Canada Les couts de construction. d'erection et d'assemblage apras importation au Canada $________________________ (iii) Export packing Le cout de l'emballage d'exportation $________________________	24. If not included in field 17 indicate amount: Si non compris dans le. total a la zone 17 preclser: (i) Transportation charges, expenses and insurance to the place of direct shipment to Canada Les frais de transport, depenses et assufances Jusqu'au point d'expedition diracte vers le Canada $________________________ (ii) Amounts for commissions other than buying commissions Les commissions autres que cellas versees pour l'achat $________________________ (iii) Export packing Le cout de l'emballage d'exportation $________________________	25. Check(If applicable) Cocher(S'ily a lieu) (i) Royalty payments or subsequent proceeds are paid pr payable by the purchaser Des redevances ou produts ont ele ou seront verses par racheteur ☐ (ii) The purchaser has supplied goods or services for use in the production of these goods L'acheteur a foumi des marchandises ou des services pour la production des marchandises ☐

DEPARTMENT OF NATIONAL REVENUE CUSTOMS AND EXCISE MINISTERE DU REVENU NATIONAL DOUAMES ET ACCISE

2 ▸▸ 부대서류

(1) 의 의

상업송장의 부대서류로서 은행이나 매수인 또는 세관 등이 적화를 대조검증하기 위하여 사용하고 있는 **포장명세서(Packing List)**와 공인검정업자(recognized surveyor)가 발행하는 **용적중량명세서(Measurement and Weight List)**가 있다. 이 밖에도 상품의 원산지를 증명하는 공문서로써 수출국주재의 수입국 영사 또는 수출지의 상공회의소가 발행하는 **원산지증명서(Certificate of Origin)**가 있다. 우리나라에서도 수입화물에 대하여 원산지증명서를 요구하고 있으며 수입국의 관례에 따라 특히 미국과 같은 나라에서는 식료품, 약품류, 육류 및 수피 등에 **위생증명서(Certificate of Health)**나 **검사증명서(Inspection Certificate)**를 요구한다.

이 밖에 **품질 또는 수량증명서(Certificate of Quality or Quantity)**, **분석증명서(Certificate of Analysis)** 등도 요구하며, 특히 원산지증명서 중에는 UNCTAD의 일반특혜관세제도(Generalized System of Preferences, GSP)에 의거하여 발행되는 GSP C/O가 있기 때문에 수입업자가 원산지증명서를 요구할 때는 어떤 형식의 것을 요구하는지 확인할 필요가 있다.

(2) 각종 부대서류

① 포장명세서(Packing List)

PACKING LIST

① Seller Gil Dong Trading Co., Ltd.	⑧ Invoice No. and date 8905 HC 3108 Aug. 15, 2020
② Consignee(or For account & risk of Messrs.) Monarch Products Co., Ltd. P.O.Box 208 Bulawayo, Zimbabwe ③ Notify Party Same as above.	⑨ Buyer(if other than consignee) Monarch Products Co., Ltd. P.O.Box 208 Bulawayo, Zimbabwe
④ Departure date Aug. 20, 2020 ⑤ Vessel/flight: Phoenix ⑥ From: BUSAN, KOREA	⑩ Other references Country of Origin: Republic of Korea
⑦ To Bulawayo, Zimbabwe	

⑪ Shipping Marks	⑫ No.&kind of packages	⑬ Goods description	⑭ Quantity or net weight	⑮ Gross Weight	⑰ Measurement
MON/T Bulawayo LOT NO C/NO.1-53 MADE IN KOREA	4200DX420D Material, As per Monarch Products Indent No T.858	Nylon Oxford	60,000M 1208.06Kgs.	1,317kgs	24.5CBM

//

Signed by
⑱

② 중량명세서(Weight List)

WEIGHT LIST

<table>
<tr><td>Shipper
YOUNG DO ENTERPRISE CO. LTD.,
ROOM 401, WONKWANG BLDG., 1429-3
SEOCHO-1DONG, SEOCHO-GU
SEOUL, S. KOREA. TEL:(02)584-3290~2</td><td>Invoice No. & Date
YD-03-02-34 12.MAR. 2020

L/C No. and date
1CMLC382915 06.MAR. 2020</td></tr>
<tr><td>Applicant(LC)
HONG LEE AND SONS
22 KIM KEAT ROAD
SINGAPORE 328839</td><td>Remark
DETAILS OF WEIGHT PER CARTON.
C/T NO ITEM QTY N.W/CARTON
G.W CARTON
1-25 9144H 7,500YDS 86.96KG 88.96KG
1-9 6301H 2,700YDS 68.99KG 70.99KG
10 6301H 134YDS 30.09KG 31.09KG</td></tr>
<tr><td>Sailing on or about 15.MAR. 2020

Vessel/Flight From
BERMUDIAN EXPRESS 0302W BUSAN,S.KOREA

To SINGAPORE</td><td>Other reference
* GOODS ARE PACKED IN STRONG SEA-WORTH
DOUBLE CARTONS FOR SECURITY SHIPPED.</td></tr>
<tr><td colspan="2">Shipping marks No. & kind of pkgs ; Goods description Quantity Gross weight Measurement
Net weight
* 65PCT POLYESTER 35PCT COTTON,
WOVEN FUSIBLE INTERLINING CLOTH,

HLS
SINGAPORE ITEMNO. : YD-9144H IVORY-HARD 7,500 YDS
#9144H IVY WIDTH : 44/45"
C/NO : 1~25 C/T NO. : 1-25 WEIGHT : ABOUT. 86.96KG
MADE IN KOREA

HLS ITEM NO. : YD-6301H IVORY-HARD 2,834 YDS
SINGAPORE WIDTH : 44/45"
#6301H IVY C/T NO. : 1-9 WEIGHT : ABOUT. 68.99KG
C/NO : 1~10 C/T NO. : 10 WEIGHT : ABOUT. 30.09KG
MADE IN KOREA

TOTAL : 10,334 YDS 2,825 KGS 2,894 KGS 8,670CBM
* CIF SINGAPORE

YOUNG DO ENTERPRISE CO. LTD.

President T. S. DO
Signed by</td></tr>
</table>

③ 원산지증명서(Certificate of Origin)

1. Exporter (Name, address, country)	Reference No. K068-18-0048128 ORIGINAL Reference Code. f7e4-cd1c **CERTIFICATE OF ORIGIN** issued by THE POCHEON CHAMBER OF COMMERCE & INDUSTRY Pocheon, Republic of Korea
2. Consignee (Name, address, country)	3. Country of Origin THE REPUBLIC OF KOREA
4. Transport details ON : 17 JAN. 2018	5. Remarks
6. Marks & numbers; number and kind of packages; description of goods SWITCH BOARDS SWITCH BOARDS 1GT 600KG 600KG 1GT 0 600KG 600KG // End Of Page...	7. Quantity
8. Declaration by the Exporter The undersigned, as an authorized signatory, hereby declares that the above-mentioned goods were produced or manufactured in the country shown in box 3. (Signature) (Name) president kim chun won	9. Certification The undersigned authority hereby certifies that the goods described above originate in the country shown in box 3 to the best of its knowledge and belief. THE POCHEON CHAMBER OF COMMERCE & INDUSTRY 포천상공회의소 Asst.Manager Ki-Houng Kim ICC CERTIFICATE OF ORIGIN 18 JAN 2018 Authorized Signatory

④ 검사증명서(Inspection Certificate)

SGS

ORIGINAL

Certificate No. : SP-IRN001220
Page 1 of 2

THE ORIGINAL INSPECTION CERTIFICATE

Date 2020-07-13 **IRF 2005/NIND/02908** **Local File No. 3168031-IR-SW-2502894**

In pursuance of current import regulations of the Islamic Republic of Iran, the goods described hereunder were presented to us :

Credit No. and Date	52215/84495839 DATED 050629
Issuing Bank	BKPAIRTH PARSIAN BANK TEHRAN IR
P/I No.	GCVC180405BLL1 DD. 050418
CB. No.	51263021
Insurance	INSURANCE EFFECTED IN I.R.OF IRAN BY ASIA INSURANCE CO. UNDER INSURANCE POLICY NO.V1121184/84/000076
Customs Tariff No.	3002/200
Shipper	
Name of Applicant	KBC CO. NO.56, ALBORZ BLDG., 3RD FLOOR, KHALED ESLAMBOLI AVE.TEHRAN,IRAN. TEL :+98-218721174 FAX :+98-218723324
Goods Description	60,000 VIALS OF HEPATITIS B VACCINE,RECOMBINANT 100MCG/5ML VIAL (10DS FOR INFANT) (BRAND NAME:HEPAVAX-GENE) PACKING:CARTON IN COMPLIANCE WITH STANDARD EXPORT PACKING OTHER DETAILS AS SPECIFIED IN P/I NO.GCVC180405BLLI DD.050418 ON CPT BASIS

-continued-

SGSPAPER
03493478

⑤ 수량증명서(Certificate of Quantity)

CERTIFICATE OF QUANTITY

PURCHASER : HYUNDAI CO., Ltd, Yangjae-Dong, Seocho-Gu, Seoul, 139-938
Republic of Korea

CONTRACT NUMBER : No. 19 DD.01.02.2017YEAR

L/C NO. : 074J51006W1

INVOICE NO. : IP04000

CONSIGNEE : Ministry of Defence of Turkmenistan 4 Galkymysh street, 74440,
Turkmenistan

Product code	Product Name	Uom	Quantity	Model	Material
2.9.33	Exhaust Ventilators	Ea	4	Model sht-35	
2.9.34	Exhaust Ventilators	Ea	2	Model sht-45	

These products have been manufactured, assembled and tested in accordance with the contract. It completely conforms to the requirement of approved drawings and the specification through Inspection and can be delivered to the customer.

Inspection Unit and Person in Charge of QA/QC

QC ENGINEER : Shenjian Lee

Inspector : Foshan Gaoming Dafeng, #8

Issue Date : 25.03.2018

SIGNED BY ______________________

⑥ 분석증명서(Certificate of Analysis)

ROHTO
HAPPY SURPRISE!

Certificate of Analysis

Product name : Acnes Oil Control Powder Skin
Production code : AC5L
Formula code : AC3L
Lot number : 2L2
Manufacturing date : December 03, 2020
Expiration date : November, 2020
Supply package : Plastic bottle of 120 mL
Importing country : Korea

Test	Specification	Result
Description	White to light yellow suspension with a slight characteristic odor	Conforms
Net volume	Not less than 120mL	Conforms
pH	6.0 - 8.0*	6.9

* in-house release spec.

We hereby certify that the above product meets all the requirements of specifications for Mentholatum Acnes Oil Control Powder Skin.

Date: February 19, 2020

Tadashi Seto
Quality Control Manager

CHAPTER
5
클레임과 해결 단계의 무역통신문

I 클레임에 관한 기초

1 ▸▸ 클레임의 원인

클레임이란 계약위반에 의하여 '손해를 입은 당사자'(Claimant)가 '손해를 입힌 당사자'(Claimee)에게 자신이 입은 손해에 대하여 손해배상을 청구하는 것을 말한다.

국제무역에서는 매매계약의 성립으로부터 물품이 인도되기까지 많은 시간이 걸리며, 또한 국내매매와 같이 물품의 인도와 지급이 동시에 이루어지지 않기 때문에 상품의 변질이나 수송의 지연, 은행을 통한 결제 등으로 당사자간에 종종 클레임이 발생하게 된다. 클레임의 전단계로서 Complaint(불만호소, 고정)는 클레임을 제기하기 전 경고(warning)의 단계라고 할 수 있다.

(1) 발생원인별 무역클레임

무역클레임을 발생원인별로 분류하면 다음과 같다.

✦ 품질에 관한 것

품질불량(inferior quality), 품질상위(different quality), 부정품질(wrong quality), 변질(deterioration), 변색(discoloration)

✦ 수량에 관한 것

착하부족(shortage), 출하부족(short shipment), 감량(diminition), 중량부족(under-weight), 중량계산 상위(miscalculation of weight)

✦ 인도에 관한 것

하역손상(stevedore damage), 출하지연(delayed shipment), 출하상위(wrong shipment), 과잉출하(overshipment), 부정출하(defaults in shipment), 불착(nondelivery), 재출하(reshipment), 환적도중 파손(damage during transhipment), 불완전포장(incomplete packing), 분실(missing), 발화(pilferage), 법규위반 선적(illegal shipment)

✦ 가격에 관한 것

가격조정(price adjustment), 미결제(unsettlement), 초과지급(overpayment), 추가비용(extra expenses), 재포장비(repacking charge), 검증료(survey fee), 체선료(demurrage), 특별운임(extra freight charge), 특별관세(extra customs duty), 특허료 지급(payment for royalty), 벌금(fine), 어음 할인거부(reluctance to negotiate draft), 어음 부정할인(draft improperly negotiated)

✦ 계약에 관한 것

계약 불이행(breach of contract), 계약취소(cancellation of contract), 용선계약취소(cancellation of charterparty), 개품운송계약의 취소(cancellation of contract of affreightment)

✦ 기 타

기재사항의 상이(misdescription), 송장금액의 상이(incorrect invoice amount), 태만(negligence)

(2) 성질별 무역클레임

무역클레임을 그 성질 면에서 분류하면 일반적 클레임, 마켓 클레임(market claim) 및 계획적 클레임으로 나눌 수 있다. **일반적 클레임**은 일반거래과정에서 발생하는 것으로 매도인과 매수인의 태만 또는 과실에서 발생되는 것이다. **마켓 클레임**은 매수인이 손해를 입지 않을 경미한 문제를 감가의 구실로 제기하는 클레임이다. **계획적 클레임**은 매매당사자의 악의에 의한 의도적인 클레임이다.

개개의 실거래에 있어서 클레임은 매도인과 매수인간의 거래조건을 약정하지 못한데서 많이 발생한다. 개별 상품에 관해서는 품질, 수량, 가격, 포장 등의 클레임이 많고, 계약이행에 있어서는 운송, 하역, 보험, 통관, 결제 등에 관한 클레임이 많이 발생한다.

2 ▸▸ 클레임의 해결방법

(1) 화해(amicable settlement)

클레임을 해결함에 있어서 제3자를 개입시키지 않고 당사자간의 자주적인 교섭으로 해결하는 것을 화해라고 하며 가장 이상적인 방법이다. 화해는 당사자간의 교섭에 의한 '재판외 화해'(settlement out of court)와 법원의 중재에 의한 화해가 있다.

(2) 조정(mediation or conciliation)

양 당사자가 공정한 제3자를 조정인(reconciliator)으로 선임하고 이 조정인이 제시하는 구체적인 해결안에 대하여 합의함으로써 클레임을 해결하는 방법이다.

(3) 중재(arbitration)

중재는 조정의 경우와 같이 공정한 제3자를 중재인(arbitrator)으로 선임하고 중재인의 판정에 승복함으로써 해결하는 방법이다.

(4) 소송(litigation)

무역 분쟁에 있어서 분쟁당사자들이 자기의 주장만 고집하거나 중재판정에 따른 청구에 응하지 않을 때 소송에 따라 해결하게 된다. 그러나 소송에 의할 경우 많은 비용과 시간이 들며 판결의 집행에도 문제가 있기 때문에 피하는 것이 좋다.

3 ▸▸ 상사중재

중재는 위의 네 가지 클레임 해결방법 가운데 가장 일반화되어 있고 또한 가장 권장할 만한 방법이다. 중재가 소송보다 좋은 점은 국제무역전문가의 공정한 판정, 절차가 공개되지 않으므로 당사자의 비밀보장, 단심제(單審制)에 의한 신속처리, 변호사비용 및 기타 부대비용의 절감 등이다. 또한 중재판정의 결과는 'New York Convention'(United Nations Convention on the Recognition and Enforcement of Foreign Arbitral Awards, 1958)에 의해 그 확정력과 집행력이 이 협약에 가입한 외국 내지 외국인에게 미친다.

이러한 중재는 매매당사자간의 분쟁해결을 중재에 의한다는 취지를 사전에 매매계약서나 협정서에 **'중재조항'**(Arbitration Clause)을 약정해두거나 분쟁발생 후 중재로 해결한다는 합의가 있으면 그 활용이 가능하다. 그러므로 중재조항을 계약서나 협정서에 설정할 때에 중재의 3요소인 중재기관, 중재장소 및 준거법(governing law)에 대하여 명확히 약정해 두어야 한다. 이에 따라 대한상사중재원은 다음과 같은 표준중재조항(Standard Arbitration Clause)을 계약내용에 포함시키도록 권고하고 있다.

"All disputes, controversies or differences which may arise between the parties, out of or in relation to or in connection with this contract or for the breach thereof shall be finally settled by arbitration in Seoul, Korea in accordance with The Commercial Arbitration Rules of The Korean Commerical Arbitration Board and under The Laws of Korea.

The award rendered by the arbitrator(s) shall be final and binding upon both parties concerned."

Ⅱ 클레임관련 서신

1 ▸▸ 클레임의 제기

(1) 의 의

무역거래에서 **클레임(claim)**이란 매매당사자(수출상 및 수입상)의 일방이 매매계약의 내용을 충실히 이행하지 않으므로 인하여 손해를 입은 당사자가 상대방에 대하여 손해배상을 청구하는 것을 말하며, 클레임이 일단 제기되면 쌍방이 모두 손해를 보게 된다. 즉, 클레임을 제기하는 Claimant도 손해를 입었기 때문에 클레임을 제기하는 것이고, Claimee는 손해를 배상해 주어야 하기 때문에 경제적인 손해를 입게 된다. 또한 클레임의 해결과정에 많은 시간과 비용이 들기 때문에 각별히 주의해야 하며 신속한 해결을 위하여 쌍방의 공동 노력과 상호간 어느 정도의 양보는 필수적이라 할 수 있다.

따라서 클레임 제기의 통신문은 가능한 감정적이어서는 안 되며 객관적 사실에 기초하여 냉정하고 차분히 클레임을 제기해야 하고, 클레임의 원인이나 그 책임 부분에 객관적 논리성을 갖추도록 유의하여 서술해 나가야 한다. 또한 상대방의 책임 부분만을 강조하는 것이 아닌 미래의 우호관계도 고려하여 감정적이지 않도록 주의해야 한다.

(2) 내용구성과 주요표현

① 내용구성

Opening	- (주문품 미도착시) 특정 일자에 귀사에 주문을 하였음을 명시 - (주문품의 하자시) 귀사의 선적에 대한 감사표시와 이를 수령하였음을 기재
Body	- (주문품 미도착시) 현재 아직 물품을 수령하지 않았음을 알림 - (주문품의 하자시) 수량, 품질 등 하자의 내용과 상태를 표시
Ending	- (주문품 미도착시) 문제를 확인하여 연락 부탁 - (주문품의 하자시) 파손품의 반송통지 및 대체품 내지 하자보완의 요청 - 신속한 답신과 그 해결책을 기다리겠음을 알림

② 주요표현

i) Opening

- We wish to call your attention to our order No. A101 for 1,000 sets of Electric Heaters. This order was placed three months ago for shipment in August from Hong Kong.

  ➡ to call your attention to our order No. A101: 당사의 주문(no. A101)에 대해 귀사의 주의를 환기시키고자 한다.

  ※ 유사표현: to draw your attention to our order no. A101

- The carpet you supplied to our order No. K397 of the 3rd of July was delivered by the railway company this morning.

  ➡ The carpet you supplied to our order No. K397: 당사의 주문(no. K397)에 대해 귀사가 제공한 카펫

  ※ 유사표현: The carpet you tendered(= delivered, provided, furnished) for our order No. K397

ii) Body

- Unfortunately, we have not received our order as of December 22, 2020.

  ➡ as of December 22, 2020: 2020년 12월 22일 현재로

  ※ 관련표현: at present

- However, we have not yet received your advice of shipment.

  ➡ to have not yet received your advice of shipment: 귀사의 선적통지를 아직 수령하지 못했다.

  ※ 유사표현: to have not been yet given your advice of shipment

  ※ 관련표현:

  a) We have to inform you that we have not yet received our order

No.789 of July 7, 2020.

b) We would like to draw your attention to our order No.097 which has not yet reached us as of November 6, 2020.

c) Although the delivery should have been made by the end of July according to the agreement, we have not received the goods yet.

- Ten cases of TV Set for our Order No. 10 per m/s "Fuji Maru" have reached here, but we extremely regret to have to inform you that six units in C/N 10 are different in quality from the specifications of our Order. They are quite useless for the purpose intended.

➡ to regret to have to inform you that ...: ..을 귀사에 알리게 되어 유감이다.

※ 유사표현: to be sorry(= unhappy) to have to inform you that ...

- Your consignment arrived yesterday and has been found correct with the exception of Art. No. 445 table cloth of which 50 doz. were ordered and invoiced while the package contained only 40 doz.

➡ to be found correct with the exception of Art. No. 445 table cloth: Art. No. 445 식탁보를 제외하고 적절(정확)하다.

※ 유사표현: to be found acceptable except(= except for, but for, apart from, excluding) Art. No. 445 table cloth

- On examining the consignment, however, we found that the case No.10 was broken and the contents badly damaged, as you see in the surveyor's report enclosed.

➡ we found that the case No.10 was broken and the contents badly damaged: 당사는 case No.10은 파손되어 있었고 그 내용물은 심하게 손상되어 있었음을 발견하였습니다.

※ 관련표현:

a) On examining the shipment, we have found that the material is certainly not up to the standard we expected.

b) We have received the Brass Bolts and Nuts this morning, consigned by you on 15th March, but upon opening package, we found that neither the quantities nor the sizes correspond to your invoice of that date.

c) We have to report that on inspection, we found that a number of defects in your CD-ROMS.

d) Upon unpacking the consignment, we find that the goods are much inferior in quality to our sample and also slightly different in color.

➧ the surveyor's report: 검정인 보고서

iii) Ending

- Please let us have the shipping information of our order by e-mail.

➧ to let us have the shipping information of our order: 당사 주문의 선적 정보를 당사가 알게 하시오.

※ 유사표현: to inform us of the shipping information of our order, to notify to us the shipping information of our order, to let us know the shipping information of our order

- We are returning the damaged goods at your expense.

➧ to return the damaged goods at your expense: 귀사의 비용으로 손상 물품을 반송하다.

※ 유사표현: to return the defective goods at your cost

※ 관련표현:

a) We are returning the inferior products to you for a full refund.

b) We would like to return the product to you for replacement.

c) As we wish to avoid any controversies, we have decided to return the goods.

● Would you please send us the remaining five units right away.

➡ to send us the remaining five units right away: 잔여분 5개를 바로 송부하시오.

※ 유사표현: to send us the residual(= outstanding) five units at once (= directly; immediately; outright; right now[off]; speedily; promptly; without (a moment's) delay[hesitation]; without loss of time; straight away)

※ 관련표현:

a) Would you please send us these parts and accessories which were missing immediately.

b) Please send us the balance immediately by air at your expense.

c) Please supply the shortage without fail within 15 days.

● We must ask you to send us replacements immediately at your expense.

➡ to ask you to send us replacements immediately at your expense: 귀사의 비용으로 대체품을 즉시 보내줄 것을 요청하다.

※ 유사표현: to request that you supply replacements at once at your cost.

● We hope to hear from you within the week.

➡ to hear from you within the week: 금주 안에 회답을 듣다.

※ 유사표현: to get your response by the end of this week.

(3) 클레임제기서의 예

① 클레임제기 서신

VANEKS

WAALHAVEN Z.Z. Number 12 Building Havenstaete 2,
3055 HH ROTTERDAM, THE NETHERLANDS
Tel 31 10 403 8422 Fax 31 10 411 2504

February 21, 2020

DAEYANG TECHNOVENTURE, INC.
1-183 Yeji-dong, Chongro-gu
Seoul, Korea

Gentlemen:

Five Bales of Cotton Goods for our Order No. 100 per M/S "Island Container" V23 have reached us, but we regret to have to inform you that their quality is inferior to the samples for which we placed the order.
Enclosed find sample from the goods we received. You will admit that your shipments do not come up to the quality of the sample.
We hope that you will correct the matter at once and let us know by return mail.

Yours Truly,
A Ashley
A. Ashley
Director

해설

- bale: 곤포. 면화 1곤포의 중량은 미국면의 경우 480 Lbs이고 이집트면의 경우 720Lbs이다.
- inferior to: 하급의 (= worse than)
- to come up to the quality of the sample: 견본품의 품질에 일치하다(= to conform (= comply) to the quality of the sample).
- to correct the matter: 문제를 조정하다(= to settle, resolve the matter).

② 클레임제기 Fax

ELECTRO SYSTEM S.N.C.

5842 Westpark Drive Suite 103 Charlotte, NC 28217 U.S.A.
Tel 1 704 679 3360 Fax 1 704 679 3370

FACSIMILE COMMUNICATION

To: S. Lee, Director
From: Neil Smith, Import Department
Company/Firm: SHINWON ELECTRIC Co Reference:
Department/Location:
Fax Number: 82-31-794-5099 Date: April 01, 2020
No. of pages (including this page): 1

Dear Sirs,

We wish to call your attention to our Order No. A101 for 1,000 sets of Electric Heaters.
This order was placed three months ago for shipment in August from Hong Kong. However, we have not yet received your advice of shipment. We need the goods urgently so that they may be in time for the sales season.
Please ship them by the 15th September at the latest. Otherwise, we shall have to cancel the contract.

Yours faithfully,

Neil Smith

Neil Smith
Import Department

해설

- to be in time for the sales season: 판매시기에 늦지 않다.
- to cancel the contract: 계약을 취소하다.

③ 클레임제기 E-mail

Claim in quality

File Edit View Insert Tools Message Help

Send Spelling Attachment Recorder Signature Formatting Typing Sounds

To: cliff@homemakers.co.uk

Cc:

Subject: Claim in quality

Dear Mr. Cliff,

I have received a consignment of 6 dressing tables from you yesterday, my order No. 1695, which were ordered from your summer catalogue, Cat. No. GR154. But on unpacking them I found that six heavy mahogany finished dressing tables had been sent, instead of the light pine finished units asked for. As I have firm orders for the design I asked for, I would be grateful if you could send my consignment as soon as possible, and collect the wrongly delivered goods. Thank you in advance.

Yours sincerely,

R. Hughes

해설

- on unpacking: 포장을 풀자마자
- to collect the wrongly delivered goods: 잘못 인도된 물품을 가져가시오(= to pick up the wrongly delivered goods).

2 ▸▸ 클레임의 해결

(1) 의 의

무역거래의 상대방으로부터 클레임 제기의 통신문을 수령한 당사자는 일단 클레임 제기통신문에 기재된 내용을 확인하는 절차에 들어가야 한다. 사실 확인의 결과에 따라 클레임 제기 당사자의 주장이 옳다면 이에 대한 사과가 선행되어야 하고, 그 해결책을 제시함으로써 클레임에 대한 해결을 신속히 종료하는 것이 상대방과의 미래 우호관계를 도모하기 위해서도 바람직하다.

그러나 클레임 제기 당사자의 주장이 옳지 않다면 상대방의 클레임을 거절하고 그 부당성을 충분히 입증할만한 증거와 이유를 제시해야 한다. 이 경우에도 앞으로 거래상대방과의 상호 거래관계를 고려하여 어떤 타협점을 찾으려는 노력을 하고 있음을 보여준다든지 상대방의 양해를 구한다는 내용을 서술할 필요성이 있다.

(2) 내용구성과 주요표현

① 내용구성

Opening	- 클레임제기 서신의 수취 및 반송물품에 대한 감사의 표시
Body	- 문제에 대한 조사 중인 경우 사실관계 확인과정 중에 있음을 알림 - 조사결과 책임이 있는 경우 이를 시인하고 사과의 표시와 해결책(주문품의 조속한 선적, 대체품의 선적, 하자보완 등)을 제시 - 조사결과 책임이 없는 경우 이를 객관적인 증거를 통해 분명히 밝히고 상대방의 반증을 요구
Ending	- 문제의 조사 중인 경우 그 결과를 조속히 통보하겠음을 기재 - 조사결과 책임이 있는 경우 추후 예방책을 강구하겠음을 약속 - 조사결과 책임이 없는 경우 상대방의 양해를 구하고 협조할 사항이 있으면 연락할 것을 당부

② 주요표현

i) Opening

- Thank you for your e-mail of September 22 informing us that the colors of products in your order do not match those shown in the catalog.

➡ to do not match those shown in the catalog: 카타로그에 표시된 색상과 일치하지 않는다.

※ 유사표현: to do not comply(= meet, satisfy, conform) with those shown in the catalog

- Thank you for your fax of June 2 informing us that you have not received the goods which we shipped out to you a month ago.

➡ the goods which we shipped out to you: 귀사에 출하한 물품

ii) Body

- We are now on the procedure of examining the cause of the problem you raised.

➡ on the procedure of examining the cause of the problem you raised: 귀사가 제기한 문제의 원인에 대한 조사과정 중

※ 유사표현: on the procedure of checking up(= looking into, investigating) the cause of the problem you raised

- Upon investigation we have discovered that defective goods sometimes filter in despite rigorous inspection prior to shipment. As a settlement we have arranged to reship the whole goods by the first ship available, with a special discount of 3% off the invoice amount.

➡ to filter in: 스며들다

➡ rigorous inspection: 엄격한 심사

※ 유사표현: thorough(= strict, stern, severe, scrupulous) examination

- We are sorry for the delay of the shipment, but the goods ordered are on their way to your port, and the shipping documents have already been transferred to the bank.

➡ on their way to your port: 귀 항구로 운항 중

※ 유사표현: en route to your port; on route to your port

➡ to be transferred to the bank: 은행에 인도되다.

※ 유사표현: to be forwarded(= submitted, handed over) to the bank

- The shortage of 3 units of Micro-Computer S-88 must have been caused through unskilled packing on our part, for which please accept our profound apologies.

  ➧ the shortage of 3 units: 3대의 부족분
  ※ 유사표현: the deficiency of 3 units

  ➧ unskilled packing on our part: 당사 측의 미숙한 포장
  ※ 유사표현: poor(= unskillful, inexpert, awkward, clumsy, unhandy, gawky, tactless, bungling, bunglesome, unfamiliar) packing on our part

- After careful investigation, we could not find any errors on our part, because we took every effort to fill your order as is evident from the enclosed certificate of packing inspection. Moreover, the lots were on board the ship in perfect condition which was clearly stated in the clean B/L.

  ➧ to take every effort to fill your order: 귀사의 주문을 수행하기 위해 최선을 다하다.
  ※ 유사표현: to do the utmost(= best) effort to execute your order, to do all(= everything) we can to fill your order

  ➧ as is evident from ...: ...로부터 명백한 것처럼
  ※ 유사표현: as is clear(= obvious, apparent, patent, indisputable) from ...

iii) Ending

- We are now examining the cause of the problem and will inform you of the results soon.

  ➧ to examine the cause of the problem: 문제의 원인을 조사하다.

※ 유사표현: to inspect (= look into) the cause of the problem

※ 관련표현:

a) We will let you have the results as soon as we can.

b) As we are looking into the claim at present, we cannot make any comments now.

- Please accept our apology for your trouble and we promise to execute your orders in the future with maximum care and efficiency.

➡ with maximum care and efficiency: 최선의 준비를 하여

※ 관련표현:

a) We will take all possible measures to make sure that such mis-takes will not be repeated.

b) We will take all possible steps to prevent the same mistake from being repeated.

c) We are sorry for the inconvenience and will be more careful in future shipments.

- We suggest, therefore, that you place a claim with the insurance company. We will assist you wherever possible to process the claim. Though it was quite beyond our control, we are very sorry for the in-convenience you have suffered.

➡ to place a claim with the insurance company: 보험회사에 클레임을 제기하다.

※ 유사표현: to bring(= put) forward a claim with the insurance company, to enter(= file, lodge) a claim with the insurance com-pany

(3) 클레임 해결서의 예

① 클레임 해결 서신

DAEYANG TECHNOVENTURE

1-183 Yeji-dong, Chongro-gu, Seoul, Korea
Tel 82-2-522-8863 Fax 82-2-522-8553

February 28, 2020

VANEKS COTTON Co., Ltd.
WAALHAVEN Z.Z. Number 12 Building
Havenstaete 2, 3055 HH
ROTTERDAM, THE NETHERLANDS

Dear Mr. A. Ashley:

We are very sorry to learn from your letter of October 5, that our shipment of your Order No. 100 was inferior in quality.
Upon tracing our records, we find that our shipping clerk shipped sample No. 5 Cotton Goods instead of those of sample No. 10 for which your order was given.
We are very sorry for this carelessness on our part. In order to adjust your claim at this time, we would like either to send you the right goods as soon as possible or to give you a special allowance of 20% off the invoice amount.
Please accept our apologies for the inconvenience we have caused you and let us know which of the above two adjustments is preferable to you.

Yours sincerely,

M Song

M. Song
Director, Trading Dept.

해설

- upon tracing our records: 당사의 기록을 조사해본 결과(upon investigating (= examining, inspecting, checking up) our records.)
- in order to adjust your claim: 귀사의 클레임을 해결하기 위해(= in order to settle(= resolve) your claim.)
- allowance: 할인(= reduction, price cutting, discount)

② 클레임 해결 Fax

신원전자
Shinwon Electric co.
61-1 Hang-dong, Hanam-shi, Kyunggi-do, Korea
Tel. 82-31-794-5096 Fax. 82-31-794-5099

FACSIMILE COMMUNICATION

To: Mr. Neil Smith
Company/Firm: ELECTRO SYSTEM COMPANY
Department/Location: Import Department
Fax Number: 1 704 679 3370
No. of pages (including this page): 1

From: S. Lee, Director
Reference:

Date: April 4, 2020

Dear Mr. Smith,

Referring to your letter of the 2nd September, we hasten to inform you that we shipped the whole quantity of your Order No. A101 on the 5th of September by S. S. "Awaji Maru". The shipment will reach N. Y. in a few days.
We are sorry to say that the delay in shipment was due to a late arrival in our factory of some important parts and that it was impossible for us to recover the delay in spite of our best effort.
We earnestly hope that this delay will not cause you much inconvenience and that you will be profited by the sale of your order.

Yours sincerely,

S. Lee

S. Lee
Director

해설

- to hasten to inform you: 귀사에 통지하기를 재촉하다(= to hurry, make haste, rush to inform you).
- to recover the delay: 지연을 회복하다.

③ 클레임 해결 E-mail

Re: Claim in quality

File Edit View Insert Tools Message Help

Send Spelling Attachment Recorder Signature Formatting Typing Sounds

To: r.hughes@hughes-sons.com

Cc:

Subject: Re: Claim in quality

Dear Mr. Hughes,

Thank you for yesterday's email concerning the above wrong delivery.
I have looked into it and find that our current winter catalogue lists the dressing tables you wanted under DT189. I think you must have used last summer's catalogue.
I have instructed one of our drivers to deliver the pine-finished dressing tables tomorrow and pick up the other consignment.
Rather than sending you a credit note, I'll cancel invoice No. D4451 and include another, No. D4487, with the delivery.
There is also a winter catalogue on its way to you, by post, in case you have mislaid the current one

Yours sincerely,

R. Cliff

해설

- to look into it: 그것을 조사하다.
- credit note: 대변표
- to mislay the current one: 최신 카타로그를 잘못 두어 잃어버리다.

영문계약편

제1부 국제비즈니스계약의 기초와 구성

제2부 주요 국제비즈니스계약

P · A · R · T 1

국제비즈니스계약의 기초와 구성

CHAPTER 1 국제비즈니스계약의 기초

Ⅰ 국제비즈니스계약의 정의

계약이란 당사자간의 합의로 성립된 법적인 권리의무관계를 말한다. 더 쉽게 말하면 당사자간의 합의에 법적 효력을 추가한 것이다. 이를 영어로 표현하면, "A promise or a set of promises for the breach of which the law gives a remedy, or for the performance of which the law recognizes as a duty"라고 할 수 있다.

한편 **국제비즈니스계약**이란 "상이한 국가에 주영업소를 둔 당사자간의 국제상거래(international commercial transaction)에 관한 계약"이라고 할 수 있다.

국제비즈니스계약의 중심은 국제물품매매계약(Sales Agreement)이지만 이 외에도 대리점계약(Agency Agreement), 판매점계약(Distributorship Agreement), 기술도입계약(License Agreement), 합작투자계약(Joint Venture Agreement) 등 그 형태가 매우 다양하다.

Ⅱ 국제비즈니스계약의 특성

국제계약은 계약당사자의 영업소가 서로 다른 국가에 위치하므로 동일국내에 영업소를 두고 거래하는 국내계약과는 몇 가지 다른 점이 있다. 즉, 계약당사자가 격지간에 떨어져 있기 때문에 계약이행에 많은 시간과 비용이 소요되며 이행과정에서 물품이나 서비스의 국제적 이동이 필요할 수 있다. 또한 양국은 상이한 법체계를 갖고 있기 때문에 법적용상의 불확실성이 존재한다. 나아가 통화, 언어, 관습 등이 다를 수 있으며, 양 당사자가 속한 국가가 상이한 주권국가이므로 무역거래에 관한 많은 공법적 규제가 다를 수 있다.

이러한 상황 때문에 국제비즈니스계약은 다음과 같은 특성을 지니고 있다.

첫째, **법적용과 재판관할지의 불확실성이다.**

2개국 이상에 걸쳐 이루어지는 국제비즈니스계약에 적용할 준거법(governing law)의 결정과 재판관할지(Jurisdiction) 선택에 관하여, 특히 전자의 경우 국제적인 통일법의 체약국이 되거나 그렇지 않으면 법정지의 국제사법규칙(the rules of private international law)에 따라 결정될 수밖에 없으므로 이들 양자에 관하여 명시하는 것이 중요하다.

둘째, **당사자 자치와 상관습의 중요성이다.**

국제거래에서는 법적용이 불확실하므로 당사자자치(autonomy)와 상관습의 비중이 국내거래의 경우보다 높다. 특히 매매계약에서는 인도에 관한 정형거래조건이 국제적인 통일관습으로 정착됨에 따라 이에 관한 해석규칙인 INCOTERMS가 중요한 기능을 한다. 이 외에도 신용장관습인 신용장통일규칙(UCP), 추심거래에 관한 통일규칙(URC), 공동해손에 관한 York-Antwerp Rules 등이 대표적인 무역관습이라고 할 수 있다.

셋째, **개별국가의 공법적 규제이다.**

각국은 자국 경제의 질서보호나 유지를 위하여 국제거래에 관한 공법적 규제를 가할 수 있다. 즉, 무역거래에 관한 대외무역법이나 관세법, 자본이동에 관한 외국환거래법, 외국기업의 활동에 관한 공정거래법, 독점금지법 등이 각국의 사정에 따라 제정될 수 있다.

넷째, **분쟁해결과 중재이다.**

국내거래와 달리 국제거래는 2개국 이상에 걸쳐 있으므로 양 당사자간 분쟁이 발생하여 소송에 의하여 해결하려고 할 경우 어느 국가의 법에 따를지, 어느 법원이 재판관할권이 있는지 결정하기도 어렵고 국제변호사의 선임 등 막대한 비용이 따르므로 소송의 경우보다는 중재가 더 효율적이다. 그러므로 계약체결 시 미래의 분쟁가능성에 대비하여 계약서에 중재조항(Arbitration Clause)을 두어 중재지, 중재기관 및 중재규칙 등을 미리 결정해 두는 것이 좋다. 그렇지 않고 현재 발생한 분쟁을 해결하기 위해서는 중재회부계약(Submission to Arbitration Clause)을 체결하여야 하나 이에 분쟁이 발생한 후에는 중재합의가 쉽지 않기 때문이다.

다섯째, **영미법원칙과 국제법규의 통일이다.**

국제거래는 영미법계의 국가 등이 주도함에 따라 영미상관습과 표준계약서 등이 주로 사용된다. 또한 국제거래를 규율하는 통일법규가 제정되어 국제비즈니스계약의 계약내용이 계약자유의 원칙에 따라 자유롭게 제정되기보다 정형화·표준화되어가는 추세이다.

III 국제비즈니스계약의 종류

국제비즈니스계약은 거래대상을 중심으로 나누어 보면, 물품, 서비스, 기술 및 자본과 이들의 복합형태로 나눌 수 있다.

먼저 물품을 매매대상으로 하는 계약인 **물품매매계약(Sales Agreement)**이 가장 대표적 계약형태라 할 수 있다. 여기서 '물품'의 범주에는 유형의 재화로서 유체물이 대표적이긴 하나 digital goods인 '**전자적 형태의 무체물**'도 포함된다.

국제서비스계약은 매우 다양하고 복잡하다. 우선 서비스는 수요자별(개인서비스, 기업서비스, 공공서비스), 기능별(유통서비스, 금융서비스, 교육서비스, 의료서비스), 전달체계(서비스 자체의 이동, 수요자의 이동, 생산자의 이동) 등의 기준에 따라 분류할 수 있다.

이들 가운데 국제비즈니스계약으로 빈번하게 이행되는 것은 판매점계약(Distributorship Agreement), 대리점계약(Agency Agreement) 등이 있으며, 이외에 국제고용계약(International Employment Agreement)이나 국제용역계약(International Service Agreement) 등이 있다.

국제기술계약은 특허, 상표 또는 노하우를 제공하거나 도입하기 위한 계약으로 **기술도입계약(License Agreement)**으로 수용된다. 이 계약에서는 거래대상이 특허나 상품 등의 지적재산권이나 기술정보 등이 결합된 경우가 일반적이다.

국제자본계약은 자본의 국제적 이동에 관한 계약으로 합작투자계약(Joint Venture Agreement), 국제 인수·합병계약(International Merger & Acquisition Agreement) 등이 있다.

마지막으로 위에 언급한 거래대상의 복합으로 이루어지는 국제비즈니스계약이 있다. 여기에 해당하는 것은 플랜트수출계약, 국제프랜차이스계약, 국제프로젝트 라이센싱계약 등이 있다.

이렇게 많은 국제비즈니스계약 가운데 본서에서는 계약대상이 물품인 물품매매계약(Sales Agreement)과 유통서비스계약인 대리점계약(Agency Agreement), 기술계약인 기술도입계약(License Agreement), 자본계약인 합작투자계약(Joint-Venture Agreement), 그리고 복합계약인 플랜트수출계약(Plant Supply Agreement) 등을 중심으로 검토해 보고자 한다.

CHAPTER

2 국제비즈니스계약의 구성

Ⅰ 구성도

국제비즈니스계약의 내용과 형태가 가지각색이지만 관행적으로 사용되는 형식이 있다. 일반적으로 계약서는 아래와 같이 구성되는 경우가 많다.

Ⅰ. 표제(Title) : 계약서의 명칭

Ⅱ. 전문(Non-operative Part) : 계약서의 도입(당사자, 목적 등)

  서문(commencement) : 계약일자, 계약당사자, 계약당사자의 주소

  설명조항(whereas clause; recitals) : 계약의 목적·내용·의도 함축적 기재

  약인조항(consideration clause) : 계약의 대가(영미법 전통)

Ⅲ. 본문(Operative Part) : 당사자의 권리·의무 구체적 명시

  정의조항(definitions) : 전문용어, 기술용어 사전 정리

  실질조항(specific provision's) : 계약의 유형별로 합의되어야 하는 주요 조항

  일반조항(general provision's) : 계약의 유형에 관계없이 모든 계약에 공통적으로 적용되는 조항

Ⅳ. 최종부(Finals) : 계약의 효력발생선언과 서명

○ 영문계약서의 구조

<u>....... CONTRACT</u>

THIS CONTRACT, made and entered into this ______________ day of ______________ 20____ between A and B in ____________ .

WITNESSETH:
Whereas, ...
Whereas, ...

NOW, THEREFORE, in consideration of the mutual covenants and promises of the parties as set forth hereinbelow, it is mutually agreed as follows:

Article 1 ...
Article 2 ...
Article 3 ...
.
.

IN WITNESS WHEREOF, the parties hereto have executed this CONTRACT [by causing their corporate seals to be affixed hereunto and duly attested, and these presents to be signed] by their duly authorized representatives on the date first above written.

for and on behalf of	for and on behalf of
________________ Co., Ltd. L.S.	____________________ Inc. L.S.
Signed on this __ day of __ 20__	Signed on this __ day of __ 20__
By:	By:
Name:	Name:
Title:	Title:
Attest:	Attest:
By:	By:
Name:	Name:
Title:	Title:

APPENDIX:

Ⅱ 표제(Title)

계약서의 머리부분에는 통상 표제가 기제된다. 표제는 계약내용 전체를 대표하는 용어를 사용한다. 표제는 계약의 성격이나 식별을 위하여 표시하지만 그 내용이나 해석에는 영향을 주지 않는다.

"계약"을 의미하는 단어로는 "Contract"나 "Agreement"를 사용한다. 두 단어간 차이는 없는 것으로 일반적으로 이해되고 있으나 엄격히 말하면 전자는 하나의 약속에 대하여 법적 의무와 그 위반시 법적 구제가 주어지는 것을 말하고, 후자는 2인 또는 그 이상 관계자들 간의 동의 또는 합의의 표시로 전자보다 넓은 의미를 갖고 있는 것으로 해석된다. 그러나 실무적으로는 양자를 동의어로 사용하고 있기 때문에 구별할 실익이 없다. 다만 혼란을 피하기 위하여 계약서 전체에 걸쳐 가능한 한 어느 한 용어만 사용하는 편이 좋다.

Ⅲ 전문(Non-operative Part)

1 서문(Commencement)

서문에는 계약체결일자, 계약당사자 및 당사자의 주소를 명기한다. 계약서는 특별한 경우를 제외하고 계약서의 일부(日附) 또는 계약체결일로부터 효력을 갖지만, 계약의 효력이 행정청의 인가를 조건으로 하는 경우에는 다를 수도 있다.

주소는 계약당사자의 동일성을 명확히 하기 위하여 당사자의 완전한 명칭과 주소를 기재하여야 하고 당사자가 법인인 경우에는 법인설립의 준거법도 명기하여야 한다. 또한 계약당사자의 명칭은 계약서에 여러 번 반복되기 때문에 번거로움을 피하기 위하여 약칭을 사용할 수 있다.

○ 서문의 예

> "This Agreement made this ……day of ……200X by and between ABC Co., Ltd., a corporation duly organized and existing under and by virtue of the laws of Korea, with its registered office at……Korea(hereafter called ABC) and XYZ Inc., a corporation duly organized and existing under and by virtue of the laws of the State of Delaware, U.S.A., with its principal place of business at …… New York, U.S.A. (hereinafter called XYZ)
> WITNESSTH THAT:"

2 ▸▸ 설명조항(Whereas Clause)

설명조항은 계약체결의 목적, 계약내용 및 계약체결의 경위나 경과를 나타낸다. 설명조항의 법적 효력에 관하여는 명확하지 않으나 명시적으로 배제하지 않는 한 당사자간 합의의 일부분으로서 계약내용의 일부가 되며, 특히 계약내용의 해석에 관하여 당사자간 이견이 있을 경우 그 해석의 기준이 되기도 한다. 따라서 이 부분에 당사자간의 의도와는 달리 구속력 있는 약정 내용의 일부가 되는 것을 방지하기 위하여 가능한 한 당사자간의 약정사항이나 구체적이며 특정적인 사항을 기재하지 않도록 유의하여야 한다. 다만 설명조항 내용의 작성시 다음 2가지 사항을 항시 염두해 두어야 한다.

첫째, 상대방이 설명조항을 신뢰한 경우 "表示에 의한 禁反言"(estoppel by representation)의 법리에 의하여 이에 반하는 주장을 할 수 없다.

둘째, 계약당사자 중 일방이 설명조항을 계약의 담보(warranty)로 하든가 조건(condition)으로 하는 경우 이를 본문의 합의내용 중에 포함시킬 필요가 있다. 영국법에서는 계약조건을 "warranty"와 "condition"으로 구분하여 그 위반의 효과를 달리 규정하고 있다

○ 설명조항의 예

"WHEREAS, ABC is engaged in the business, among other thing's of manufacturing and selling ……(name of merchandise), and

WHEREAS, XYZ is engaged in the business, among other things, of importing and selling……(name of merchandise), and

WHEREAS, ABC and XYZ are desirous of jointly organizing a corporation to manufacture and sell……(name of merchandise) and such other merchandises as ABC and XYZ may agree in writing from time to time on the terms and conditions hereinafter set forth."

3 ▸▸ 약인조항(Consideration Clause)

영문계약서에는 whereas 조항에 이어 "in consideration of"라는 약인조항이 등장한다. "in consideration of"는 "약인" 또는 "대가"로 번역하며, 전통적인 영미법의 법리에서는 계약이 유효하게 성립되기 위해서는 약인의 존재가 필요하다는 이론에서 비롯된 것이다. 이것은 원래 거래를 증여와 구별하고, 호의적인 증여의 성질을 갖는 약속을 강제집행하는 것은 부당하다는 취지에서 출발한 것으로 강제집행력을 갖기 위해서는 약인의 존재를 명시할 필요가 있음을 반영한 것이다.

'약인조항'은 오늘날 전통적이고 역사적 의미를 갖는데 불과하며, 이 조항을 삽입하므로 약인문제가 해결된 것으로 보는 경우가 많다.

○ 약인조항의 예

"NOW, THEREFORE, in consideration of the premises and mutual covenants herein contained, ABC and XYZ hereby agree as follows: to time on the terms and conditions hereinafter set forth."

Ⅳ 본문(Operative Part)

1 정의조항(Definition)

국제비즈니스계약, 특히 독점판매점계약, 합작투자계약, 기술도입계약, 프랜차이스계약 등은 계약내용이 복잡하고 전문용어나 기술용어가 등장할 가능성이 있기 때문에 본문의 시작에 앞서 그 정의를 내리는 것이 일반적이다. 또한 계약서에서 반복하여 사용될 용어나 문구가 있을 경우 이를 표시하는데 긴 표현을 써야 하는 번잡함을 피하고 그 의미와 범위가 애매모호할 경우 이를 명확히 하고 계약서 작성의 편의를 위하여 축약표현을 사용할 수 있다. 이 경우 "hereinafter referred to as xxx"와 같은 표현을 사용한다.

정의는 강행법규에 위반되지 않는 한 당사자간 자유의사로 합의할 수 있으나, 그 정의에 따라 당사자간의 권리·의무에 영향을 받을 수 있으므로 신중하여야 한다.

○ 정의조항의 예

> "Technical Information means all the technical knowledge, know-how, standard calculations, data and information developed or otherwise generally used by Licensor pertaining to the manufacture, use and sale of the licensed product."

2 실질조항(Specific Provisions)

국제비즈니스계약은 계약목적의 국제적 이동에 관한 계약으로 그 계약목적대상의 종류에 따라, 그리고 이동의 조건과 형태에 따라 계약형태가 달라진다. 따라서 실질조항(Specific Provisions)은 이러한 계약대상의 이동에 따른 실질적 내용 및 조건을 나타낸 것으로 그 계약의 특징적인 조건들을 담고 있다. 따라서 계약서 본문의 핵심은 실질조항에 있다 해도 과언은 아니다. 물론 이러한 계약대상과 이동조건을 가장 압축하여 표시한 것이 표제이다. 대표적인 국제비즈니스계약의 표제나 실질조항을 요약하면 다음과 같다.

| 계약종류별 실질조항 |

표 제	실질조항
매매계약 (Sales Agreement)	품질, 수량, 가격, 선적, 결제 등 매매조건
판매점계약 (Distributorship Agreement)	독점판매권부여, 최초주문액, 품질보증, 기술지원
대리점계약 (Agency Agreement)	대리점의 지정, 대리점의 성격, 수수료 지급 등
기술도입계약 (License Agreement)	제공된 기술의 내용, 기술료, 비밀보장, 권리침해
합작투자계약 (Joint-Venture Agreement)	회사설립, 자금조달, 기업경영, 이윤배분 등
고용계약 (Employment Agreement)	고용인원수, 고용인원의 자격, 고용조건 등

실질조항은 계약의 핵심적 내용으로 거래대상의 종류와 내용, 거래의 형태 등에 따라 달라진다. 따라서 그 예를 살펴보는 것은 생략하고 이에 관하여는 다음 제2부에서 계약서별로 자세히 검토하고자 한다.

3 ▸▸ 일반조항(General Provisions)

실질조항에 반하여 일반조항은 당해 계약의 유지·관리에 필요한 조항으로 계약의 종류나 내용에 관계 없이 대동소이하다. 일반조항은 계약의 유지·관리가 목적이기 때문에 모든 당사자에 동시에 적용되도록 계약당사자를 구분할 필요 없이 "either party"(어느 당사자)라는 가치중립적 표현이 자주 사용된다.

국제비즈니스계약의 대표적인 일반조항을 요약하면 다음과 같다.

| 주요일반조항 |

주요일반조항	내 용
발효일, 계약기간, 계약종료 (effective date, duration, termination)	계약발효일, 계약기간 및 계약종료사유 등을 관리, 규제함
준거법(governing law)	명시조건이나 관습이 없는 경우 계약의 공백을 보충
중재(arbitration)	계약에 따른 분쟁해결방안
비밀유지(secrecy)	계약관련 각종 비밀의 유지
불가항력(force majeure)	불가항력으로 인한 계약불이행에 관한 면책규정
양도(assignment)	상대방의 동의 없이 양도불허규정
통지(notice)	통지방법, 통지의 효력발생시기 등 규정
완전합의(entire agreement)	계약과 타문서와의 관계규정
권리불포기(non-waiver)	계약상 권리의 불행사에 따른 효과규정

(1) 계약기간(Duration, Term)

모든 계약에는 계약의 효력이 개시되는 시기(始期)와 계약의 효력이 끝나는 종기(終期)가 있다.

시기는 계약서의 작성일 또는 서명일이지만 기술도입계약이나 합작투자계약과 같이 경우에 따라 관련기관의 허가가 필요한 경우 이를 취득한 일자를 시기로 할 수 있다. 계약의 **종기**는 계약의 만기일이 도래한 만료일(date of expiration)과 계약기간 중도에 그 효력이 끝나는 종료일(date of termination)이 있다.

계약기간이 만료되어 이를 연장하고자 할 경우, 당사자가 협의하여 새로이 계약기간을 정하는 경우와 자동적으로 갱신하는 방법이 있다. 후자의 경우, 계약만료 전 일정기간까지 일방이 상대방에게 계약종료의 의사표시를 하지 않는 한 자동적으로 갱신되도록 하는 방법이 있다. 어떤 방법이든 이를 계약서에 명기하여야 한다.

○ 자동갱신조항의 예

"This Agreement shall be valid and in force for a period of three (3) years commencing from the date hereof first above written and unless either party gives the other party at least six (6) months before the termination of this Agreement a written notice of intention to terminate, this Agreement shall be extended for a further period of ______ years, subject to the validation of the Governments of the parties concerned."

○ 협의 하에 갱신하는 조항의 예

"This Agreement shall be valid and in force on the day of their signature by the both parties and shall remain in force for a period of three (3) years. At least six (6) months before the expiration of the term, both parties shall consult with each other for renewal of this Agreement. If the renewal is agreed upon, this Agreement shall be renewed for another three (3) years' period under the terms and conditions herein set forth or with amendments. Unless agreed, this Agreement shall terminate on expiry of the original three (3) years' term."

(2) 계약종료(Termination)

국제비즈니스계약에서 계약이 종료되는 경우는 다음 3가지로 나눌 수 있다.

- 계약의 이행에 따른 종료
- 계약위반에 따른 계약해제권의 행사
- 계약을 지속하기 어려운 조건이 발생

위의 3가지 가운데 두 번째와 세 번째 경우를 보다 자세히 살펴볼 필요가 있다. 먼저 계약위반의 경우 모든 경우에 **계약해제권**이 주어지는 것은 아니다. 영미계약법에서는 계약조건을 조건(condition)과 담보(warranty)로 나누어 전자의 경우 계약해제권을 부여하지만 후자의 경우에는 손해배상청구권만 부여한다. 국제물품매매계약에 관한 UN협약(United Nations Convention on Contracts for the International Sale of Goods(1980) : CISG)에서는 계약해제권을 상대방의 계약위반이 **근본적 위반(fundamental breach)**의 경우와 **추가이행기간 내에 이행하지 않는 경우**에 한정하고 있다. 여기서 "근본적 위반"이란 계약위반이 그 계약에서 상대방이 기대할 것을 실질적으로 박탈할 정도의 손해를 상대방에게 주었을 경우이다(CISG 제25조).

한편 계약위반은 아니지만 계약을 지속하는데 지장을 초래할 일정한 조건이 발생하는 경우에는 계약을 종료하도록 규정할 수 있다. 그 일정한 조건에는 사기(fraud), 파산(bankruptcy), 지급불능(insolvency), 청산(dissolution) 등 구체적으로 명기하여야 한다. 이외에도 불가항력조항(force majeure)이나 매도인의 선적지연과 매수인의 신용장 개설지연시를 대비한 손해배상액의 예정조항(liquidated damage clause)에서 이들 사유가 일정기간을 초과하는 경우 계약을 해제할 수 있는 조항을 삽입할 수 있다.

계약이 종료되면 종료의 효력이 그 이전의 계약 및 계약당사자의 채권·채무에는 아무런 영향을 미치지 않는다. 따라서 이를 새삼스럽게 계약서에 명시할 필요가 없으나 분쟁을 막기 위하여 명시할 수도 있는데 이를 확인규정이라고 한다.

○ 계약위반에 따른 계약종료조항의 예

> "In the event either party should violate any term or condition of this Agreement or fail to perform any of their obligations or undertakings hereunder, the other party may notify the defaulting party of such default and if such default is not remedied within thirty (30) days after such notice, the party giving such notice shall have the right, at its option, to declare this Agreement terminated forthwith. The loss and damages sustained thereby shall be indemnified by the party responsible for such default and/or breach hereof."

해설

- obligations or undertaking: 채무나 의무
- default: 불이행

- forthwith: 즉시
- to indemnify: 보상하다.

○ 일정조건의 발생에 따른 계약종료조항의 예

"In case of bankruptcy or insolvency or death or reorganization by the third party of the other party, either party may terminate this Agreement without any notice to the other party forthwith."

해설

- reorganization: (조직 등의) 개편, 재편성

○ 확인조항의 예

"Even after the termination of this Agreement by any reason whatever, the provisions of this Agreement shall be applicable to the transactions already concluded before the termination of this Agreement and such termination is without prejudice to any claim for any antecedent default and/or breach hereof."

해설

- without prejudice to: …에는 영향을 주지 않고
- antecedent: 앞서의, 선행하는

(3) 불가항력(Force Majeure)

계약체결 후 사람이 예측할 수 없고 통제할 수 없는 사태가 발생하여 당사자의 계약의무를 이행할 수 없는 경우가 있다. 즉, 당사자의 책임이 없는 사유로 계약이행이 불가능하게 된 경우 당사자에게 책임을 부담시킬 수 없는 경우가 있는데, 이와 같은 현상을 **불가항력(force majeure)**이라고 한다.

그렇다면 불가항력이 성립하기 위하여 어떤 요건이 충족되어야 하며, 구체적으로 불가항력이 어떤 사태를 의미하는지, 불가항력으로 계약이행이 불가능하게 된 당사자는 어떤 책임을 지는지, 어떤 경우에 면책이 되는지, 또한 어떤 경우에 계약해제가 가능한지 등에 관하여 당사자간 약정이 필요하다.

특히 불가항력사태 발생 후 일정기간이 경과하면 자동적으로 계약이 소멸되는지 또는 계약해제권이 생기는지도 결정해 두는 것이 당사자간 상호 필수적이라 할 수 있다. 또한 계약서에는 통상 불가항력사태가 발생하면 자동적으로 면책되지 않고 상대방에게 통지하고 증빙서류를 제시하며 일정기간 이상 그 사태가 지속될 경우에 상대방은 계약해제권을 갖도록 규정하고 있다.

○ 불가항력조항의 예

"In the event of any delay in performance or failure of performance of obligation under this Agreement by either party due to any causes arising from or attributable to acts, events, omissions, accidents or acts of God beyond the reasonable control of the party concerned, including but not limited to strike, lockout, shortage of labour or other labour troubles, interruption of transportation, embargo, prohibition of import or export of the products covered hereby, governmental orders, restrictions, riot, invasion, war (declared or undeclared), fire, explosion, sabotage, storm, flood, earthquake, fog, epidemics, inability to obtain suitable raw material, fuel, power, and components, such delay or failure of performance shall not be deemed a default and the party so delayed or prevented shall be under no liability for loss or injury suffered by the other party thereby.

However, if the performance of this Agreement is wholly suspended for a period of three (3) months, either party may terminate the same by at least thirty (30) days' notice in writing to that effect."

해설

- omissions: 부작위
- including but not limited to: … 등
- to that effect: 그러한 취지로

(4) 이행가혹(Hardship)

계약체결 후 정치·경제적 사정으로 계약에서 정한 채무를 이행하는 것이 불가능하지는 않으나 현저하게 부담이 되는(onerous) 사태가 발생할 수 있다. 특히 장기계약의 경우 가격이나 환율의 폭등에서 이러한 사태가 발생할 위험

성이 높다. 이러한 경우 채무이행이 불가능하지 않기 때문에 불가항력에는 해당하지 않는다.

따라서 Hardship을 당한 당사자는 면책을 주장할 수는 없으나 사정변경에 따라 Risk를 회피하기 위하여 계약서에 "**Hardship Clause**"를 설정하기를 원할 것이다. 즉, Hardship 조항을 통하여 사정변경으로 양 당사자의 계약의무에 발생한 심한 불균형을 수정하기 원할 것이다.

CISG에는 Hardship에 관한 언급이 없으나 1994년에 발표된 "**국제상사계약에 관한 UNIDROIT원칙**"(Principles of International Commercial Contracts; 이하 UNIDROIT원칙)에는 Force Majeure 조항(제 7.1.7 조)과 함께 Hardship에 관한 규정을 두고 있다(제 6.2.1–제 6.2.3). 여기서는 Hardship을 "계약의 균형을 근본적으로 변경하는 사건발생"(occurrence of events fundamentally alters the equilibrium of the contract)으로 정의하고, Hardship의 발생으로 불이익을 당한 당사자는 재협상(renegotiation)을 요구할 권리를 가지며, 이러한 재협상이 상당한 기간 내에 합의에 이르지 못하면 법원에 호소할 수 있다. 이때 법원은 계약의 해제나 계약조건을 변경하도록 판결할 수 있다.

UNIDROIT원칙은 국제적인 통일법이 아니기 때문에 계약당사자가 자신들이 계약서에서 준거법으로 명기하였다 하여도 사건이 소송에 회부되면 법원에서 이를 준거법으로 인정할지 의문이다. 단지 준거법에 이에 관한 규정이 없는 경우 **법의 일반원칙**(general principles of law)으로 간주되어 준거법을 보충하는 기능을 할 수 있을 것으로 기대 된다. 그렇지만 사건이 중재에 회부되면 중재인들은 반드시 준거법에 따라 중재하여야 할 의무가 없기 때문에 본 원칙의 적용가능성이 높아질 수 있다. 따라서 준거법의 선택과 관계없이 계약서에 Hardship조항을 삽입하는 것이 보다 안전하다고 할 수 있다.

○ Hardship조항의 예

> "Substantial hardship shall mean if at any time or from time to time during the term of this Agreement, without default of the party concerned, there are the occurrences of an intervening event or change of circumstances

beyond the said party's control, when acting as a reasonable and prudent operator, such that the consequences and effects of which are fundamentally different from what was contemplated by the parties at the time of entering into this Agreement……the party claiming that it is placed in such a position as aforesaid may by notice request the other for a meeting to determine if said occurrence has happened and, if so, agree upon what, if any, adjustment in the price then in force under this Agreement and/or other terms and conditions thereof its Agreement and/or other terms and conditions thereof is justified in the circumstances, in fairness to the parties to alleviate said consequence and effects of said occurrence.

If the seller(s) and the buyer(s) have not agreed a mutually acceptable solution within 60days after the notice requesting a meeting……either party may request the matter to be submitted to arbitration."

해설

- substantial hardship: 실질적 장애
- without default of the party concerned: 관련 당사자의 과실 없이
- to alleviate: 경감하기 위하여
- to submit arbitration: 중재에 회부하기 위하여

(5) 계약양도(Assignment)

양도는 전부양도와 일부양도로 나눌 수 있고, **전부양도**는 계약당사자의 변경을 의미하며, **일부양도**는 계약당사자의 권리 및 의무의 내용을 일부 변경하는 것을 말한다.

계약서에 양도에 관하여 별도의 명시가 없으면 양도가 가능한 것으로 해석되기 때문에 양도를 금지하거나 제한하고자 할 경우에는 그 취지를 명기하여야 한다.

○ 양도조항의 예

"Either party shall not assign this Agreement to any other person without the other party's prior consent in writing. In the event of assignment with the written consent of the other, the one shall not be relieved from its obligations under this Agreement and shall be held responsible for its performance."

해설

- to be relieved: 면제되다.

(6) 이행보증(Performance of Guarantee)

국제거래에서 상대방의 계약위반을 우려하여 이에 대비한 조항을 둘 수 있다. 하나는 **이행보증조항**이며 다른 하나는 **손해배상액의 예정조항**이다.

이행보증조항은 상대방의 계약이행을 압박하기 위하여 계약금액에 대한 이행을 상대방이 거래은행으로 하여금 보증하도록 하는 방법이다. 구체적인 보증수단으로는 보증장(Letter of Guarantee), 채무보증신용장(Standby Letter of Credit), 이행보증서(Performance Bond) 등이 있다. 이 가운데 채무보증신용장이 국제간 보증에서는 많이 사용되고 있다. 국제물품매매계약에서는 매도인이 주로 매수인에게 자신의 의무를 이행할 것을 보증한다.

○ 이행보증조항의 예

"As security for the full performance of its obligation under this Agreement, Seller shall cause Standby Letter of Credit equivalent to 20 percent of contract price to be issued in favor of Buyer within 30 days of the date of this Agreement"

해설

- security: 담보
- Standby Letter of Credit: 보증신용장

(7) 손해배상액의 예정(Liquidated Damage)

국제비즈니스계약의 불이행에 따른 손해배상액과 관련하여 가장 어려운 점이 손해배상의 범위이다. 손해를 입은 당사자가 손해배상청구시 손해액을 입증

하기란 쉬운 일이 아니다. 따라서 계약체결시 일방 당사자가 특정 의무의 불이행에 대하여 상대방에게 지급할 손해배상액을 미리 정하는 규정을 마련하게 되는데 이를 **손해배상액의 예정(liquidated damages)**이라고 한다. 이러한 예정금액은 합리적으로 산정되어야 하며, 부당할 정도로 과다할 경우에는 제재적 성격을 갖는 위약금(penalty)으로 간주하여 영미법에서는 이를 강제할 수 없도록 규정하고 있다.

우리나라 민법은 손해배상액의 예정을 인정하고 지나치게 과다할 경우 법원은 적당히 감액할 수 있도록 규정하고 있다(제398조 제1항 및 제2항). 한편 CISG에는 이에 관한 언급이 없으나 UNIDROIT원칙도 우리나라 민법과 같이 손해배상액의 예정을 인정하고 그 금액이 불이행에 따른 손해보다 지나치게 과한(grossly excessive) 경우에는 감액할 수 있도록 규정하고 있다(제 7.4.13 조).

국제물품매매계약에서는 매수인의 주문시기와 매도인의 선적시기와 관련하여 손해배상액의 예정조항을 사용하므로 주문과 관련된 신용장 개설시기 및 물품선적시기를 지키도록 압박할 수 있다. 손해배상액의 예정조항은 특히 건설도급계약(construction contract) 등에 많이 사용된다.

○ 손해배상액의 예정조항의 예

> "If the Seller fails to deliver any or all of the products within the time period specified in the Agreement, the Buyer shall deduct from the Contract Price, as liquidated damages, a sum equivalent to 2% of the price of the delayed products for each week of delay until to a maximum deduction of 10% of the price of the delayed products.
>
> Once the maximum is reached, the Buyer may terminate this Agreement"

해설

- to deduct from the Contract Price: 계약가에서 차감하다.

(8) 보증(Warranty)

물품과 용역을 제공하는 자는 그들의 제공대상 물품 내지 용역이 거래에 적합할 것이라고 상대방에 보증하게 되는데 이에 관한 조항을 **보증** 또는 **담보조**

항(warranty clause)이라 한다. 이것은 거래대상의 계약적합성을 의미하며, 이러한 적합성은 물질적 측면의 적합성과 권리적 측면의 적합성으로 나눌 수 있다. 전자에 해당하는 것은 물품의 품질, 성능 또는 규격 등의 계약적합성을 의미하며, 후자는 지적재산권 등 권리측면에서 제3자의 청구권으로부터 자유로운 물품을 인도할 것을 의미한다.

보증에는 **명시적 보증**(express warranty)과 **묵시적 보증**(implied warranty)이 있다. 명시적 보증이란 매도인이 보증하는 계약적합성의 내용을 설명서, 견본, 모델 등 명시적 기준으로 제시하는 것을 말한다. 이에 반하여 묵시적 보증이란 계약적합성의 기준을 명시적으로 제시하지는 않았지만 통상적으로 이 정도의 보증은 있어야 한다고 하는 것을 관습 또는 법규의 뒷받침에 의하여 인정 또는 추정되는 보증을 의미한다.

즉, 매매되는 물품은 **판매적합성**(merchantable quality)을 지녀야 하며, 그 물품과 동일한 명세의 물품의 **통상적 사용목적**(fitness for a ordinary purpose of use)에 적합하여야 하고, 만약 특정목적이 매도인에게 알려졌다면 **특정목적적합성**(fitness for a particular purpose of use)이 확보되어야 한다. 국제적인 통일매매법인 CISG는 우리나라 민법의 하자담보책임에 해당하는 물품의 계약적합성의무를 규정하고 있다(제35조). 또한 CISG는 물품에 대한 계약적합성의무 외에 권리측면에도 자유로운 물품을 인도하도록 규정하고 있다(제41조, 제42조).

명시적 보증은 원칙적으로 이를 부인, 배제할 수 없다. 그러나 묵시적 보증은 다음의 방법으로 배제(disclaimer)할 수 있다.

첫째, 명확하고도 분명한 방법에 의한 배제로, 통상 대문자로 보다 명료하게 표시하여 배제한다.

○ 묵시적 보증 배제조항의 예

> "The parties agree that the implied warranties of merchantability and fitness for a particular purpose and all other warranties, express or implied, are EXCLUDED from other transaction and shall not apply to the goods sold."

둘째, "AS IS"(현재 그대로), "WITH ALL FAULTS"(하자의 가능성이 있는 상태로) 등의 표현을 기재한 후 상대방에게 이를 확보할 수 있는 기회를 주는 경우이다.

물품의 보증은 물품자체의 품질보증과 제조물책임보증, 그리고 권리에 대한 보증인 권리침해조항의 예를 들 수 있다.

○ 품질보증조항의 예

> "The Seller represents and warrants that the Goods are of no defect in the design and manufacture and conform to the Specification.
>
> The Seller further represents and warrants that the Goods are merchantable and conform to the special purpose intended by the Purchaser."

해설

- to represent and warrant: 단언(기술)하고 보증하다.

○ 제조물책임조항의 예

> "The Seller shall be responsible for any claim, liability, loss or damage arising from the defect of the Goods in their design, manufacture or labeling(including warning notice) and shall indemnify and hold the Buyer harmless form any claim under product liability theory."

해설

- to indemnify and hold the buyer harmless: 매수인에 보상하고 피해가 없도록 하다.

○ 권리침해조항의 예

> "The Seller represents and warrants that it has all requisite title and right in the Goods and that the Goods do not infringe any third party's intellectual property right.

> In case any claim of infringement is lodged against the Buyer regarding the Goods, the Seller shall indemnify and hold the Buyer harmless from any liability or loss."

해설

- intellectual property right: 지적재산권
- to lodge a claim: 클레임을 제기하다.

(9) 중재(Arbitration)

국제비즈니스계약에서 발생하는 분쟁을 해결하는 방법은 일반적으로 3가지가 있다.

첫째는 계약당사자간 **화해(amicable settlement)**로 해결하는 방법인데 가장 바람직하고 일반적인 방법이며, 실제로 대부분의 분쟁이 이에 따라 해결되고 있다.

둘째는 **소송(litigation)**에 의한 방법이다. 원고(plaintiff)가 피고(defendant)를 상대로 피고 거주지 법원에 제소한다. 소송은 비용도 많이 들지만 무엇보다도 타국에서 내려진 판결(decision)에 대해 법원이 집행력을 그대로 인정하는 경우는 매우 드물다. 우리의 경우 민사소송법 제217조에서 외국법원의 판결이 우리나라에서 집행력을 가지기 위한 요건을 정하고 있는 바, 동조 제4항을 보면 상대국가에서 우리나라 판결을 인정하는 경우에 한하여 외국판결의 집행력을 인정하고 있다. 국제비즈니스계약에서 분쟁이 당사자간의 합의로써 원만히 해결되지 않는 경우, 공권력을 빌어 이를 강제적으로 해결하기 위해 부득이 소송제도를 이용하게 된다. 이러한 소송의 결과물로 나온 판결이 결국 강제력을 가지지 못한다면 분쟁해결수단으로서의 가치를 상실하게 되고 만다. 따라서 이러한 위험이 있는 소송에 의뢰하는 것은 적절하지 않다.

셋째는 **중재(arbitration)**로 계약당사자가 상호 합의하여 공정한 제3자를 선임한 후 그의 판단에 복종하여 분쟁을 해결하는 방법이다. 중재는 소송에 비하여 비용, 기간, 비공개성, 효력의 국제성 등의 측면에서 소송보다 나은 분쟁해결방식이라고 할 수 있다. 분쟁을 중재로 해결하기 위해서는 중재계약, 즉 당사자간 합의가 필요한 바, 분쟁발생 전 장래 분쟁발생에 대비하여 합의하는 것

을 **중재조항(arbitration clause)**이라고 하고 분쟁발생 후 이를 중재에 회부하기로 합의하는 **중재회부계약(submission to arbitration)**이라고 한다.

당사자간의 중재계약은 직소금지(直訴禁止)의 효력과 함께 독립성을 갖기 때문에 중재계약이 있으며 당사자는 법원에 소송을 제기할 수 없을 뿐만 아니라, 중재조항이 포함된 계약의 일부가 무효가 될 경우에도 중재조항 자체는 유효하다. 중재판정의 효력이 승인 및 집행을 보장받도록 하기 위하여 1958년 **「외국중재판정의 승인 및 집행에 관한 국제연합협정」(The United Nations Convention on the Recognition and Enforcement of Foreign Arbitration Award**; 일명 N.Y. 협약)이 제정되었으며 2015년 8월 현재 156개국이 가입하여 국제적인 통일법으로 자리를 잡게 되었다.

계약당사자가 거래과정에서 생긴 분쟁을 중재로 해결하기를 원할 경우 중재조항에 3가지 요건, 즉 중재지, 중재기관 그리고 준거법을 명기하여야 한다. 이 가운데 가장 중요한 것이 중재지이다. 준거법과 중재기관은 선정된 중재지의 실체법과 상설중재기관으로 하는 것이 편리하다. 중재지는 피신청인 국가로 하는 것이 일반적이나 합의가 되지 않으면 제3국으로 할 수 있다. 제3국의 경우 UN본부가 있는 뉴욕이나, ICC 본부가 있는 파리가 주로 지정된다.

대한상사중재원에서는 표준중재조항(Standard Arbitration Clause)을 제정하여 계약서의 중재조항으로 사용하도록 권장하고 있다.

○ 표준중재조항의 예

> "All disputes, controversies, or differences which may arise between the parties, out of or in relation to or in connection with this contract or for the breach thereof, shall be finally settled by arbitration in Seoul, Korea in accordance with the Commercial Arbitration Rules of The Korean Commercial Arbitration Board.
>
> The award rendered by the arbitrator(s) shall be final and binding upon both parties concerned."

위의 표준중재조항에서 "out of or in relation to or in connection with this contract"란 문언이 사용되고 있는데 이는 단순히 "arising out of"만 사용하는 경우보다 중재의 대상이 되는 분쟁의 범위가 넓다는 것을 의미한다. "arising out of the contact"(계약으로부터)라는 문언만 있을 경우에는 그 계약이 유효하게 성립되어 그 계약으로부터 발생하는 분쟁만 중재의 대상이 되며 계약의 유효성에 관한 문제는 중재의 대상이 되지 않는다. 그러나 여기에 "in relation to"나 "in connection with"(계약과 관련해서)라는 문언이 추가되면 계약과 관련되는 문제, 즉 계약의 유효성 문제도 중재의 대상이 된다.

중재판정은 법원의 확정판결과 같은 효력인 **기판력(旣判力, res judicata; collateral estoppel)**을 갖는다. 중재판정이 기판력을 갖는다고 하여 집행권한이 자동으로 부여되지는 않는다. 중재판정의 승인 및 집행은 법원의 집행판결을 받아야 가능하다.

(10) 재판관할(Jurisdiction)

계약의 분쟁해결방법을 중재에 따라 해결할 것을 합의하지 않는 한 분쟁은 최종적으로 재판에 의하여 해결된다. 재판에 의한 해결의 경우 소송을 제기할 법원을 당사자간 결정하는 것을 **재판관할**이라 한다.

일반적으로 계약당사자의 영업소가 서로 다른 국가에 위치하고 있는 국제비즈니스계약에서는 "원고는 피고의 관할법원에서 제소하지 않으면 안 된다"는 원칙에 따라 재판관할권이 있다고 판단하여 원고승소판결을 내렸다고 하더라도 이를 집행하기 위해서는 피고국가의 법원에 외국판결의 승인 및 집행을 청구하는 소송을 제기하여 집행판결을 받아야 한다.

현실적으로 대부분의 국가가 외국판결의 승인 및 집행에 관하여는 해당외국과의 사이에 **상호보증**을 요구하기 때문에 이 요건을 충족하는 경우는 매우 드물다. 따라서 원고는 피고가 거주하는 국가의 법원에 소송을 제기하는 것이 바람직하다.

그렇지만 당사자가 계약체결시에는 어느 당사자가 계약을 위반할지 모르기 때문에 누가 원고가 될지 알 수 없다. 이 경우 당사자가 합의한 법원이 일반적으로 재판관할권을 갖는다.

○ 재판관할조항의 예

> "This Agreement shall be construed and governed by and under the laws of the Republic of Korea. The courts of the Republic of Korea shall have jurisdiction over all disputes which may arise between the parties with respect to the execution, interpretation and performance of this Agreement and the parties shall waive any other forum to which they might be entitled by virtue of domicile or otherwise."

해설

- to be construed and governed: 해석되고 규율되다.
- to lodge a claim: 클레임

(11) 준거법(Governing Law)

국제비즈니스계약에서 그 계약의 성립, 이행 및 불이행에 대한 구제 등 계약상의 문제로서 당사자가 명시하지 않는 것에 대하여 어느 국가의 법에 따를 것이냐 하는 것이 바로 **준거법** 문제이다. 실제 계약의 준거법 선정에 관한 문제는 각국의 입법례나 학설이 다양하지만 크게 객관주의와 주관주의로 나눌 수 있다.

전자의 경우 준거법은 당사자의 의사와 관계없이 그 국가의 **국제사법규칙**에 따라 체결지주의(스위스, 미국의 몇몇 주), 이행지주의(중남미제국, 미국의 몇몇 주), 채무자의 본국법주의가 있다.

후자의 주관주의를 취하는 준거법 선택에서 **당사자자치의 원칙**(한국, 일본, 영국, 독일, 프랑스 등)을 중시하고 있다.

계약서에 준거법조항을 둘 때에는 재판관할권조항과 관계를 고려하여야 한다.

국제물품매매계약에서는 1988년부터 발효된 CISG가 준거법이 되는 것이 바람직하다. CISG의 체약국에 거주하는 당사자간 거래에서는 별도의 명시가 없는 한 당사자의 영업지가 위치하고 있는 국가만 체약국이고 상대국은 비체약국인 경우에는 법정지의 국제사법규칙에 따라 체약국의 법이 적용될 경우에는 CISG가, 비체약국법이 적용될 경우에는 비체약국의 국내법이 적용된다. 그렇지만 양 당사자의 영업지가 소재한 국가가 모두 비체약국인 경우에는 CISG는 적용될 수 없다. 이 경우에도 CISG가 적용되기 위해서는 계약의 준거법조항에 그 취지를 명시하여야 한다.

한편 국제물품매매계약에서 물품인도에 따른 당사자의 권리・의무는 통상 **정형거래조건(trade terms)**으로 표시하며, 해석규칙으로는 **INCOTERMS(2020)**가 보편화되어 있다. 따라서 계약서에는 정형거래조건의 해석규칙과 준거법을 같이 명기하면서 양자간의 우선순위를 확실히 할 필요가 있다.

○ 정형거래조건과 준거법조항의 예

> "The Trade Terms under this agreement shall be governed and interpreted under the provisions of Incoterms 2020.
>
> This Agreement shall be governed by and construed in all respects under and by United Nations Convention on Contract for International Sale of Goods(1980).
>
> In the event of conflict between United Nations Convention on Contract for International Sale of Goods(1980) and Incoterms 2020, Incoterms 2020 shall prevail and govern."

(12) 통지(Notice)

국제비즈니스계약에서 계약기간 중 당사자간 각종의 의사표시, 통신 및 연락업무가 발생한다. 따라서 당사자들은 계약서에 통신연락을 위한 주소, 통신방법 및 그 효과 등에 관한 약정을 규정해 둘 필요가 있다.

계약서의 통지조항에는 ① **통지의 수신처**, ② **통지방법**, ③ **통지의 효력발생시기**를 정하여 둘 필요가 있다. 이 가운데 통지의 효력발생시기에 관하여는 발신주의와 도달주의가 있으며, 이에 대한 당사자간 합의의 부재시 각국의 국내법에 따라 차이가 있다. CISG의 경우 청약과 승낙에서는 도달주의를 채택하면서, 계약이행에 있어서는 발신주의를 채택하고 있다(제27조).

○ 통지조항의 예

"Unless otherwise agreed by the parties, all notices, invoices and communications under this Agreement shall be sent to the parties at their addresses set forth in the initial paragraph of the Agreement. All notices shall be sent by registered airmail and where circumstances require, notices may be sent by cable, facsimile, or telex or e-mail which shall be confirmed by registered air mail.

Notice must be deemed to have been given on the date of mailing except the notice of change of address which must be deemed to have been given when received."

(13) 완전합의(Entire Agreement)

국제비즈니스계약이 성립되기까지 당사자간에는 구두 또는 문서로 많은 교섭과 통신이 있게 된다. 계약이행과정에서 이러한 교섭내용이 본 계약과 불일치하는 문제가 발생할 경우 **완전합의조항**은 이 모든 통신내용보다 본 계약이 우선하며, 기존의 모든 합의내용이 본 계약에 포함되어 있음을 규정한 것이다.

또한 본 계약이 체결되어 계약서가 작성된 후에는 본 계약의 개정이나 변경을 엄격히 제한하고 있다. 즉, 양 당사자로부터 수권된 대리인이 서명한 문서로만 가능하도록 하고 있다.

완전합의조항은 계약당사자간의 합의내용을 명확히 하므로 계약내용에 관한 불필요한 분쟁을 방지하기 위하여 필요한 조항이다.

○ 완전합의조항의 예

"This Agreement constitutes the entire and only agreement between the parties hereto and supersedes all previous negotiations, agreements, and commitments relating to the sale of products and shall not be released, discharged, changed or modified in any manner, except by instruments signed by duly authorized officer or representative of each of the parties hereto."

해설

- to supersede: ...을 대신한다.
- commitment: 언명(言明)
- to release: 포기하다.
- to discharge: 면제하다.

(14) 발효일과 계약기간(Effective Date and Term)

계약은 당사자가 서명하므로 효력이 생기나, 효력발생의 전제로 관련기관의 인가 또는 허가를 요건으로 하는 경우에는 그러한 허가나 인가를 받으므로 효력이 생긴다.

○ 발효일과 계약기간의 예

> "This agreement shall become effective upon signing of the duly authorized representatives of both parties and remain in full force and effect during five years unless terminated earlier. If the approval of the competent authority is needed, the effective date of this agreement is finally approved by the authority."

해설

- the duly authorized representative: 정당한 수권대리인
- to remain in full force: 완전한 효력을 유지하다.

V 최종부(Finals)

계약서 말미에는 계약당사자의 대표자가 서명하지만, 실제로는 계약당사자가 아닌 그 수권대리인이 서명하고 계약효력발생을 선언한다. 이러한 취지를 명기하는 것을 말미문언(末尾文言)이라 한다. 말미문언에 만약 계약서가 영문과 국문으로 작성될 경우 양 언어간 차이가 있으면 영문판이 우선함을 선언한다.

○ 말미문언의 예

"IN WITNESS WHEREOF, the parties hereto have caused this Agreement to be written in English and in duplicate originals to be executed by their respective duly authorized representative as of the first above written."

해설

- to execute: 작성하다.
- duly authorized: 정당하게 권한이 부여된

○ 2개국어로 작성된 경우

"This Agreement shall be executed both in English and Korean but in the event of any difference or inconsistence between two versions, the English version shall prevail in all respects."

해설

- to prevail: 우선하다.

P · A · R · T 2

주요 국제비즈니스 계약

CHAPTER

1 국제물품매매계약

I 국제물품매매계약의 개요

국제물품매매계약은 각기 다른 나라에 존재하는 매도인(Seller)과 매수인(Buyer) 사이에서 물품을 대상으로 체결되는 매매계약(Sales Agreement)을 의미한다. 매매계약의 객체인 "물품"에 대하여 대외무역법 제2조 제2호에는 "외국환관리법에서 정하는 지급수단·증권 및 채권을 화체한 서류 외의 동산을 말한다"고 규정하고 있다. 국제물품매매계약은 국제비즈니스계약의 기본이 되며 크고 작은 거래가 수없이 일어나기 때문에 실무에서는 그 중요성을 인식하지 못하고 구두로 계약을 체결하므로 계약서를 작성하지 않는 경우도 많아 분쟁발생 후 많은 어려움을 겪기도 한다. 특히 장기공급을 위한 매매계약의 경우 많은 상황변화가 예상되기 때문에 가능한 한 서면계약을 체결하도록 하여야 한다. 한편 국제물품매매계약은 국제거래에서 가장 빈번하게 체결되는 계약으로, 이에 관해 CISG와 Incoterms 등이 제정되어 있어 통일적인 거래조건의 형성에 기여하고 있다.

국제물품매매계약은 일반적으로 불요식계약이므로 형식에 구애를 받지 않지만, 국무역거래의 기본적·공통적·불변적·포괄적 조건에 대한 합의인 "일반거래조건에 관한 협정서"(Agreement on General Term and Conditions of Business)와 개별적이고 구체적인 계약조건을 명시한 매매계약서(Sales Contract)가 있다.

매매계약서는 매도인이 작성하는 'Sales Note'와 매수인이 작성하는 'Purchase Note'가 있다. 통상협정서가 개별계약서보다 먼저 작성되기 때문에 협정서에서 합의된 사항이 개별계약을 구속하지만 개별계약서의 가변조항은 자유롭게 설정할 수 있다. 그렇지만 일반협정서의 내용이 개별계약서의 내용과 모순될 경우에는 개별계약서의 내용이 우선한다. 뿐만 아니라 개별계약은 장기계약을 체결하기 이전에 상호 간의 신뢰를 형성하기 위한 시험주문(test order)시나 1~2회성의 단기거래에서 복잡한 계약서를 대신하는 경우에도 사용된다. 포괄계약과 개별계약은 상호 보완적이나, 서로 모순되는 경우에는 이후에 체결된 개별계약의 내용이 우선한다.

국제물품매매계약의 기본 당사자는 매도인과 매수인으로 계약내용도 매매당사자의 권리·의무에 관한 실질조항(Specific Provision's)과 모든 계약에 공통적인 조항인 일반조항(General Provision's)으로 구성된다. 국제물품매매계약에서 실질조항이란 매매대상이 되는 물품자체의 품질, 수량, 가격, 포장 등의 조건과 계약이행에 관한 선적, 보험 및 지급에 관한 조건 등을 말한다.

주요 실질조항에 해당하는 것으로는 품질조건(Quality Terms), 수량조건(Quantity Terms), 가격조건(Price Terms), 선적/인도조건(Shipment or Delivery Terms), 지급조건(Payment Terms), 포장조건(Packing Terms), 보험조건(Insurance Terms), 검사조건(Inspection Terms), 보증조건(Warranty Terms) 등이 있다.

Ⅱ 실질조항

1 ▸▸ 품질조건(Quality)

(1) 예 문

> "The specification of the Goods shall be prescribed and specified in Specification attached hereto to Exhibit[I].
>
> The Goods sold on sample shall be warranted by the seller to conform exactly to the sample upon arrival at destination."

(2) 예문의 의미

매매당사자는 매매대상인 물품의 품질기준을 별첨에 첨부된 명세서의 요건을 충족시킬 것을 약정하였다. 때로 물품의 품질이 명세서의 요건을 충족시켰다 하여도, 동일 명세서로도 품질이 천차만별일 수 있으므로 구체적인 품질의 기준이 견본품에 있음을 확실히 함과 더불어 품질의 결정시기도 도착시임을 규정하고 있다.

(3) 검토사항

품질조건에서 가장 중요한 사항은 품질의 기준과 품질결정시기이다.

품질의 기준은 명세서만으로 충분하지 않다. 명세서에 추가하여 구체적인 기준을 마련해 두어야 한다. 일반 공산품인 경우에는 견본이 기준이 되며, 농산물은 **평균중등품질**(fair average quality; FAQ), 목재나 냉동어류 등은 **판매적격품질**(good merchantable quality; GMQ) 등을 사용하며, 저명한 상품인 경우에는 **상표**(trade mark) 또는 **브랜드**를, 그리고 선박이나 철도차량 등은 자세한 명세서외에 **청사진**이나 **설계도** 등이 추가된다.

품질의 기준에 관한 명시적 규정이 없는 경우, CISG는 물품의 품질이 그와 동일한 물품의 통상사용목적에 부합되거나, 계약체결시에 물품의 사용목적을 알았다면 그 품질이 특정사용목적에 부합되어야 할 것을 규정하고 있다(제35조).

품질의 기준 시기는 통상 선적시와 도착시로 나눈다. 선적시 기준은 운송 중 품질변화가 잘 발생하지 않는 공산품거래에서 사용된다. 반면에 도착시 기준은 운송 중 품질변화가 많을 것으로 예상되는 농산물거래에서 주로 이용된다. TQ(Tale Quale)는 곡물류의 선적시 품질기준을 나타내며 SD(Sea Damaged)도 **유손**(damage by wet)을 제외하고는 선적시에 품질에 대한 매도인의 책임이 종료된다. 그렇지만 RT(Rye Term)는 곡물류의 도착시 품질을 나타낸다.

품질의 기준시기에 별도의 약정이 없으면 인도시를 기준시기로 간주하고 인도 시기는 정형거래조건(trade terms)에 따라 결정된다.

품질의 증명은 주로 **검정보고서**(Survey Report)에 의하며, 이를 발행하는 국제적인 전문검사기관으로는 영국의 Lloyd's Agent, 프랑스의 SGA, 그리고 미국의 Del Pan Inc. 등이 있다.

2 ▸▸ 수량조건(Quantity)

(1) 예 문

"Buyer shall purchase 1,000 M/T of the products, subject to a variation in the quantity of product up to plus or minus ten percent at seller's option."

(2) 예문의 의미

매수인이 구매하는 물품이 산화물(散貨物, bulk cargo)인 경우 과부족이 생길 가능성이 있다. 만약 당해거래의 결제가 L/C베이스인 경우에는 ±5%의 과부족이 용인된다. 그렇지만 ±5%의 과부족으로는 충분하지 않다고 판단되면 **과부족용인조항(more or less clause; M/L Clause)**을 삽입하게 된다. 즉, 위의 예문은 매도인에게 10%의 과부족에 대한 선택권을 갖도록 규정하고 있다.

(3) 검토사항

수량조건에서는 우선 **수량단위**를 명확히 하여야 한다. Ton의 경우에도 Long Ton(L/T)(1,016kg), Metric Ton(M/T)(1,000kg), Short Ton(S/T)(907kg) 가운데 어느 것에 해당하는지 명확히 표시하여야 하고, 가격의 기준이 중량인 경우 총중량(gross weight)인지, 순중량(net weight)인지, 정미순량(net)인지를 분명히 하여야 한다.

또한 물품에 따라 최소인수가능수량(minimum quantity acceptable) 또는 최대인수가능수량(maximum quantity acceptable)을 표시할 수도 있다. 전자의 경우에는 주로 공산품, 후자의 경우에는 주로 농산물이 해당된다.

수량조건도 품질조건과 마찬가지로 선적수량을 기준으로 할 것인지 양륙수량을 기준으로 할 것인지 결정하여야 한다.

선적시 수량을 표시하는 계약조항의 예로는,

"Unless otherwise specially agreed, shipping weight and/or count at the time and place of shipment shall be final and shall be made in accordance with the terms of payment herein contained."

한편 양륙수량조건의 예로는,

"All landed weight shall be considered as conclusive."

3 ▸▸ 가격조건(Price)

(1) 예 문

> "The agreed unit price of each Goods in Two Hundred United State Dollars(US$200) on CIF New York basis.
>
> This Price is fixed and effective up to shipments, performed on or before the end of September, 2020 and thereafter the Price shall be readjusted every six months according to Seller's request"

(2) 예문의 의미

단가를 합의한 경우에는 산출기준이 매우 중요하다. 위의 예에서는 산출기준이 CIF로 도착항까지 운임과 보험료가 포함된 가격이다. 그리고 거래가 1회성이 아닌 장기공급계약의 경우에는 일정기간마다 가격을 재조정할 수 있도록 하는 조항인 가격증감조항(escalator clause)이 필요하다.

(3) 검토사항

가격의 산출기준에 관련하여 INCOTERMS 2010에서는 11가지 정형거래조건(trade terms)을 정해두고 있다. 정형거래조건은 2가지 기능, 즉 가격의 산출기준이 되는 **가격조건(price terms)적 측면**과, 물품인도에 따른 위험이전시기, 수출입통관의무, 운송계약체결의무 등을 나타내는 **인도조건(delivery terms)적 측면**이 있다.

과거 Incoterms는 한때 E-, F-, C-, D-Group으로 편제하였으나, Incoterms® 2020은 아래 표와 같이 '운송방식 불문조건'과 '선박운송 전용조건'으로 분류하고 있다. 아울러 종전과 달리 운송방식 불문조건을 전면에 배치함으로써 특히 FCA, CPT, CIP 등의 사용을 활성화하고자 하였다. 이는 특히 컨테이너화물의 경우 운송방식 불문조건을 사용하는 것이 바람직함에도 실무상 그렇게 하지 않았던 문제를 바로잡고자 하는 시도로 볼 수 있다.

| INCOTERMS® 2020 편제 |

제1그룹 (운송방식 불문 조건) (Rules for Any Mode or Modes of Transport)		제2그룹 (선박운송 전용 조건) (Rules for Sea and Inland Waterway Transport)	
EXW	Ex Works		
FCA	Free Carrier	FAS	Free Alongside Ship
CPT	Carriage Paid To	FOB	Free On Board
CIP	Carriage and Insurance Paid to	CFR	Cost and Freight
DAP	Delivered At Place	CIF	Cost Insurance and Freight
DPU	Delivered At Place Unloaded		
DDP	Delivered Duty Paid		

상기 〈표〉의 제1그룹은 운송방식과 무관하거나 하나 이상의 운송방식을 선택할 때 사용되는 조건들이다. 해상운송방식이 전혀 사용되지 않을 경우에도 사용될 수 있으며, 선박이 운송의 일부로서 사용될 경우에도 사용될 수 있다.

한편 상기 〈표〉의 제2그룹은 물품이 운송되어 매수인에게 인도되는 지점과 인도장소가 모두 항구인 해상과 내수로 운송에 사용 가능한 조건이다. 이 조건군과 관련하여 주목할 만한 내용은 FOB, CFR, CIF조건의 인도 지점이 본선난간(ship's rail)에서 물품이 본선에 적재(on board)될 때 인도되는 것으로 변경되었다는 점이다. 이는 종래 FOB, CFR, CIF의 위험이전에 관하여 "선측 위에 존재하는 가상의 수직선"이라는 관념적인 기준 때문에 위험이 매도인과 매수인 사이에서 "swing"할 수 있다는 불합리성을 시정한 것으로, 규칙의 법률관계의 안정성을 제고하고자 하는 취지로 볼 수 있다.

INCOTERMS® 2020상 매도인과 매수인의 많은 의무 가운데 위험이전, 비용이전 및 수출입허가에 관한 의무만을 도해하면 다음과 같다.

| INCOTERMS® 2020상의 정형거래조건 |

※ Rules for Any Mode or Modes of Transport

거래조건 \ 구분	위험이전(A)	비용이전(B)	수출입통관
EXW(Ex Works) (공장인도)	매도인의 작업장 구내에서 매수인의 임의처분 할 수 있도록 물품을 인도하였을 때	매도인은 위험이전(A)까지의 제 비용 부담	• 수출입통관 : 매수인
FCA(Free Carrier) (운송인인도)	매도인이 매수인이 지정한 운송인에게 수출통관된 물품을 인도하였을 때	매도인은 위험이전(A)까지의 제 비용 부담 • 추가의무부: 선적 선하증권 요구 가능 • 자가운송 허용	• 수출통관 : 매도인 • 수입통관 : 매수인
CPT(Carriage Paid To) (운송비지급인도)	물품이 약정된 일자 또는 기간 내에 지정목적지까지 운송할 운송인의 보관하에 또는 후속운송인이 있을 경우 최초의 운송인에게 물품인도 시	매도인은 FCA 조건+지정된 목적지까지의 물품운송비(복합운송개념에서의 운송비)	〃
CIP(Carriage And Insurance Paid To) (운송비·보험료 지급인도)	〃	매도인은 CPT 조건+지정된 목적지까지의 적하보험료 부담 • 부보: ICC(A) or ICC(A/R)	〃
DAP(Delivered At Place) (도착장소인도)	지정목적지에서 도착운송수단에 실린 채 양하 준비된 상태로 매수인의 처분하에 놓이는 때	매도인은A(위험이전)까지의 제비용 부담 • 자가운송 허용	〃
DPU(Delivered at Place Unloaded) (도착지양하인도)	도착운송수단으로부터 양하된 상태로 지정목적항이나 지정목적지의 지정 터미널에서 매수인의 처분 하에 놓이는 때	〃	〃
DDP(Delivered Duty Paid) (관세지급인도)	약정된 일자 또는 기간 내에 매도인이 지정된 수입국 내의 목적지점에 물품을 반입하여 매수인의 임의처분 하에 인도한 때	〃 (단, 관세 포함)	• 수출입통관 : 매도인

※ Rules for Sea and Inland Waterway Transport

거래조건 \ 구분	위험이전(A)	비용이전(B)	수출입통관
FAS(Free Alongside Ship) (선측인도)	물품이 지정선적항의 부두에 혹은 부선으로 본선의 선측에 인도하였을 때	매도인은 위험이전(A)까지의 제 비용 부담	• 수출통관: 매도인 • 수입통관: 매수인
FOB(Free On Board) (본선인도)	물품이 지정선적항에서 본선에 적재하였을 때 (onboard)	〃	〃
CFR(Cost And Freight) (운임포함인도)	〃	매도인은 적재 시까지 제 비용+목적항까지의 운임 부담+정기선의 경우 양하비 부담	〃
CIF(Cost Insurance and Freight) (운임보험료포함인도)	〃	매도인은 적재 시까지 제 비용+목적항까지운임 및 보험료 부담+정기선의 경우 양하비 부담 • 부보 : ICC(C) or ICC (FPA)	〃

한편 가격결정은 **가격불확정조건(open price terms)**과 **제3자의 추후 평가에 일임하도록 하는 경우**에 사용하도록 하는 조항을 아래와 같이 둘 수도 있다.

"Within five days after the signing of this agreement, the Seller will cause the following individuals to appraise the goods which are the subject of this agreement: Jonathan F. Pennyworth, Max H. Goodwin, and P. J. Barnes.

The price of the goods shall be the average of their value as appraised by the three named persons. All the costs in connection with such appraisals shall be borne by the Seller."

4 ▸▸ 지급조건(Payment)

(1) 예 문

"Except otherwise agreed by the parties, all the payment for the Goods shall be made in United States Dollars by an irrevocable letter of credit in favor of the Seller, [confirmed by first class international bank designated by the Seller]. The letter of credit shall be established by the Buyer at least [two months] prior to each scheduled shipment date to be stipulated in Exhibit[II] and to be negotiable at sight against draft and to be valid for no less than [thirty (30) days] after the latest date allowed for the shipment.

The Buyer shall bear all banking expenses associated with the establishment of the letter of credit.

Partial shipment, transshipment and partial negotiations of letter of credit shall be permitted and the letter of credit shall be worded accordingly.

Delay by the Buyer in establishing the letter of credit shall extend the time for performance of this Agreement by the Seller to such extent as may by necessary to enable it to make delivery in the exercise of reasonable diligence after such letter of credit has been established.

Should opening the letter of credit be delayed for causes for which the Buyer is liable, Buyer shall pay the Seller amount equal to [two tenth of one percent(0.2%)] of the amount of relevant letter of credit per each full week as liquidated damages with net cash or sight draft within [three days] from receipt of relevant bill from the Seller.

However, the total amount of liquidated damages shall not be more than [one percent(1%)] of the amount of relevant letter of credit. Should opening of letter of credit be delayed by more than [five (5) full weeks], the Seller may terminate the Agreement without prejudice to the Seller's rights under the Agreement, including claim of said liquidated damages."

(2) 예문의 의미

위의 예문은 매수인의 대금지급의무와 관련하여 다음 사항들을 규정하고 있다.

첫째, 지급방법은 취소불능신용장(irrevocable letter of credit)이며, 대금은 미국 달러로 표시되고 세계 일류은행이 확인한 확인신용장이어야 한다. 또한 지급 시기는 일람출급환어음으로 결제하므로 동시지급이라고 할 수 있다.

둘째, L/C의 개설 시기는 계획된 선적일자 2개월 전이며, 선적일자는 별첨에 따르며, 유효기일은 선적 후 30일이다.

셋째, L/C개설 관련비용을 매수인이 부담하고, 분할선적, 환적 및 분할매입이 가능한 신용장이다.

넷째, 매수인의 L/C개설지연은 매도인의 선적이행시기를 연장시킨다.

다섯째, 매수인의 L/C개설지연을 막기 위하여 L/C가 1주일 지연되면 관련 L/C금액의 0.2%를 손해배상액의 예정액으로 매도인에게 배상하도록 하는 "Liquidated Damage Clause"를 포함하고 있다. 그렇지만 이러한 예정손해보상액도 관련 신용장 금액의 1%를 넘지 못하도록 규정하여 신용장의 개설이 5주 이상 지연되어 예정손해보상액이 1%에 달하는 경우에는 매도인에게 계약해지권을 부여하고 있다.

(3) 검토사항

지급조건에서 검토할 사항은 지급금액, 지급장소, 지급시기 및 지급방법 등이 있다.

이 가운데 **지급금액**은 수량과 단가를 곱하면 자동 산출되고, **지급장소**는 관행적으로 매도인의 영업지이다. 따라서 지급조건에서 실제로 검토할 사항은 지급시기와 지급방법이다.

지급시기는 통상 선지급(advance payment), 동시지급(concurrent payment) 및 후지급(deferred payment)으로 나눌 수 있다.

"**선지급**"은 소량주문이나 견본구매 등을 제외하고는 실제로 매우 드물며, 수요가 공급보다 많을 경우 L/C basis 거래시 선지급은 Red Clause L/C를 많이 사용한다.

"**동시지급**"에서 "동시"의 개념은 "물품과의 동시" 또는 "서류와의 동시"로 나누어 생각할 수 있다. 특히 국제거래에서는 매도인이 매수인에게 물품을 직접 인도하지 않기 때문에 "동시지급"은 "서류와의 동시"가 보편적이다.

"서류와의 동시"에서 지급자가 누구냐에 따라 나눌 수 있다. 매수인이 지급하는 거래를 Contract Basis라 하고, 매수인의 은행이 지급의무를 부담하는 경우를 L/C Basis라 한다. "동시지급"에서의 contract basis로는 D/P[1] Contract, L/C basis를 Sight L/C라 한다.

"**후지급**"에서도 지급자가 매수인이냐 은행이냐에 따라 Contract basis와 L/C basis로 나누고 전자를 D/A Contract, 후자를 Usance L/C Contract라 한다.

지급시기와 관련하여 실무에서는 동시지급과 후지급방식이 일반적이며, 국제거래형태에 따라 이들과 선지급이 혼합된 형태로도 자주 사용되고 있다.

지급방식은 송금방식과 환어음(draft)에 의한 결제가 가장 많이 사용되고 있다.

송금방식 또는 **환(transfer)결제**는 매수인이 은행을 통하여 매도인에게 송금하는 방식으로 매수인이 거래하는 은행이 매도인 은행으로 지급지시서를 우편을 사용하느냐 그렇지 않으면 전신을 사용하느냐에 따라 우편환(mailing transfer: M/T)과 전신환(telegraphic transfer: T/T)으로 나눌 수 있다.

환어음에 의한 결제는 매도인이 환어음을 발행하여 선적서류(shipping documents)를 첨부하여 대금을 회수하는 방식이다. 이 경우 환어음의 지급인 칸에 매수인을 명기한 Contract Basis와 은행을 명기한 L/C Basis가 있다. 환어음에 선적서류가 첨부된 것을 화환어음(documentary draft)이라 한다. 이러한 화환어음의 지급인을 은행으로 한 경우를 화환신용장(documentary letter of credit)거래라 한다.

실제 국제거래에서는 송금방식인 T/T방식과 D/A Contract 및 Documentary L/C 방식 등이 두루 사용되고 있다.

---

1) D/P는 "Document against Payment"(지급도)의 약자로 어음의 지급인이 지급하여야 선적서류를 인도하는 것을 말하며, D/A는 "Document against Acceptance"(인수도)의 약자로 지급인이 어음을 인수하여야 선적서류를 인도하는 것을 말한다.

5 ▸▸ 선적조건(Shipment)

(1) 예 문

"The Goods shall be delivered by the Seller to the Buyer at [any Korean port] in accordance with the Shipment Schedule attached hereto as Exhibit [Ⅱ] ("Shipment Schedule").

The Seller shall arrange the suitable vessel of any flag, subject to freight being prepaid, to transport the Goods to the destination, [New York, U.S.A] or other seaport designated by the Buyer on relevant letter of credit provided that C.I.F. price is not increased.

The Seller shall notify by facsimile or e-mail, the Buyer of necessary information at least [7] days before each shipment so that the Buyer may make arrangement for receipt and inland transportation, if necessary, of the Goods.

In the event that the Seller delays shipment of the Goods in accordance with the Shipment Schedule for reasons solely attributable to the Seller, the Buyer shall grant the Seller [seven days'] grace, without liquidated damage on each specified delivery.

After that [seven days'] grace, the Buyer has the right to claim [one percent(1%)] of the contract price of the Goods of which shipment shall have been delayed, per each full week from [seven days] after the scheduled delivery date until actual shipping date thereof.

The total amount of the liquidated damage under the Agreement shall be limited to [six percent(6%)] of the contract price of the Goods delayed.

If the aforesaid delay of delivery exceeds [six (6) full weeks], the Buyer has the right to terminate the Agreement, without prejudice to Buyer's right under the Agreement, including claim of said liquidated damages.

In the event of Force Majeure, liquidated damage for late delivery shall not be applied."

(2) 예문의 의미

물품은 별첨된 선적계획에 따라 한국항에서 인도되어야 하며, 매도인은 뉴욕항이나 매수인이 지정한 항구까지 물품을 운송하기 위하여 운임을 선지급하는 조건으로 적절한 선박을 주선하여야 한다.

또한 매도인은 매수인에게 팩스나 이메일로 선적 7일 전에 필요한 사항을 통지하여 매수인으로 하여금 물품의 수령과 내륙운송이 가능하도록 하여야 한다.

만약 선적이 매도인의 잘못으로 지연될 경우 매수인은 7일간의 유예기간을 부여하여야 한다. 그렇지만 7일간의 유예기간 이후에도 물품선적이 지연되면 매수인은 1주일 지연되는데 대하여 지연된 물품의 계약금액의 1%를 손해배상액의 예정금액으로 청구할 권리를 갖는다.

이 문장은 "**Liquidated Damage Clause**"로, 앞에서 매수인이 L/C개설을 지연하는데 대응한 조항이다.

물론 손해배상액의 예정총액은 지연된 물품의 예약금액의 일정수준에서 제한되어야 한다. 위의 예문에서는 이를 6%로 제한하고 있다. 만약 선적지연이 6주를 초과하면 매수인은 계약을 해지할 수 있는 권리를 가져야 한다고 규정하고 있다.

그렇지만 불가항력으로 선적이 지연될 경우에는 지연인도에 대한 손해배상액의 예정조항은 적용되지 않는다.

위의 예문은 매도인의 선적의무와 운송주선의무, 선적전 통지의무를 규정하고 지연선적에 대비 "Liquidated Damage Clause"를 포함하고 있다.

(3) 검토사항

국제물품매매계약에서 매도인의 주된 의무는 물품인도의무이다. 이는 매수인의 대금지급의무에 대응하는 것이다.

물품인도와 관련하여 **인도시기**, **인도방법**, **인도장소**, **인도의 증빙서류** 등이 약정되어야 한다. 이 가운데 인도시기를 제외한 나머지 사항은 매매당사자간 계약에서 선택되는 정형거래조건에 따라 결정된다.

만약 매도인이 선적조건에서 정해진 선적시기에 선적하지 못하면 이는 계약위반이 되며 매수인은 이에 대한 구제를 요청할 수 있다. 이 경우 매수인은 상대방의 계약위반으로 자신이 입은 손해를 입증하여야 하는 바 이는 결코 쉬운 일이 아니다. 이에 대한 대안으로 계약서에 "Liquidated Damage Clause"를 삽입하면 손해액을 입증하지 않고 약정된 금액을 청구할 수 있기 때문에 상대방에게 계약이행을 압박하는 효과도 있다.

그렇지만 매도인은 불가항력으로 선적이 지연될 경우에 대비 불가항력조항인 "Force Majeure Clause"를 삽입할 수 있다.

또한 선적조건에는 분할선적(partial shipment)이나 환적(transhipment)을 금지하기를 원한다면 그러한 취지를 명기하여야 한다. 그렇지만 분할선적이나 환적은 금지하지 않는 한 허용되는 것으로 간주된다.

한편 필요하다면 계약서에 **선적일의 증명방법**을 명기할 수 있다. 예를 들면, "The date of Bill of Lading shall be taken as a conclusive proof of the date of shipment"과 같은 문장에서 B/L발행일을 선적일의 결정적 증거로 간주하도록 약정할 수 있다. 선적일의 증명방법을 별도로 약정하지 않았다면 사용된 정형거래조건에 관한 INCOTERMS 2020에서 규정한 인도의 증빙서류로 매도인의 인도의무의 이행여부를 판단할 수 있을 것이다.

6 ▸▸ 포장조건(Package)

(1) 예 문

> "The Goods shall be packed and marked in the manner customary for exporting. In case special instructions are necessary, Buyer shall furnish Seller with such instructions in time for preparation of shipment of the goods."

(2) 예문의 의미

물품은 수출을 위한 관습적 방법으로 포장되고 화인(貨印, Marking)이 되어야 한다. 만약 특별한 지시가 필요하면 매수인은 매도인에게 선적준비를 하기에 필요한 시간 내에 그러한 지시를 하여야 한다. 위의 예문은 특별한 포장에 대한 지시 없이 관습적 포장을 규정하고 있다.

(3) 검토사항

화물의 포장불충분으로 입은 손해에 관하여는 운송인도 보험자도 책임을 지지 않는다. 이에 대하여는 매도인이 전적으로 책임을 져야 한다. 그러므로 매도인은 적절한 포장을 하고 화인을 하여야 한다. 그렇지만 화물보호를 목적으로 과대포장(over packing)이 되지 않도록 유의하여야 한다. 과대포장은 포장비를 늘이고 운송비의 부담을 증가시킬 수 있다.

화인은 **주화인(main mark)**, **포장번호(case number)**, **원산지표시(origin mark)** 등이 빠지지 않도록 유의하여야 한다. 또한 화물취급시 주의를 표시하는 **주의표시(care mark)**도 필요시 사용하여야 한다.

7 ▸▸ 보험조건(Insurance)

(1) 예 문

> "Seller shall effect marine insurance on all shipments on I.C.C.(B) for 110% of invoice amount.
>
> Any additional insurance, if required by Buyer, shall be coverd at his own expense. Seller, if requested by Buyer, insure against war risk and other risks at Buyer's expense"

(2) 예문의 의미

매도인이 보험계약을 체결하며, 담보조건은 I.C.C.(B)이며, 보험금액은 송장금액의 110%이다. 만약 매수인이 요구하여 추가담보가 필요한 경우 이는 매수인의 비용으로 담보되어야 한다. 그렇지만 매수인이 전쟁위험이나 다른 위험을 담보하기 원할 경우 매수인의 비용부담으로 매도인이 부보하도록 규정하고 있다.

(3) 검토사항

운송중인 물품은 예상하지 않은 위험을 만나 손해(loss or damage)를 입을 가능성이 있기 때문에 이러한 위험을 담보하기 위하여 **해상적하보험(marine cargo insurance)**을 이용한다. 이를 이용하기 위하여는 보험회사와 보험계약을 체결하여야 한다. 누가 보험계약을 체결할 것인지에 관하여는 별도의 약정이 없으면 정형거래조건에 따라 결정된다. 또한 정형거래조건은 피보험이익(insurable interest)이 누구에게 있는지, 보험료는 누가 부담할 것인지를 나타낸다.

보험계약은 한 보험자와 다수의 계약자가 체결하는 계약이므로 당사자 일방이 제시한 약관을 상대방이 포괄적으로 승인하는 부합계약(附合契約, contract of adhesion)의 성격을 갖고 있다. 보험계약의 가장 중요한 내용은 담보조건으로 이에 관하여는 런던보험자협회(The Institute of London Underwriters : ILU)가 제정한 협회적하약관(Institute Cargo Clause: ICC)으로 신·구약관이 있으나 우리나라에서는 둘 다 사용하고 있다.

구약관인 A/R(All Risk)과 신약관 ICC(A)는 면책위험을 제외한 전위험을 면책률없이 담보하는 **포괄담보조건**이다. 여기에서 면책되는 위험은 전쟁 및 동맹파업과 7가지 일반면책약관(General Exclusive Clause)이 있다.

그렇지만 WA(With Average)나 FPA(Free from Particular Average)는 손해를 중심으로 열거담보방식에 따라 열거된 위험에 한하여 면책률 이상의 **분손담보** 또는 **분손부담보방식**이다. 그렇지만 ICC(B)와 ICC(C)는 각각 WA와 FPA에 상응하는 담보조건이기는 하지만 손해중심이 아닌 위험중심으로 각각 열거된 위험에 의한 손해를 면책률 없이 담보한다.

담보기간은 적하보험증권인 경우 항해보험증권(voyage policy)이기 때문에 항해단위로 커버되지만 신·구약관 모두 운송약관(Transit Clause)에 의하여 매도인의 창고로부터 매수인의 창고까지 확장담보가 가능하다.

CHAPTER

2 국제대리점계약

I 국제대리점계약의 개요

국제거래는 통상 계속적이고도 반복적인 거래를 상정하기 때문에, 새로운 판로의 개척시에 판매 또는 구매를 원활하게 하기 위한 가장 확실한 방법은 현지에 법인 또는 지점을 설치하는 것이다. 이를 통하여 본사는 현지의 판매점 또는 구매점과 지속적이고도 밀접하게 소통할 수 있음에 따라, 해당거래를 효율적으로 관리할 수 있게 된다.

그러나 신시장의 진입초기나 기업의 규모가 크지 않은 경우에는, 현지에 법인 또는 지점을 설치하여 관리하는 것에 대한 비용과 인력 등의 부담이 클 수밖에 없다. 따라서 해외시장진출의 초기단계에서는 장기적 매매계약에 대비하여 현지상황에 정통한 상인을 개입시켜 효과적으로 판매 또는 구매를 중개 또는 대리하도록 하여 새로운 유통망을 개척하는 전략이 유효할 수 있다. 이와 같이 물품의 판매 또는 구매를 위하여 현지에서 **중개**[1] 또는 **대리**[2]하는 당사자를 '**대리점(agent)**'이라고 한다.

우리법상 대리점이란 일정한 현지상인을 위하여 상업사용인이 아니면서 상시 그 영업부류에 속하는 거래의 대리 또는 중개를 영업으로 하는 자를 의미한다(상법 제87조). 이때 상업사용인이란 특정의 상인(영업주)에게 종속되어 업무를 보조하는 자를 의미하는바, 즉 대리점이란 독립적으로 특정 상인을 위하여 판매 또는 구매를 대리하거나 중개하는 당사자를 의미한다.

1) 당사자 간의 거래를 단순히 주선하는 역할을 의미한다.
2) 본인의 명의로서 대고객 업무를 수행하는 역할을 의미한다.

한편 국제거래의 실무에 있어서는 이러한 의미 이외에도 대리점의 명칭이 다양한 뜻으로 사용되고 있어 유의가 필요하다. 예를 들면, 독립된 상인이 아닌 상업사용인에 해당하는 대리인도 대리점이라 칭하여지는 경우도 있고, 대리점이 단순히 위탁매매업자[3]에 불과한 경우도 있다. 즉, 당사자 간의 계약에서는 대리점이라는 명칭을 사용하지만 그 실질은 대리점이 아닌 경우도 있고 반대로 실질은 대리점이지만 그 밖의 명칭을 사용하는 경우도 적지 않기 때문에, 계약상 사용되는 대리점이라는 명칭이 그에 해당되는 실제의 법률적 의미에 항상 부합하는 것은 아니라는 점에 유의하여야 한다.[4]

다만, 현재 국제적으로 통용되는 '대리점계약(Agent Agreement)'의 의미는 대리점이 본인으로부터 판매권 및/또는 구매권을 위임받아 판매 및/또는 구매의 중개 또는 대리업무를 수행하고, 이에 대한 일정한 '수수료(commission)'를 받기로 하는 계약을 뜻한다.

대리점계약(Agency Agreement)의 계약당사자는 **Principal(본인)**과 **Agent (대리점)**이다. Agent는 Principal로부터 판매권 및 구매권을 위임받아 판매 또는 구매의 중개 또는 대리업무를 수행하므로 이에 대한 일정한 수수료(commission)를 받는 당사자를 말한다. 대리점계약에서 대리점은 자신과 고객과의 거래효과를 본인인 매도인에게 귀속시킨다.

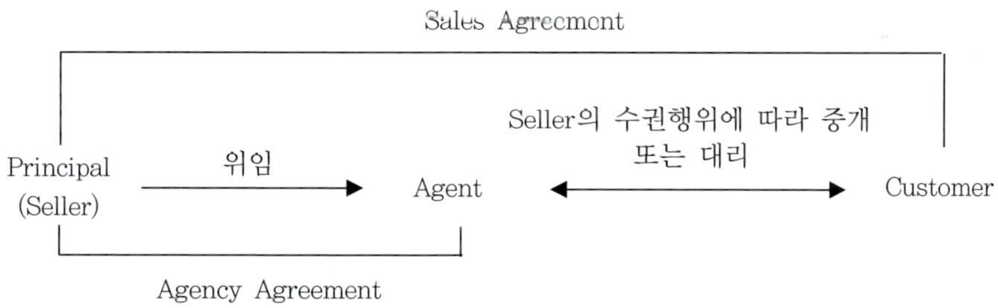

따라서 매도인은 대리점과는 Principal과 Agent의 관계에서 대리점계약(Agency Agreement)을 체결하고, 수입지의 고객과는 Seller와 Buyer의 관계에서 매매계약(Sales Agreement)을 체결한다. 대리점이 구매를 대리하느냐 판매를 대

3) 자기명의로써 타인의 계산으로 물건 또는 유가증권의 매매를 영업으로 하는 자를 위탁매매인이라 한다(우리나라 「상법」 제101조).
4) 서헌제, 「국제거래법 -국제계약법・국제사법-」, 법문사, 2006, 425면.

리하느냐에 따라 Buying Agent와 Selling Agent로 나눌 수 있으며, 특히 판매대리점을 Offer상이라 한다.

또한 대리점의 판매권의 독점여부에 따라 **독점판매대리점(Exclusive Sole Selling Agent)**과 **반독점판매대리점(Semi-exclusive Selling Agent)**이 있다. 전자는 판매지역 내에 완전한 독점판매권을 가지는데 반하여 후자는 독점판매권에 약간의 제한이 가해지는 것으로, 수출상이 수입상으로부터 직접 받은 주문이나 대리점 소재국의 정부와 공공기관의 구매는 수출상이 직접 이행하는 등 독점판매대리권에 대한 제한이 따르는 것을 말한다.

한편 국제대리점계약과 유사하나 구별되어야 할 계약으로 국제판매점계약이 있다. 현지 대리점이 해외본사를 대리하여 국내 고객과 계약이 체결될 수 있도록 알선하는 기능을 수행한다면 판매점은 해외공급자로부터 물품을 직접 구매하여 현지에서 자신의 위험과 계산으로 판매업무를 수행한다는 점에서 차이가 있다.

대리점을 판매점과 비교하면,[5)]

첫째, 대리점은 Principal의 위험과 비용으로 물품을 판매하여 그로부터 수수료를 받는다. 이에 반하여 판매점은 자신의 위험과 비용으로 구매하여 고객에게 판매하므로 이에 따른 판매수익을 얻는다.

둘째, 대리점은 판매를 대리하기 때문에 많은 재고를 준비할 필요가 없고 판매를 위한 세일즈맨을 확보할 필요가 없다. 그렇지만 판매점은 고객의 수요에 응하기 위하여 충분한 재고, 부품 및 판매인원을 확보하여야 한다.

셋째, 판매점은 판촉활동과 After Service를 적극적으로 하여야 하지만 대리점은 그렇게까지 할 필요가 없이 이를 제3자에게 맡길 수 있다.

넷째, 대리점은 물품에 대한 클레임을 Principal에 전가시키지만 판매점은 이를 자신이 책임져야 한다.

대리점계약의 주요 실질조항에는 대리점의 지정(Appointment of Agent), 대리점의 유형(Type of Agent), 대리점의 의무(Duties of Agent), 본사의 의무(Duties of Principal), 수수료(Commission), 대리권계약의 종료(Termination), 최소판매대행수량(Minimum Quantity), 주문(Order), 경쟁금지(Non-competition) 등이 있다.

---

5) 판매점계약(distributorship agreement)이란 현지시장에 정통한 제3자인 판매점을 선정하고 자사제품의 판매권을 수여하여 해당제품에 한하여 일정한 조건으로 지속적이고도 계속적인 거래관계를 형성하는 계약을 말한다.

Ⅱ 실질조항

1 ▸▸ 대리점의 지정(Appointment)

(1) 예 문

"The Principal hereby appoints the Agent to be its exclusive Agent and the Agent hereby accepts the appointment in the territory for period of five years subject to the terms and conditions set forth herein.

Nothing contained in this Agreement shall be deemed or construed constituting the Agent as a legal representative of the Principal for any purpose whatsoever, or as conferring upon the Agent any right or authority to make any representation or to assume or create any other obligation or responsibility, express or implied, orally or in writing, on behalf of or in the name of Principal or to bind Principal in any manner whatsoever"

(2) 예문의 의미

위의 예문은 Principal이 Agent를 5년 동안 독점대리점으로 지정하고 Agent도 그러한 지정을 수락하는 내용이다. 둘째 문단은 Principal과 Agent의 **당사자관계(privity)**를 나타내고 있다. 즉, Principal과 Agent는 피고용인과 고용인간의 관계가 아니라 독립적 관계이기 때문에 Agent가 자기명의로 또는 Principal의 명의로 의무와 권리를 행사할 수 없다. Principal과 Agent 사이에 이를 규정하지 않을 경우 추후 소송이 제기될 때 일부국가에서는 노동청에서 관여하게 되어 Agent에게 매우 유리한 판결이 내려질 수 있다.

(3) 검토사항

대리점의 지정과 관련하여 검토할 중요사항은 다음과 같다.

첫째, 해당지역을 분명히 하여야 한다.

둘째, 만약 독점권을 부여할 경우 이를 분명히 표시하여야 한다.

셋째, 계약기간을 꼭 지정하여야 한다. 처음에는 계약기간을 1년으로 하고 연장할 수 있도록 하는 것이 좋다.

마지막으로 Principal과 Agent의 당사자간의 법률관계를 분명히 하여야 한다.

2 오퍼발행대리점(Offer Agent)

(1) 예 문

"The Principal hereby appoints the Agent as an offer agent to issue offer sheets on behalf of the Principal to the Customers.

If the offer shall be accepted by the Customer, then Sales Contract of the Products shall be deemed to have been made.

The Agent may, at its discretion, decline to act as an offer agent for particular Customer, and in such cases the Principal shall appoint another offer agent.

The Agent shall issue offer sheets based on the latest prices of the Products provided by the Principal. The agent shall not be liable for any loss or damage which may occur from price changes of which the Agent was informed subsequent to the time the Agent has issued an offer sheet."

(2) 예문의 의미

위의 예문에서 Agent는 Selling Agent의 기능을 하는 **Offer Agent**, 즉 Offer상이다. Agent가 발행하는 Offer에 대해 고객의 승낙시 이는 계약이 체결된 것으로 본다. Agent는 자신의 재량에 따라 특정고객에 Agent로서의 역할을 거절할 수 있고 이 때 본점은 다른 Offer Agent를 지명하게 됨을 밝히고 있다.

Agent는 Principal이 제시한 최근의 가격에 기초하여 Offer를 발행하여야 하며, 이에 따라 발행된 Offer에 한해서는 추후 가격변동에 대해서 어떠한 책임이 없음을 명시하고 있다.

(3) 검토사항

실제로 Agent는 Offer Agent의 기능과 Soliciting Agent(Offer 접수대리인)의 기능을 동시에 할 수 있다. 후자의 경우는 Buying Agent를 의미하며 이 기능을 추가하고자 하면 다음 내용을 포함시켜야 한다.

"The Agent shall, upon receipt of offer for the Product from a customer, forward it to the Principal, and the Principal shall, within 15days after the receipt, notify the Agent whether the offer by the customer is accepted or not. If the Principal accepts the offer by the customer, the Sales Contract of the products shall be deemed to have been made."

3 ▸▸ 대리점의 의무(Agent's Duty)

(1) 예 문

"The Agent shall during the term of this Agreement:

a. endeavour to procure for Principal orders from customer for the supply of products.

b. comply at all times with Principal's instructions

c. keep Principal informed of all matters that come within its knowledge which may be of interest to Principal concerning business.

d. make such reports as Principal may require to Agent from time to time relating to its duties hereunder.

e. bear all costs and expenses incurred arising from the performance of its duties hereunder.

f. bring to the notice of the customer the terms and conditions of sale(including delivery periods and payment) prescribed by the Principal.

The Agent's authority is limited to procuring the Products on behalf of Principal in the Territory and the Agent shall have no authority to accept purchase orders in its own name or in Principal's name."

(2) 예문의 의미

Agent의 의무를 명시하고 있는 조항으로 주문취득을 위한 노력, Principal의 지시사항 준수, Principal에게 판매지역 비즈니스에 대한 정보제공, Agent의 의무에 관하여 Principal이 Agent에 요청하는 보고서의 작성, Agent의 의무이행에 따른 관련비용 부담, 고객에게 판매조건 통지 등이며, Agent는 Principal의 허락 없이는 자신이나 Principal 명의의 구매주문을 수락할 권한이 없다.

(3) 검토사항

Agent의 의무를 명료하게 정해놓지 않으면 추후에 Agent가 자신의 의무를 불이행하더라도 계약위반임을 입증하기 어렵다. 특히 Agent가 수입지의 고객으로부터 받는 주문은 반드시 Principal의 동의를 받고 확정하도록 하여야 한다. 또는 대리점계약에서 대리점은 판매보고, marketing 활동, 현지시장의 정보 등을 정기적으로 보고하도록 규정하여야 한다.

4 본사의 의무(Principal's Duty)

(1) 예 문

"The Principal shall be free at any time subject to three months notification to change his current list price for any Product, to change any of his conditions of sale, to alter the characteristics or to discontinue the manufacture of any Product, and to accept or reject any order transmitted by the Agent.

The Principal shall, at its expense, expeditiously provide samples, sale literature, demonstration kits and any other material, requested by the agent necessary for the Agent's performance of its duties under the Agreement.

The Principal shall also provide any information, which it has now or may be received by it in the future which is likely to be benefit to the Agent in relation to sale promotion."

(2) 예문의 의미

위의 예문에서 Principal은 가격변동, 매매조건변동, 물품생산의 중단 또는 주문의 거절 등을 3개월의 기간을 두고 Agent에게 통지하여야 하도록 규정하고 있다. 또한 Principal은 Agent의 요청이 있으면 견본, 판촉물, 전시장비 등을 제공하여야 하며, Agent의 판매촉진을 위해 필요한 정보도 제공하도록 규정하고 있다.

(3) 검토사항

일반적으로 Principal의 Agent에 대한 가장 큰 의무는 Commission지급에 관한 것으로 이는 Commission조항에서 언급하고자 한다. 이 외에 Principal은 판촉에 필요한 견본, 광고자료, 가격표 및 변동사항 등을 발송 또는 통지하도록 하여야 한다. 특히 Agent는 그의 입장에서 볼 때 Principal이 자신이 할 일을 회피하지 않는지 점검하여야 한다. 또한 가격변동 시 변동된 가격의 적용시기에 관하여 규정해 두어야 한다.

5 ▸▸ 대리수수료(Commission)

(1) 예 문

"1. As sole compensation for all services to be rendered by Agent hereunder Principal shall pay Agent a commission ("Commission") at the rate of percent (%) of the invoice value, based on F.O.B.______, of the Products ("the Sales Amount") sold through Agent.

2. The commission shall be payable and due to Agent within (_______) days after actual receipt by Principal of the Sales Amount.

3. If, after receipt of the Sales Amount, Principal is forced to refund any of the Sales Amount, Agent shall refund to Principal the commission on the refunded amounts within (_________) days after Principal's refund of the Sales Amount. However, if Agent fails to refund the said commission

within the said days, Principal shall be entitled to deduct the same amount from the future commission to be paid to Agent. The commission shall be paid by telegraphic transfer remittance by Principal to the Agent's designated bank account."

(2) 예문의 의미

제1항은 Commission의 산정기준으로, Agent를 통하여 판매된 송장금액의 FOB금액을 기준으로 몇 %를 지급하도록 규정하고 있다.

제2항은 Commission의 지급시기로, Principal이 매매대금을 받은 날로부터 며칠내에 지급하도록 규정하고 있다.

제3항은 Principal이 매매대금을 반환해야만 하는 경우 Agent가 받은 Commission도 몇 일내에 반환하도록 규정하고 있다. 만약 Agent가 이를 반환하지 않으면 앞으로 지급할 Commission에서 이를 차감하도록 하였다. 또한 Commission의 지급방법도 T/T로 지급하도록 규정하였다.

(3) 검토사항

Commission조항에서 검토할 사항을 요약하면 다음과 같다.

첫째, Commission의 발생시기를 계약체결시로 할 것인지, 주문시로 할 것인지, 선적시로 할 것인지 또는 대금지급시로 할 것인지를 결정하여야 한다.

둘째, Commission 계산의 기준이 되는 물품판매금액을 FOB, CFR 또는 CIF로 할 것인지 결정하여야 하고, 이러한 기준금액의 몇 %로 할 것인지 정하여야 한다.

셋째, Commission의 발생시기가 계약체결시, 주문시 또는 선적시 인지에 관계없이 Commission의 지급시기를 정하여야 한다. Principal과 Customer 사이에 계약체결 후 계약이 취소되거나, 주문 후 주문이 취소되거나 선적 후 대금을 받지 못할 경우 Commission에 어떤 영향이 미치는지 규정하여야 한다.

넷째, 계약에서 Agent가 Commission 받을 권리는 자신의 개입으로 이루어진 거래에 한하는 바, "개입"의 의미를 정의하여야 한다.

다섯째, Commission의 지급통화, 지급장소, 지급방식을 규정하여야 한다.

6 ▸▸ 계약종료(Termination)

(1) 예 문

"The Agreement may be terminated in any of the following cases:

(a) By mutual agreement in writing of the parties;

(b) By the non-defaulting party, in the event of default by the other party in the due performance of its obligations under the Agreement, when default is not remedied within [thirty (30)] days after receipt of written notice of default from the non-defaulting party;

(c) By the other party, either party making an assignment for the benefit of creditors, or being adjudged bankrupt, or insolvent, or filing any petition seeking for itself any arrangement for dissolution and liquidation of its interests; or

(d) By either party, if a force majeure condition under Article 10 hereof makes it unreasonable to proceed with the Agreement in the foreseeable future.

Upon termination of the Agreement, neither party shall be discharged from any antecedent obligations or liabilities to the other party under the Agreement unless otherwise agreed in writing by the parties."

(2) 예문의 의미

위의 예문에는 계약이 종료될 수 있는 4가지 사유와 그 효과를 규정하고 있다. 즉, 당사자의 합의, 상대방의 계약불이행시 이에 대한 통보를 받고 30일 이내에 교정되지 않을 때 및 상대방의 사해(詐害)행위, 파산, 청산 등의 사유와 불가항력사태 등으로 종료사유를 규정하고 있다.

계약종료시 그 효과가 그 이전의 계약의무에는 영향을 주지 않도록 규정하고 있다.

(3) 검토사항

계약기간 이전에 종료되는 계약해지의 경우는 통상 3가지 경우로 나눌 수 있다.

첫째는 계약당사자의 서면합의에 의한 종료로 이는 계약당사자자치의 원칙을 반영한 것이다.

둘째는 당사자 일반의 계약위반에 따른 계약해지로 이 경우에는 위반의 정도가 근본적(fundamental)이어야 한다. 그렇지만 이를 입증하는 것이 쉽지 않기 때문에 위반사실을 통지하고 일정한 유예기간 내에 이를 교정하지 않을 때 계약을 해지하도록 규정하는 방식을 취할 수 있다.

셋째는 계약위반은 아니지만 계약을 존속시키기에 지장을 초래할 만한 일정한 조건이 발생한 경우이다. 즉, 일정한 조건이란 어느 한 당사자의 파산, 지급불능, 청산, 사망 또는 제3자에 의한 합병, 불가항력 등이다.

계약종료의 효과는 통상 종료전의 당사자의 권리・의무는 영향을 받지 않지만 국가에 따라 "termination"을 달리 해석할 수도 있으므로 이를 명시하는 것이 바람직하다. 대리점이 계약종료시에 미회수된 Commission이 있으면 이는 계약종료와 관계없이 이를 받을 권리가 있다. 이를 위하여 "Commission 조항"에 다음과 같이 명시할 수도 있다.

"Agent's right to commission accrued on Agent Agreement during the effective period of Agreement shall survive the termination of the Agreement"

7 ▸▸ 최소판매대행수량(Minimum Quantity)

(1) 예 문

"Agent shall promote to have irrevocable order for the Products placed with Principal for not less than the amount of
_____for each _______ months periods in accordance with terms and

conditions herein provided. Should Agent fail to place an order for the quantities above mentioned during the said period, Principal may forthwith and without notice terminate this Agreement."

(2) 예문의 의미

위의 예문은 대리점이 일정기간 내 최소한 어느 정도의 판매대행실적을 올리도록 규정하고, 만약 이를 달성하지 못하면 Principal이 계약을 종료할 권리를 갖도록 규정하고 있다.

(3) 검토사항

대리점계약에서 대리점에게 통상 독점권을 주기 때문에 이에 대한 보답으로 대리점은 일정기간 내 **판매대행실적**을 약속하여야 한다.

이에 관하여 2가지 문제를 유의하여야 한다. 하나는 실적기간을 1년이나 2년은 너무 길기 때문에 3-6개월 등으로 다소 짧게 잡는 것이 Principal에게 유리하다. 그렇지 않으면 Agent가 실적 없이 1년 또는 2년을 버틸 수 있기 때문이다 다른 하나는 만약 Agent가 목표량에 달하지 못하면 Principal이 곧 바로 계약을 종료하기보다 Exclusive를 Non-Exclusive로 바꿀 수 있도록 하는 것도 유연한 대처방안이다.

8 경쟁금지(Non-competition)

(1) 예 문

"Without the prior written consent of the Principal, the Agent shall not manufacture, represent, purchase, sell, advertise or otherwise deal with products similar to, identical with or sold for similar application as the Products during the life of this Agreement.

Upon the execution of this Agreement the Agent shall inform the Principal on any existing agreements or other arrangements by virtue of which the Agent deals with products which are not similar to, identical with or usable or sold for similar application as the Products. Thereafter, the Agent shall keep the Principal informed of any such agreements or arrangements the Agent proposes to enter into. Such agreements or arrangements shall in no event jeopardize the proper and punctual fulfillment by the Agent of its obligations under this Agreement."

(2) 예문의 의미

위의 예문은 Agent가 계약기간동안 Principal이 제공하는 제품과 경쟁관계에 있는 물품을 취급하지 못하도록 하는 조항이다. Principal의 입장에서 Agent에게 독점권을 부여하기 때문에 타사 또는 유사한 물품을 취급하지 못하도록 하기 위하여 그럴 가능성이 있는 모든 계약을 Principal에게 통지하도록 규정하고 있다.

(3) 검토사항

"**경쟁금지조항**"은 Principal의 입장에서 삽입하기를 원하는 조항이기 때문에 Agent 입장에서 이 조항을 특별히 유의하여야 한다. 잘못하면 Principal이 계약종료 후에 이를 강요할 가능성이 있으며 이것은 불공정거래행위에 해당될 수 있다.

CHAPTER

3 국제합작투자계약

I 국제합작투자계약의 개요

기업의 일반적인 성장과정은 먼저 국내에 안정적인 기반을 마련한 이후에 사업의 확장을 위하여 수출을 모색하게 된다. 이러한 기업의 해외시장 진출은 처음에는 단순한 물품의 수출・입으로 시작하여 차츰 판매점이나 대리점 등을 통한 판로 개척을 시도한다. 나아가 기업의 해외시장 진출은 기술을 수출하여 해외에서 직접 생산하는 License계약으로 발전하고 결국에는 기술뿐만 아니라 자본까지 해외로 이동하여 현지에서 직접 이익을 창출하기 위하여 현지인과 합작으로 회사설립, 현지생산 및 판매로까지 발전하게 된다.

이때 국내의 자본과 기술, 인력 등을 해외로 이진시기는 거래를 해외투자라고 하는데, 이는 국내에서 필요한 자원의 안정적 공급이나 무역장벽을 극복하기 위한 방편으로, 또는 국내에서 경쟁력을 상실한 산업의 해외이전을 통한 외화획득 및 선진국의 투자 유치로 인한 첨단기술의 국내이전 등을 목적으로 한다. 그러나 최근에는 선진국의 기술을 용이하게 습득하기 위한 방법으로 해외에 연구개발센터 등을 설립・운영하는 방식으로도 사용되고 있다.

이러한 해외투자는 그 형태에 따라 **간접투자**(portfolio investment)와 **직접투자**(foreign direct investment : FDI)로 구분된다. '간접투자'란 투자대상기업의 경영에는 참여하지 않고 수익만을 추구하는 방식으로, 해당기업의 주식이나 채권 등의 거래에 의한 차액을 목적으로 한다. 이와 반면에 '해외직접투자'란 투자대상기업의 경영에 직접 참여하기 위하여 유무형의 자원을 해외로 이전함으로써 수익을 창출하는 방식을 의미한다.

이때 해외직접투자는 다시 단독투자와 합작투자로 구분되는데, '**단독투자**(sole investment)'란 국내투자가가 해외투자에 소요되는 자본전액을 단독으로 투자하는 형태로, 이익을 독점할 수 있다는 장점이 있으나 위험부담이 높다는 단점도 있다. 한편 '**합작투자**(joint venture : J/V)'란 통상 '해외투자자(foreign investor)'와 '국내투자자(domestic investor)'가 특정사업의 수행을 위하여 일정기간 공동으로 투자하여 주식회사형태로 합작회사를 설립·운영하고[1] 이를 통한 이익창출을 목적으로 하는 투자형태를 의미하지만, 경우에 따라서는 해외투자자 간의 합작투자도 가능하다.

합작투자사업을 원할 경우 양 당사자는 **합작투자계약(Joint Venture Agreement)**을 통하여 당사자의 권리·의무를 합의하여야 할 뿐만 아니라 정관(Articles of Incorporation; Charter)을 작성하므로 법인의 조직과 업무처리 절차를 정하여야 한다. 이 경우 통상 합작투자계약은 계약법의 일반원칙이 적용되지만 정관은 합작투자회사의 국적지 회사법의 강행법규의 적용을 받게 된다.

Joint Venture Agreement의 실질조항으로는 회사의 설립에 관한 조항, 자본의 조달에 관한 조항, 회사의 운영에 관한 조항, 배당 및 조세에 관한 조항 그리고 회계 및 감사에 관한 조항으로 나눌 수 있다. 이들 가운데 주요 실질조항은 신설회사의 설립(Formation of New Company), 법인정관(Article of Incorporation), 법적 지위(Legal Status), 자본출자(Capital contribution), 자본증액(Increase of Capital), 기채(起債, Indebtedness), 주주총회(General meeting of Shareholders), 이사회(Board of Directors), 배당금(Dividends), 회계 및 감사(Accounting and Audit), 지급 및 세금(Payment and Tax) 등이다.

1) 반드시 신설회사의 설립이 요구되는 것은 아니며, 합작투자계약만으로 공동사업체를 결집하는 '조합형 합작투자(Partnership J/V)'의 형태도 가능하다.

Ⅱ 실질조항

1 회사의 설립(Formation of New Company)

(1) 예 문

"1. The parties, immediately upon the effectuation of this Agreement, shall form and establish a company, which will be jointly owned and managed by the parties hereto (hereinafter referred to as the "New Company") pursuant to the laws of Korea.
2. The name of the New Company shall be Chusik Hoesa, in Korean and in English.
3. The head office of the New Company shall be located at, Korea; branches and other business offices, ect., may be established anywhere within or outside Korea, as required.
4. The parties hereto shall consult and cooperate with each other as to the procedures and particulars of the establishment and registration of the New Company."

(2) 예문의 의미

위의 예문에서 양 당사자는 먼저 신설회사의 소유와 경영을 공동으로 하며 설립의 법적 근거는 한국법에 따르도록 규정하였다. 또한 신설회사의 상호 및 본점소재지를 규정하였다. 양 당사자는 신설회사의 설립 및 등기절차 등에 관하여 상호 상의·협의하기로 합의하였다.

(3) 검토사항

합작투자회사의 설립방법에는 모집설립과 발기설립이 있다. 전자는 발기인이 발행주식 총수의 일부분만 인수하고 나머지는 주식인수인을 모집하여 자본을 조달한다. 이에 반하여 발기설립은 발기인이 주식총수를 인수하는 경우로 설립절차가 간편하다.

다음은 출자의 형태로 현금출자방식과 현물출자방식, 그리고 혼합방식이 있다. 이 가운데 현물출자는 금전 이외의 출자로, 동산, 부동산, 유가증권, 지식재산권, 채권 등의 출자를 말한다. 또한 회사설립시 양 당사자가 공동으로 출자하여 합작회사를 설립하는 단순설립과 국내투자가의 출자만으로 회사를 설립한 후 closing 날짜에 증자하여 외국 당사자와 기술이전계약이나 상표사용계약을 체결하고 주식을 할당해주는 클로징 설립이 있다.

따라서 "회사의 설립" 조항에는 회사의 설립방식, 출자방식, 기업형태, 상호, 본점소재지, 회사의 설립목적 등을 명기하여야 한다. 특히 사업목적은 주주뿐만 아니라 제3자에 대하여도 회사의 사업내용을 알리는 것이므로 명확하고 구체적으로 규정해 두어야 한다. "사업목적"은 "회사의 설립"과 별도의 조항으로 다음과 같이 둘 수도 있다.

"The business purpose of the New Company shall be as follows:

1.1 Manufacture and sale of (Description of products);

1.2 Any and all business activities incidental to the foregoing objectives."

2 ▸▸ 법인정관(Article of Incorporation)

(1) 예 문

"The New Company's Articles of Incorporation(hereinafter referred to as the "Article of Incorporation") shall be as agreed to by the parties hereto pursuant to the Commercial Code of Korea. If any discrepancy is found between this Agreement and the Articles of Incorporation, the parties shall amend the Articles of Incorporation to make them be in accordance with this Agreement."

(2) 예문의 의미

정관(Articles of Incorporation; Articles of Association; Charter)의 법적 근거는 우리나라 상법이다. 정관과 본 계약간의 불일치시 본 계약이 우선함을 규정하고 있다.

(3) 검토사항

법인정관은 법인의 조직·업무집행에 관한 기본규칙이다. 법인정관은 현지국가의 강행법규에 부합되어야 한다. 만약 이에 위반될 경우 정관이 무효일 뿐 아니라 회사의 설립도 취소될 수 있으므로 현지법에 대한 검토가 선행되어야 한다.

정관의 내용이 합작투자계약서의 내용과 일치하게 작성되어야 하며 만약 양자간 충돌이 있을 경우 계약서의 내용이 우선하며 정관은 계약서에 부합되게 수정되어야 함을 규정한다.

3 ▸▸ 법적 지위(Legal Status)

(1) 예 문

> "The New Company shall be a legal entity pursuant to the laws of incorporation and acquire all rights and duties thereunder."

(2) 예문의 의미

신설회사는 설립준거법에 따라 법인격을 갖고 그에 따른 모든 권리·의무를 갖는다.

(3) 검토사항

양국간 양자투자협정(Bilateral Investment Treaty : BIT)이 없는 경우 현지자본

으로 설립된 회사보다 불이익을 받지 않는다는 규정과 이에 대한 현지투자자의 보장의무를 규정하는 것이 보다 안전하다.

4 ▸▸ 자본출자(Capital Contribution)

(1) 예 문

"The parties shall make their contributions under the initial paid-in capital in proportion to their respective participating rate. Such contribution may be made either in cash or in kind. Fifty percent(50%) of the contribution shall be made no later than 60days of the signature of the Agreement and the balance shall be made as agreed by the Board, provided, however, that in any case the whole contribution shall be made within one year of the signature of the Agreement."

(2) 예문의 의미

계약당사자들은 납입자본금 출자에 대하여 각자의 **분담비율**, **납입방법**, **납입시기** 등을 약정하여야 한다. 위의 예문에서 납입자본금 출자비율은 앞에서 약정한 비율로 분담하기로 하고, 납입방법은 현찰이나 이와 동종의 것으로 하며, 납입 시기는 계약서 서명일로부터 60일 이내에 50%를, 그리고 나머지는 이사회의 합의에 따르지만 서명일로부터 1년을 넘지 못하도록 하고 있다.

(3) 검토사항

출자에 관하여 검토할 사항은,

첫째, 출자방법은 현금이나 자본재로도 가능하지만 지식재산권을 일방이 제공할 경우에는 본 계약과 별도로 License Agreement가 필요할 것으로 생각된다.

둘째, 일부 국가의 경우 부동산 출자시에는 정부허가를 전제로 하므로 이를 미리 취득하는 것을 조건으로 하여야 한다.

셋째, 출자 시기는 투자 현지국의 강행법규에 규정이 있을 경우 이를 위반하지 않도록 하여야 한다.

넷째, 자본금 납입을 일방이 지연하거나 이행하지 않을 경우를 대비하여 손해배상액의 예정 조항(Liquidated Damage Clause)를 필요시 삽입할 수 있다.

만약 납입자본금을 주식으로 전환할 경우 주식수, 주권의 비율(ratio of the equity interest) 및 주식의 종류, 주식의 발행방식 및 주식의 액면가(par value), 주식의 응모(subscription for shares), 주식의 양도(transfer of shares) 및 우선매입권(pre-emptive right) 등을 약정하여야 한다.

5 ▸▸ 자본증액(Increase of Capital)

(1) 예 문

> "The authorized or paid-in capital of the New Company may be increased from time to time by the resolution of the Board."

(2) 예문의 의미

위의 예문은 합작투자회사의 수권자본이나 납입자본의 증액은 이사회의 결의로 가능하도록 규정하고 있으나 사실은 이사회 및 주주총회 결의와 정관의 개정으로 가능하다.

(3) 검토사항

자본금의 증액은 양 당사자의 **추가출자**나, **신주발행**에 의하여 가능하다. 만약 이를 제한하고자 한다면 주주총회의 의결정족수(quorum)를 정하여 거부권을 행사할 수 있다.

6 ▸▸ 기채(Indebtedness)

(1) 예 문

"Upon the unanimous decision of the Board, the New Company may incur indebtedness of an amount not exceeding one million U.S. Dollar's on the terms and conditions which may be deemed acceptable by the shareholders."

(2) 예문의 의미

기채(Indebtedness)는 통상 운영자본차입을 말하며 신설회사의 채무이므로 정관의 규정에 따라 이사회의 의결을 거치도록 하여야 하며, 양 계약당사자의 지급보증의무도 명시되어야 한다.

(3) 검토사항

신설회사의 기채는 그 회사의 재무구조나 운영상 매우 중요한 문제이므로 금액에 따라 **의결기관** 및 **의결정족수**를 규정해 두는 것이 좋다.

통상 신설회사의 기채에 대하여 각 주주는 지분에 따라 유한책임을 지지만 제3자에 대하여는 전체 채무액에 대하여 연대책임을 지게 되므로 기채시 Loan Agreement를 면밀하게 검토할 필요가 있다. 또한 투자국 국내 강행법규상 정해진 자기자본비율의 유지 및 건전한 재무구조유지를 위한 부채비율(Debt Equity Ratio)을 유지하도록 하여야 한다.

계약당사자가 신설회사의 **운영자본(working capital)**을 조달하기 위한 약정을 다음과 같이 추가할 수 있다.

"The parties hereto shall exercise their best efforts to enable the New Company to obtain the necessary working capital by arranging financing to the New Company or providing guarantees to the banks of the New Company."

7 ▸▸ 주주총회(General Meeting of Shareholders)

(1) 예 문

> "Except as otherwise provided in the Articles of Incorporation, resolutions of the General Meeting of Shareholders of the New company (hereinafter referred to as the "General Meeting of Shareholders") shall be adopted by an affirmative vote of a majority of the shares represented at a meeting where shareholders representing more than fifty percent of the total number of shares issued and outstanding are present.
>
> The representative director shall serve as chairman of the General Meeting of Shareholders. In the event the representative director cannot serve as chairman, the director nominated by the Board of Directors shall serve as chairman."

(2) 예문의 의미

위의 예문은 회사경영의 최고의 의결기관인 주주총회의 의결방법과 주주총회의 의장기능을 누가 수행하는지를 규정하고 있다.

(3) 검토사항

주주총회는 현지 투자국의 강행법규에 따라 작성한 정관에 따라야 하지만 개최회수 및 그 시기 등은 **이사회**에서 결정하도록 하는 것이 좋다. 각 주주는 자신의 지분에 따라 투표권을 가지며 위임에 의한 대리투표도 가능하다. 또한 주주총회의 의결사항을 정하되, 일반의결사항과 특별의결사항을 구분하여 상대적으로 중요한 사항은 의결정족수를 높이도록 하는 것이 좋다.

8 ▸▸ 이사회(Board of Directors)

(1) 예 문

"The supreme administration and governing body of the New Company shall be the Board of Directors, which shall consist of the directors elected by the General Meeting of Shareholders among those nominated equally by the Parties. The Representative Director shall serve as chairman of the Board of Directors.

All resolutions adopted at a meeting of the Board of Directors shall be adopted by the affirmative vote of the majority of the directors presented at a meeting where a majority of directors in office is present.

Meeting of the Board of Directors may be called by the Representative Directors when he deems the same necessary or advisable or when any director so requests."

(2) 예문의 의미

위의 예문은 신설된 합작회사의 최고의 운영기구가 **이사회**이며 이사는 주주총회에서 양 당사자가 동수로 지명한 자 가운데서 선출하도록 규정하였다. 이사회의 사회는 대표이사가 맡고, 이사회의 모든 결의는 과반수의 이사가 참석한 회의에서 참석한 이사의 과반수의 동의로 채택되도록 규정하였다. 이사회는 대표이사가 필요하다고 생각하거나 다른 이사의 요청으로 대표이사가 소집하도록 규정하고 있다.

(3) 검토사항

이사회는 합작회사의 최고의 운영기구이기 때문에 주로 지분비에 따라 이사 선임권이 배분된다. 그러나 다수주주의 전횡을 막기 위하여 특별의결사안에 대하여는 엄격한 정족수를 규정하여 지분비율이 높은 소수주주의 거부권이 확보되도록 하여야 한다. 이사의 교체 또는 보선의 경우 각 주주의 기득권 보호 및 합작정신의 준수차원에서 최초임명권을 가진 주주가 계속하여 권리를 갖도록 함이 타당하다.

대표이사의 선임과 관련하여 필요한 경우 다음과 같이 약정할 수 있다.

"The New Company shall have two representative directors who shall be appointed by the Board of Directors among other directors nominated by both parties."

9 ▸▸ 배당금(Dividends)

(1) 예 문

"The New Company, depending upon the results of each fiscal years settlement of accounts, shall make periodic payments of dividends to the shareholders according to the Articles of Incorporation."

(2) 예문의 의미

신설된 합작투자회사는 매 회계연도의 결산결과에서 수익이 발생하면 정관에 따라 각 주주들에게 정기적으로 **배당금**을 지급하도록 규정하고 있다.

(3) 검토사항

위의 내용은 너무나 당연한 내용이므로 별도의 명시를 하지 않아도 상관이 없을 것으로 보여진다. 그렇지만 중요한 점은 배당금지급을 위한 전제로 회계연도 결산결과 이익이 남아야 한다는 점과 지급기준은 정관에 의할 것임을 선언했다는 점이다.

10 ▸▸ 회계 및 감사(Accounting and Audit)

(1) 예 문

"The fiscal year of the New Company shall be the calendar year commencing on the 1st of January. During each fiscal year, the New Company shall prepare and maintain full and accurate accounting records and books containing the New Company's business and financial affairs in accordance with the applicable legislation and internationally accepted practice. Such accounting records and books shall be audited in accordance with the applicable law and the Charter."

(2) 예문의 의미

신설회사는 매 회계연도마다 정확한 재무상태와 영업내용을 기록・유지하여야 하며, 관련법과 정관에 따라 정기적인 **회계감사**를 받아야 한다.

(3) 검토사항

대표이사는 신설회사의 모든 재무상태 및 영업내용을 기록・유지하고, 주주의 요청이 있을 경우 이를 열람가능 하도록 하여야 한다. 회계감사는 현지국의 강행법규는 물론 회계 관행에 따라 이루어져야 한다.

고정자산에 대한 감가상각률의 결정에 회사의 자율권이 허용될 경우 이사회에 위임하여 신설회사에 유리하게 결정하도록 규정할 수 있다.

11 ▸▸ 지급 및 세금(Payment and Tax)

(1) 예 문

"1. Unless otherwise prescribed hereunder, all of payments made by the New Company to the foreign investor will be made in US$(currency of foreign investor) at the bank or other address nominated by the foreign investor in writing.

2. The withholding tax imposed on the payments to the foreign investor shall be withheld from the payments by the New Company and be immediately paid to the competent tax office. The parties hereto shall cause the New company to obtain from the competent taxation authorities a certificate of payment of the such withholding tax or other appropriate evidence in such form as shall be most useful to, and necessary for tax credit purposes in(the nation of the foreign investor) and forward the same to the foreign investor."

(2) 예문의 의미

위의 예문은 신설회사가 외국투자자에 대한 배당금은 미화로 지급하도록 하고, 이것은 미리 문서로 지정된 은행이나 주소지에서 이루어지도록 규정하고 있다. 또한 외국투자자에게 부과된 원천과세(withholding tax)는 지급에서 유보했다가 관할세무서에 납부하여야 하고, 관할세무당국으로부터 확인서를 받아 연말 세금공제목적으로 사용하도록 외국투자자에게 발송하도록 규정하고 있다.

(3) 검토사항

일반적으로 합작투자계약은 이에 부속되는 기술도입계약 및 상표사용계약 등이 있으므로 이와 연계하여 검토할 필요가 있다.

CHAPTER

4 국제기술도입계약

I 국제기술도입계약의 개요

전통적으로 국제거래의 주된 대상은 유형자산(tangible assets)인 물품이었으나, 과학기술이 발전하면서 유형자산을 생산하기 위한 제품기술이나 제조기술[1] 등과 같은 무형자산(intangible assets)도 국제거래의 대상이 되고 있다. 이때 국제거래의 대상이 되는 무형자산은 무형자산 중에서도 경제적 가치가 인정되고 산업에 활용될 수 있는 객관화되고 응용화된 기술을 의미하며 이러한 기술의 거래를 **'기술거래(technical transaction)'**라고 한다.

이때 기술을 도입하는 입장에서는 **'기술도입계약'**을 체결하게 되고 기술을 수출하는 입장에서는 **'기술이전계약'**을 체결하게 된다.[2] 이를 통하여 기술을 이전하는 입장에서는 기업이 자국 내에서 경쟁력을 상실한 기술을 제3자에게 이전함으로써 추가적인 이득을 취할 수 있게 되고, 기술을 도입하는 입장에서는 선진기술을 도입하여 자사의 기술력 향상은 물론 시장확대도 가능해진다는 장점이 있다.

우리나라 「외국인투자촉진법」상 "**'기술도입계약'**이란 대한민국 국민 또는 대한민국 법인이 외국인으로부터 산업재산권이나 그 밖에 기술을 양수하거나 그 사용에 관한 권리를 도입하는 계약"을 말한다. 즉, 기술도입계약이란 '기술제공

1) 제품기술이란 기본적으로 어떠한 기능을 가진 물품의 설계・개발기술로, 비용・성능 등을 상품화하기 위한 기본적인 것이며, 제조기술이란 제품을 생산하기 위한 기술로서 가공기술・조립기술 등 재화를 생산하기 위한 기술을 의미한다(윤선희・조용순, 「기술이전계약론」, 법문사, 2013, 4-5면).

2) 이러한 기술도입계약의 명칭은 기술이전계약, 기술제휴계약, 기술지원계약, 특허권실시계약, 노하우계약, License Agreement, Technical License Agreement 등으로 불려지고 있다.

자(licensor)'가 '기술도입자(licensee)'에게 기술 또는 그 밖의 기술을 이전하거나 공여하는 것을 통하여 당사자 간에 성립하는 권리·의무관계를 규정하는 계약을 의미한다. 여기서 '기술'이라 함은 산업재산권이나 노하우 또는 양자를 모두 포함하는 개념이다. **산업재산권(industrial property)**이란 특허권, 실용신안권, 디자인권 및 상표권을 의미하며, '그 밖의 기술'이란 산업재산권에는 포함되지 않는 **노하우(knowhow)**나 **기술용역(technical service)** 또는 **기술지원(technical assistance)** 등을 지칭한다. 즉, 기술도입계약 또는 기술이전계약의 대상은 산업재산권의 양도, 산업재산권의 실시(사용) 허락, 노하우의 제공, 기술용역의 제공 또는 산업재산권과 노하우 그리고 기술용역의 제공을 결합한 형태 등으로 구분할 수 있다.

특히, 노하우는 특허와 혼돈되는 경우가 많은데, 이 둘은 권리의 확정성, 존속기간, 배타성, 법적 보호, 비밀성 등의 측면에서 차이가 있다. 먼저 특허는 특허법에서 보장하는 법적권리이므로 그 내용이 확정적이고 보호기간도 보장되며 배타성도 지니고 있으므로 특허와 관련된 기술이나 정보가 공개되더라도 법적으로 보호를 받을 수 있다. 이와 반면에 노하우는 당사자가 비밀을 유지하는 기간 동안에는 노하우와 관련한 기술이나 정보를 독점할 수 있지만, 제3자가 이를 개발 또는 발견하게 되면 그 시점부터는 독점을 주장할 수 없다. 즉, 노하우는 법적으로 보호받을 수 없으므로 계약을 통하여 관련 기술과 정보를 보호받을 수 있도록 조치하여야 한다. 한편 **기술용역**은 특허권이나 노하우와는 달리 권리성이 인정되지 않는다.

따라서 특허권이나 노하우의 제공에 대하여는 당사자간 **License Agreement(실시권계약)**가 체결되고 권리의 사용대가인 Royalty(기술료)가 지급되는 것이 통례이나 기술용역 또는 기술지원의 제공에 대하여는 License Agreement가 아닌 **Technical Assistance Agreement**의 형식계약을 체결하고 기술서비스에 대한 대가가 지급되어야 한다. 이에 해당하는 것으로 기술도입자 직원의 훈련이나 공장건설능력을 가진 전문가의 용역제공 등이 있다.

기술도입계약서의 "정의조항"(Definition Clause)은 계약서에 나타나는 기술이나 기술의 이전과 관련된 전문용어를 정의하는 조항이기에 특히 중요시 되는데, 이는 Patent, Know-How, Licensed Product, Exclusive Territory, Effective Date, Net Selling Price, Subsidiary, Technical Information, Industrial

Property Right, Licensed Trademark 등이 대표적인 용어라고 할 수 있다. 한편 기술도입계약서의 실질조항으로는 실시권의 허여(Grant of License), 기술정보 및/또는 판매정보(Technical Information and/or Sales Information), 기술지원(Technical Assistance), 기술료(실시료, Royalty), 보고 및 감사(Report and Audit), 개량(Improvement), 보증(Warranty), 비밀유지(Secrecy), 상표 및 브랜드(Trade-mark and Brand), 특허권침해(Patent Infringement) 등이 있다.

Ⅱ 실질조항

1 ▸▸ 실시권의 허여(허락)(Grant of License)

(1) 예 문

"1. Licensor hereby grants to Licensee an exclusive right to manufacture, use and sell the Licensed Products using the Industrial Property Rights and Technical Information furnished by Licensor in the Contract Territory.
2. Licensor hereby grants to Licensee (a non-exclusive) right to sell the Licensed Products to any country in the world."

(2) 예문의 의미

위의 예문은 기술도입계약에서 당사자 권리・의무의 기본이 되는 조항이다. 제1항은 계약지역 내에서 기술제공자가 제공하는 기술의 내용은 산업재산권과 기술정보이며, 실시권의 내용은 제조, 사용 및 판매이고, 실시권의 부여형태는 독점적임을 명기하고 있다. 제2항은 그 외의 지역에서는 실시권의 내용이 판매에 국한되며 비독점적 권리임을 규정하고 있다.

(3) 검토사항

본 조항에서 검토할 사항은 다음과 같다.

첫째, **실시권의 범위**가 무엇인지가 명료하게 기술되어야 한다. 즉, 특허권인지, 상표권인지, 의장권인지 또는 여기에 Know-how가 결합되는 형태인지에 관하여 규정하여야 한다.

둘째, **실시권의 부여형태**가 독점인지 비독점인지 또는 Sublicense(재실시권)까지 허용하는지 규정되어야 한다.

셋째, **실시권의 내용**이 제조인지 사용인지 또는 판매인지가 규정되어야 한다.

넷째, **실시권이 부여되는 지역**에 어떤 제한이 있는지 규정되어야 한다. 통상 계약지역에는 독점권이, 기타 지역에는 비독점이 부여되고, 계약지역에는 제조·판매권이, 기타 지역에는 판매권만 부여되는 경우가 많다.

2 ▸▸ 기술정보(Technical Information)

(1) 예 문

"Licensor agrees to furnish or make available to Licensee, within ......days after the date of payment of the initial sum duly made by Licensee as provided in Article....., the following technical information necessary and sufficient for manufacture of...(name of goods).

(a) drawings for designing, manufacturing and assembling
(b) specifications
(c) materials list
(d) general calculation sheet
(e) data for inspections and trial operations
(f) fabrication and assembly procedures
(g) operating & instruction manuals
(h) all other technical information on the date of execution hereof or

developed or otherwise acquired by Licensor thereafter during the effective period hereof."

(2) 예문의 의미

위의 예문은 기술정보, 즉 Know-how의 구체적인 내용이 무엇인지, Know-how의 제공에 있어 선수금의 지급을 전제로 하는지, 그렇다면 제공 시기는 언제인지 또한 현재의 Know-how에만 국한되는지 등을 규정하고 있다.

(3) 검토사항

계약제품을 제조・사용・판매하기 위해서는 산업재산권 이외에 Know-how가 필요하다. 따라서 본 조에는 Know-how의 내용, 유・무상, 제공시기 등을 약정한다.

3 기술지원(Technical Assistance)

(1) 예 문

"Upon request of Licensee made from time to time during the effective period of this agreement, Licensor agrees to train Licensee's engineer(s) at Licensor's works under the following conditions:

(a) number of trainee(s)—.

(b) period of training—.

(c) expenses—.

(d) treatment—.

Upon request of Licensee and subject to the consent of Licensor, Licensor shall send to Licensee qualified engineer(s) and/or specialist(s) under the following conditions:

(a) number of engineers and/or specialist(s)—.
(b) period of guidance—.
(c) expenses—.
(d) treatment—."

(2) 예문의 의미

위의 예문은 **기술지원**의 구체적 내용을 규정하고 있다. 즉, 기술도입자의 직원을 기술제공자의 공장에 데려다가 훈련시키는 경우, 그 인원, 기간, 비용 및 대우 등에 관한 내용과 기술제공자가 자사의 기술자를 파견하는 경우, 기술자의 수, 지도기간, 비용 및 대우 등을 규정하고 있다.

(3) 검토사항

산업재산권이나 Know-how의 제공만으로는 기술도입계약의 목표를 달성하기 어렵다. 즉, 계약제품이 생산되어 판매되기 위해서는 전문가(or 전문기술자)의 기술지도가 필요하며, 기술지도의 방법은 도입자의 직원이 제공자의 공장에 가서 연수를 받을 수도 있고, 제공자가 자신의 회사에 속한 기술자를 파견할 수도 있으며, 양자를 결합할 수도 있다. 어느 경우든 기술자 또는 연수자의 수, 체류기간, 비용부담, 기술자 또는 연수자의 대우 등에 관하여 약정이 필요하다.

기술지원부분에 대하여는 기술도입계약서에 위의 예문과 같이 포함시킬 수도 있고 기술도입계약서와는 별도로 기술지원계약서(Technical Assistance Agreement)를 체결할 수도 있다.

4 ▸▸ 기술료(Royalty)

(1) 예 문

"In consideration of the license and service granted to Licensee hereunder, Licensee shall pay to Licensor, during the effective period of this Agreement, the following amounts:

(a) An initial sum of ..... within..... days after the effective date of this Agreement, and

(b) A royalty of ..... per cent (.....%) of Net Selling Price.

(c) Licensee shall be obliged to pay a minimum royalty of ..... during the each calendar year.

(d) All royalties provided for in this Agreement shall be due and payable semi-annually and Licensee shall pay to Licensor on or before the..... day of each month of..... and ..... of each year during which this Agreement is in force, the total amount of royalty due and payable on account of the operations under this Agreement of Licensee during the semi-annual calendar period ending with the last day of..... and..... immediately preceding said dates of payment.

(e) Any and all taxes of whatever nature imposed or levied in ..... on the payment made under this article shall be borne by Licensor.

(f) All payment due under this Agreement shall be made in ..... currency calculated on the basis of the official exchange rate in effect on the day on which such payment is made."

(2) 예문의 의미

위의 예문은 본 계약에서 기술도입자에게 허여된 실시권과 용역에 대하여 계약기간 동안 아래의 금액을 지급할 것을 규정한다.

제(a)항과 제(b)항은 선급금(initial sum)과 순판매가액의 x%에 해당하는 실시료를 지급하도록, 그리고 제(c)항은 매년 실시료의 최저금액을 명기하고 있다.

한편 제(d)항은 실시료의 계약기간과 지급시기를 규정하고 있으며, 제(e)항은 실시료에 부과되는 세금을 누가 부담할 것인지를 규정하고 있다. 그리고 제(f)항은 실시료의 지급통화와 환율계산기준을 정해두고 있다.

(3) 검토사항

기술도입계약서에서 가장 중요한 조항은 제공되는 기술에 대한 대가인 실시료에 관한 조항이다. 실시료는 기술도입자가 제공된 기술을 기초로 계약물품을 제조·판매하여 계약에서 정한 시기에 약정된 방법에 따라 기술제공자에게 이전기술의 대가로 지급하는 것이다.

실시료의 산정은 제공되는 기술이 완성된 것인지 여부, 특허권이 있는 것인지 여부, Know-how가 첨부된 것인지 여부, 독점적인지 여부, 개량기술의 귀속권이 기술제공자에게 귀속되는지 여부, 허여된 기술로 제조된 제품의 수요전망 등을 고려하여 결정하여야 한다.

실시료의 종류는 시기를 중심으로 선급금, 선급실시료, 실시료로 나눌 수 있다. 선급금은 계약발효 후 일정기간 내에 지급하는 것으로 실시권을 부여하는데 대한 보증적 의미를 갖는 것이다. 선급실시료는 계약기간 중 발생한 실시료의 일부 또는 전부를 미리 지급하는 것으로 추후 실시료 지급시 선급실시료만큼 차감된다.

실시료의 지급방식에는 정기적·계속적으로 확정된 일정비율에 의하여 지급되는 고정기술료(lump sum royalty)와 기술실시에 따른 사업성과에 따라 지급되는 경상기술료(running sum royalty) 방식이 있다. 이 가운데 고정기술료방식은 비교적 드물다. 이는 실시권을 이용하는 사업의 위험을 전적으로 기술도입자가 부담하는 것으로 기술도입계약서의 선급금은 주로 여기에 속한다. 이러한 선급금(initial payment)을 "licence issue fee(기술발급료)" 또는 "disclosure fee"(제공료) 등으로 표현하기도 한다.

한편 경상기술료는 산정기준에 일정한 비율을 곱하여 산정하는 바, 산정기준은 총매출액(gross sales value), 순매출액(net sales value), 생산물 단위에 일정액을 곱한 것 또는 계약물품의 부가가치에 일정률을 곱한 것 등 여러 가지 산정방법이 있을 수 있다.

5 ▸▸ 보고 및 감사(Report and Audit)

(1) 예 문

"Within sixty (60) days after ..... and..... of each calendar year during the effective period of this Agreement, Licensee shall furnish to Licenser with a written statement specifying the number and Net Selling Price of Licensed Products sold by Licensee under this Agreement during six (6) months period ending with ..... and .....

Licensee shall keep true and accurate records, files and books of account containing all the data reasonably required for the full computation and verification of the amounts to be paid and the information to be given in the statements provided for herein. Licensee shall, during the usual business hours, permit Licensor's representative adequately to audit the same for the sole purpose of determining the amounts payable by Licensee.

In view of audits by Licensor's representative, Licensor shall have the option to have such audits made at Licensor's expense by independent chartered accountants mutually acceptable to the parties hereto."

(2) 예문의 의미

위의 예문에서 기술도입자는 기술제공자에게 실시료의 계산을 위하여 계산기간 후 60일 이내에 자신이 판매한 계약제품의 수량과 순판매액을 표시한 서면보고서를 제출하도록 규정하며, 또한 지급될 실시료 계산에 필요한 기술이나 회계장부를 진실되고 정확하게 유지하여야 한다고 규정하고 있다. 또한 기술도입자는 기술제공자의 대리인으로 하여금 이러한 자료들을 감사할 수 있도록 허락하여야 한다. 즉, 양 당사자 모두가 납득할만한 공인회계사로 하여금 이를 감사하도록 하여야 한다.

(3) 검토사항

대가의 산정기준이 되는 제조·판매에 관한 보고서를 기술도입자가 기술제공자에게 보고하는 것은 너무 당연하다. 이것은 바로 실시료가 제대로 지급되는지를 점검하기 위하여 필요·불가결한 것이므로 진실되고 정확하게 작성되어야 한다. 이를 감사하기 위하여 현지에 공인회계사(certified public accountant)를 둘 수 있다.

6 개량(Improvement)

(1) 예 문

"If at any time during the term of this Agreement one party hereto discovers or comes into the possession of any improvements or further inventions relating to the Licensed Products or in connection with the design, manufacture, use and sale of the same, the party shall furnish the other party with information on such improvements or further inventions without any delay and free of charge."

(2) 예문의 의미

위의 예문은 기술제공자나 기술도입자가 계약기간 중에 계약제품이나 계약제품의 디자인, 제조, 사용 및 판매와 관련하여 얻게 된 개발이나 추가발명에 대한 정보를 추가 비용부담 없이 상대방에게 제공하도록 규정하고 있다.

(3) 검토사항

위의 조항은 기술도입계약기간동안 양 당사자가 기술도입계약의 대상이 되는 **개발이나 발명을 어떻게 취급할 것인지를 규정**하는 조항이다.

첫째, 계약체결 후 기술제공자에 의한 개량이나 발명을 어떻게 취급할 것인가 하는 것이 우선 문제가 된다. 기술제공자가 계약 후 추가로 개량·발명한 기술을 추가적인 대가를 요구하지 않고 기술도입자에게 제공할 수도 있고, 새로운 기술에 대하여 새로운 추가지급을 요구할 수도 있다. 통상은 기술제공자가 개발하거나 발명한 기술이 획기적인 것을 제외하고 추가지급을 요구하지 않고 기술도입자에게 제공하고 있다.

둘째는 첫째와 반대로 계약 후 기술도입자에 의하여 발생한 개량·발명은 어떻게 할 것인가 하는 것이다. 기술도입자가 새로이 발명하거나 개발한 기술은 최초 기술제공자의 개량기술에 기초를 두고 있으므로 기술제공자에게 귀속되어야 한다고 주장할 수 있다.

이러한 점들을 고려하여 양 당사자는 본 조항을 설정할 때 신중하게 그리고 양 당사자의 권리가 형평성을 갖도록 유의하여야 한다. 즉 "**Improvements Clause" 작성시 고려할 사항**으로는, 첫째, 양자가 추가로 개량·개발한 기술에 독점권이 부여되는가, 양자의 권리가 인정되는가, 그렇지 않으면 권리가 상대방에게 귀속되는가? 둘째, 추가로 개량·개발된 기술에 대한 대가가 유상인가, 무상인가, 또는 내용에 따라 달라지는가? 셋째, 재실시권(sublicense)이 인정되는가? 넷째, 추가로 개량·개발된 기술의 허여기간은 원계약의 유효기간과 일치하는지 여부와 사용권이 인정되는 지역은 원계약의 지역과 동일한가 다른가? 등이다.

7 ▸▸ 보증(Warranty)

(1) 예 문

"1. During the terms of this Agreement, Licensor shall be responsible for damage resulting from defective Technical Information and Parts furnished to Licensee by Licensor.
2. Licensor shall not be responsible for consequential damages resulting from the faulty application of Technical Information by Licensee."

(2) 예문의 의미

위의 예문은 기술제공자가 기술도입자에게 제공한 하자있는 기술정보나 부품으로부터 생긴 손해에 대하여 책임질 것을 보증하면서도 기술도입자가 기술정보를 잘못 사용하여 생긴 간접손해에 대하여는 책임지지 않을 것을 약속하고 있다.

(3) 검토사항

위의 보증조항에서는 보증내용과 보증기간을 명료히 하여야 하며, 특히 **보증배제내용**을 상세하게 규정할 필요가 있다. 예를 들어, 다음과 같은 규정을 고려해볼만하다.

"Disclaimer of Warranty": Licensor shall not be responsible for any loss, liability, damages, costs or expenses which may be suffered or incurred at any time by Licensee by reason of the reliance on or use of any license information.....

이 경우 기술도입국의 강행법규의 관련조항을 확인하여야 한다.

8 ▸▸ 비밀유지(Secrecy)

(1) 예 문

"Licensee agrees that it shall not without prior written consent of Licensor sell, assign or divulge the Technical Information disclosed and furnished by Licensor hereunder in any manner to anyone except those of its employees and its subcontractors who will be using such information in the manufacture and erection of the Licensed Products."

(2) 예문의 의미

위의 예문은 기술제공자가 기술도입자에게 공개했거나(disclosed) 제공한 기술정보를 기술제공자의 사전 서면동의 없이 어떤 방법으로든 타인에게 판매, 양도 또는 누설하여서는 안된다는 내용이다. 단, 계약제품의 제조와 조립(erection)을 담당하는 직원이나 하청계약자에게 누설하는 것은 제외된다는 내용이다.

(3) 검토사항

기술정보(Technical Information), 즉 Know-how는 비밀유지가 생명이기에 계약조항에 **비밀유지조항**을 두게 된다. 위의 비밀유지조항은 간단하지만 필요한 경우 다음 내용을 포함하여 자세하게 규정할 필요가 있다.

첫째, 비밀유지가 요구되는 기술정보의 범위,

둘째, 비밀유지대상의 제한, 즉 기술도입자의 직원이나 하청계약자에게는 예외가 되는지 여부,

셋째, 비밀유지기간이 계약기간에 한정되는지, 계약만료 후 1~2년 연장되는지 또는 영구적인지 여부,

넷째, 기술도입자의 비밀유지의무는 국내의 강행법규의 범위내로 제한된다는 점 등을 고려할 필요가 있다.

9 ▸▸ 상표 및 브랜드(Trademark and Brand)

(1) 예 문

"1. Licensor hereby grants to Licensee, upon the terms and conditions herein after specified non-assignable license to use the Licensed Trademarks during such time as this Agreement subsist in such manner as not to deceive the public, on and in connection with the Licensed Products. Licensor will not grant a License to use the Licensed Trademarks in the

Contract Territory to any other third party in Korea during the term of this Agreement.

2. Licensee shall be entitled to use Licensed Trademarks on Licensee's letter headings, invoices and all advertising and promotional materials in such form and in such manner as shall be approved at the first consulting in writing with the Licensor.
3. Each Licensed Trademark shall be used only after it has been duly registered with the Patent Office, and after this Agreement has also been duly registered with the Patern Office.
4. This License to use the Licensed Trademark is provided on a royalty free basis.
5. If this Agreement is terminated, Licensee shall immediately cease using the Licensed Trademark."

(2) 예문의 의미

위의 예문에서 기술제공자는 먼저 기술도입자에게 계약제품과 관련하여 계약상표를 사용할 독점적·양도불능의 권리를 부여한다고 규정하고 있다. 또한 기술도입자는 기술제공자와 서면으로 상의하여 합의한데로 자신의 서신서두, 송장, 광고·판촉물에 계약상표를 사용할 수 있도록 규정하고 있다.

이러한 계약상표의 사용 시기는 계약상표와 본 계약이 특허청에 합법적으로 등록된 후에 사용하도록 하고 있다. 상표사용권에 대하여는 기술료의 지급 없이 제공되지만 계약이 종료되면 상표사용권도 종료되도록 규정하고 있다.

(3) 검토사항

원래 상표는 출처표시기능, 품질보증기능 및 광고선전기능을 하지만 오늘날은 Brand Value가 중시되기 때문에 기업의 종합적 가치를 나타내는 매우 중요한 의미를 갖는다.

따라서 계약에서 **상표사용**과 관련하여 다음의 사항을 검토하여야 한다.

첫째, 기술제공자가 기술도입자에게 본 계약에 따라 제조된 제품에 대하여

계약상표부착의무를 부과할지 여부,

둘째, 기술제공자가 기술도입자에게 상표사용권을 부여하되 사전허가를 조건으로 하는지 여부이다.

이 외에도 상표의 사용과 관련하여 계약시에 유의할 점은, ① 사용권이 독점적인지 여부, ② 등록된 상표를 기준으로 할 것인지 여부, ③ 기술료에 상표사용료도 포함되어 있는지 여부, ④ 상표사용기간과 갱생기간이 정해져 있는지 여부, ⑤ 계약종료 후에도 상표사용이 계속되는지 여부 등이 있다.

10 특허권침해(Patent Infringement)

(1) 예 문

"Should any Licensed Product manufactured by Licensee strictly in accordance with the Technical Information supplied by Licensor under this Agreement partially or totally infringe patent right belonging to the third party which shall make a claim against Licensee for alleged infringement of such patent right, Licensee shall immediately by telex inform Licensor thereof and transfer the claim with all pertinent details to Licensor, who shall be responsible for handling of the claim and Licensee shall in no respect have any responsibility for the claim from such party."

(2) 예문의 의미

위의 예문은 기술제공자가 제공한 기술정보로 기술도입자가 제작한 계약제품이 제3자의 특허권을 침해하여 제3자로부터 클레임이 제기될 경우, 이러한 클레임에 대한 책임은 기술제공자가 지도록 규정한 조항이다.

(3) 검토사항

위의 예문은 기술도입자의 주장으로 삽입한 것이지만 실제로는 기술제공자가 세계 각국의 기술사정을 알 수 없고, 자신이 제공한 특허 등이 제3자의 특허권을 침해하는지 여부를 조사하는 것이 현실적으로 불가능하다. 따라서 기술제공자는 기술도입자에게 자신이 제공한 특허나 상표 등이 제3자의 권리를 침해하여 발생된 모든 손해 또는 비용에 대한 모든 청구권이나 책임 등에 책임을 지지 않을 뿐 아니라 이 모든 손해의 발생을 방지할 책임을 기술도입자에게 전가하기를 원할 것이다. 이러한 경우에는 다음과 같은 **손해방지조항**(Hold Harmless Clause)을 삽입할 수 있다.

"Licensee shall indemnify and hold harmless from any and all claims and liability for damages, losses or costs arising out of any patents or trade-mark infringement, and from all claims and liability resulting from or caused by defective products manufactured and sold by it under this Agreement."

한편 기술제공자는 자신과 도입기술자가 특허권 등에 관한 기술도입계약을 체결한 이상 기술도입자가 허여받은 특허권 등의 효력에 관하여 스스로 또는 제3자를 개입시켜 다투지 않을 것을 약속하는 조항을 삽입하기 원할 것이다. 이 경우에 사용하는 조항이 **권리부쟁조항**(權利不爭條項, Incontestability Clause)이라고 하며 그 예는 다음과 같다.

"Licensee agrees not to contest or dispute nor cause its subsidiary to contest or dispute the title or validity of patents, and further agrees not to take any action or assist others in taking any action which would impair or tend to impair the validity, scope or value of patents or patents corre-sponding thereto in any country while this Agreement is in effect."

CHAPTER

5 국제플랜트수출계약

I 국제플랜트수출계약의 개요

'플랜트수출계약(Plant Supply Agreement; Plant Engineering Agreement; Plant Agreement)'에 관하여 우리나라 「대외무역법」은 플랜트수출을 "농업·임업·어업·광업·제조업, 전기·가스·수도사업, 운송·창고업 및 방송·통신업을 경영하기 위하여 설치하는 기재·장치 및 설비 중 일정 규모 이상의 산업설비를 수출하거나 산업설비·기술용역 및 시공을 포괄적으로 행하는 수출"이라 정의하고 있다. 즉, 플랜트수출이란 산업설비 자체의 수출은 물론 이의 시공까지 포함하는 개념으로, 특히 후자를 '일괄수주방식에 의한 수출'이라고 한다. 이때 산업설비란 발전설비, 담수 설비, 해양설비, 석유 처리설비 및 석유화학설비, 정유설비 및 송유설비, 제철설비, 신에너지 및 재생에너지설비 등을 의미하나,[1] 광의의 의미에서는 국가개발 플랜트나 사회개발 플랜트도 포함된다. 국가개발 플랜트란 건설 플랜트 이외에도 댐, 교량, 도로, 항만시설 등의 개발을 의미하며, 사회개발 플랜트에는 학교, 병원, 주택, 대학, 도시건설 등의 개발이 포함된다.[2] 한편 ICC는 플랜트수출계약을 협의의 의미로 '산업설비의 턴키공급계약(ICC Model Contract for the Turnkey Supply of an Industrial Plant)'이라 칭하고 광의의 의미로 '대형 프로젝트의 턴키계약(ICC Model Turnkey Contract for Major Projects)'이라 칭하고 있다.

최근의 플랜트수출은 단순한 산업설비의 수출에서 나아가 산업설비의 대규

1) 우리나라 「대외무역법」 시행령 제51조.
2) 이태희, 「국제계약법」, 법문사, 2002, 433면.

모 수출과 함께 기술용역과 시공이 함께 수출되는 일괄수주방식에 의한 수출이 주를 이루는데, 실무적으로는 이를 'EPC 계약(설계·조달·시공 : Engineering·Procurement·Construction)'이라고 한다.

플랜트수출계약에서 당사자의 명칭은 계약의 성격에 따라 달리 불리어지는데, 먼저 단순 산업설비수출의 경우 당사자는 플랜트를 공급하는 '공급자(supplier)'와 이를 구매하는 '구매자(purchaser)'로 구분한다. 이와 반면에 시공이 포함되는 경우 플랜트수출계약의 당사자는 플랜트공사를 시행하는 '시행자(수주자, contractor·employee)'와 이를 발주하는 '발주자(owner·employer)'로 구분한다. 다만, 이하에서는 최근의 플랜트수출이 일괄수주방식에 의한 수출, 즉 EPC 계약을 중심으로 이루어지고 있는바, 이를 중심으로 기술한다.

플랜트수출은 단순한 산업설비의 수출에서부터 플랜트의 시공까지 포괄하는 복합계약 등 다양한 형태로 이루어지므로, 각각의 유형별로 구분하여 살펴볼 필요가 있다. 먼저, 단순히 산업설비만 수출되는 경우에는 '국제물품매매계약의 법리'가 적용될 수 있으므로, 공급자국과 구매자국 모두 체약국인 경우에는 CISG가 적용된다. 시공자가 플랜트의 시공과 운전까지 책임지는 경우에는 당사자일방이 특정 업무를 완성할 것을 약정하고 상대방이 그 결과에 대하여 보수를 지급할 것을 약정하는 건설계약과 마찬가지로 '도급계약에 관한 법리'가 적용될 수 있다. 이때 플랜트의 시공과 운전에는 시공자의 지식재산권이나 노하우 등이 포함되는 것이 일반적인바 이의 실시를 허락하기 위한 '국제라이센스계약'이 포함될 수 있으며, 발주자 직원의 기술교육이나 훈련을 위하여 '국제용역계약'이 별도로 체결되기도 한다. 또한 현지에서 자금조달을 위하여 '국제대출계약'이 체결될 수도 있다. 나아가 경우에 따라서는 발주자가 모든 공정을 직접 관리·감독하고 시공자는 설비의 조달과 기술, 용역만을 제공하는 경우에는 '위임계약에 관한 법리'가 적용될 수 있다. 즉, 국제플랜트수출계약은 물품, 지식재산권, 용역, 자금 등에 관하여 각기 상이한 법률이 적용되므로, 준거법상 관련 조문은 물론 특정 조항의 강행규정 여부에 유의하여야 한다.

이러한 플랜트수출계약의 특징을 보면 이는 다음과 같다.

첫째, 플랜트수출은 주로 대규모이고 거액의 자금이 소요된다.

둘째, 계약이행과 대금지급에 있어 장기간이 소요되기 때문에 대금결제가 장기연불방식으로 이루어진다.

셋째, 플랜트수출계약의 당사자는 플랜트의 공급자 또는 수주자(受注者)(Supplier 또는 Contractor)와 플랜트의 구매자 또는 발주자(發注者, Purchaser 또는 Employer)이나, 공급자의 경우도 복수인 경우가 많고 발주자도 개인기업보다는 정부나 국영기업인 경우가 많다. 특히 발주자의 배후에는 시설의 입안・조사・설계・계약서 등을 작성하는 컨설팅회사, 공사시공을 감독하는 엔지니어, 프로젝트의 자금지원이나 이행보증을 담당하는 금융기관 등이 있다.

넷째, 플랜트수출은 국가의 정책적 중요성이 매우 큰 수출형태이다. 즉, 수출국의 입장에서도 하드웨어와 소프트웨어가 동반하여 수출되므로 부가가치와 외화가득률이 높을 뿐 아니라 생산파급효과와 고용증대효과도 크다. 반면 수입국의 입장에서는 사회간접자본의 확충과 산업화 추진으로 후생시설의 증대와 내국인의 고용창출효과도 크다.

플랜트수출계약의 종류는 수주자의 업무범위, 가격결정이나 계약체결방식 등에 따라 여러 가지로 구분할 수 있다.

① 업무범위에 따른 플랜트수출계약은 **FOB계약**과 **Turnkey계약**으로 구분할 수 있다. 전자는 수주자가 산업설비를 선적항의 본선상에 인도하므로 자신의 인도의무를 완료하는데 반하여, 후자는 수주자가 산업설비의 인도뿐만 아니라 현지의 시설공사까지 끝낸 뒤 시운전을 완료한 후 발주자에게 인도하는 방식이다. ② 가격결정방식에 따라 플랜트수출계약은 **고정가격계약(lump-sum contract)**과 **실비정산계약(cost-plus fee contract)**으로 구분할 수 있다. 전자는 수주자와 발주자가 계약시에 총계약금액을 확정하는 방식으로, 일반적이고 보편적인 방법인데 반하여 후자는 계약시에 계약총액을 확정하지 않고 건설공사의 실제비용에 수수료를 가산하여 수주자가 발주자로부터 사후에 지급받는 방식이다. 후자의 방식은 아직 도면(drawings)과 시방서(specifications) 등이 없거나 공사변경이 예상되는 경우에 적합하다. ③ 계약체결방식에는 **경쟁입찰계약(competition bid contract)**과 **수의계약(negotiated contract)**방식이 있다. 전자는 다시 공개입찰(open bid)과 지명입찰(selective tender)방식이 있다. 이에 반하여 후자는 발주자가 특정업체와 1:1로 교섭하여 계약을 체결하는 방식이다. ④ 오늘날은 플랜트가 대형화됨에 따라 여러 사업체가 참여하여 업무를 분담하여 시공하는 방식인 **컨소시엄계약(consortium contract)**이 늘어나고 있다.

한편 플랜트수출계약의 절차는 일반적으로 경쟁입찰방식으로 진행되는데, 그 절차는 다음과 같다. 먼저 **입찰공고와 사전자격심사** → **입찰참가자의 결정과 초청** → **입찰권유와 입찰** → **낙찰과 결정** 등의 순서를 거쳐 정식 계약서를 작성한다. 청약과 승낙의 계약성립 도식을 여기에 대입하면, 입찰공고가 청약의 유인이며, 입찰이 Offer, 그리고 낙찰이 Acceptance가 되어 계약이 성립된다. 계약당사자가 하나의 정식계약을 체결할 수도 있으나 실제에는 당사자 쌍방의 합의서명이 있는 계약서식(form of agreement)이 있고 이와 별도로 계약구비서류가 첨부된다.

플랜트수출계약은 기계, 설비 등의 **하드웨어**와 엔지니어링이나 노하우 등 **소프트웨어**가 결합되어 수출되기 때문에 계약서류에도 계약서식(form of agreement) 외에 도면(drawings), 시방서(specifications), 일반조항(general conditions)과 특정조항(specific conditions) 등이 첨부되는 매우 복잡한 형태의 계약이다. 특히 소프트웨어 부문에는 Service 수출 및 기술수출의 요소가 혼합되기 쉽다. 그러므로 계약서상 사용되는 용어도 매우 난해하고 전문성이 있는 용어가 사용될 수 있으므로 우선 이들 용어에 대한 정의조항을 둘 필요가 있다.

플랜트수출계약의 주요 실질조항의 예로는 상품(Commodities), 지급(Payment), 담보(Security), 선적(Shipment), 검사(Inspection), 보증(Warranty), 불이행(Default), 특허, 상표, 저작권(Patent, Trademark, Copyright), 비밀유지(Confidentiality), 주권면제의 포기(Waiver of Sovereign Immunity) 등이 있다. 본 모델 계약서에는 계약당사자를 "발주자"와 "수주자"란 표현보다 "공급자" (Supplier)와 "구매자"(Purchaser)란 용어를 사용하고 있다.

Ⅱ 실질조항

1 상품(Commodities)

(1) 예 문

"1. Description

The description, quantity and unit price of the Commodities to be supplied by Supplier to Purchaser hereunder shall be as set forth in Schedule I attached hereto. All prices stated herein are CIF.

2. Specification

The Commodities shall be manufactured in accordance with the Specifications set forth in Schedule Ⅱ hereto. Manufacture of the Commodities shall occur at (the "Factory"), or such other place as Supplier shall notify Purchaser. Supplier may at its own risk subcontract any part of the work undertaken hereunder without prior consent of Purchaser.

3. Samples

Supplier shall within (　　) days after the Effective Date in accordance with Purchaser's written instructions produce such samples of the Commodities as Purchaser may reasonably require. The unit prices to be paid by Purchaser for the samples shall be determined by mutual agreement of the parties prior to the manufacture thereof. The samples may be altered, adapted or otherwise changed as Purchaser may reasonably demand to meet its requirements. Upon manufacture of the samples to the satisfaction of Purchaser, Purchaser shall notify Supplier in writing of its acceptance thereof, and thereafter full commercial production of the commodities shall begin."

(2) 예문의 의미

위 예문은 공급자가 구매자에게 제공하는 상품, 즉 플랜트에 관하여 명세(description), 시방서(specification) 및 견본(sample)으로 나누어 규정하고 있다.

제1항은 상품명세에 관하여는 명세, 수량 및 단가가 유첨(有添)된 별표 I (Schedule I)에 나타나 있으며 가격은 CIF가격을 기준하도록 규정하고 있다.

제2항은 시방서에 관한 규정으로 상품은 별표 II (Schedule II)에 나타난 시방서에 따라 공급자가 구매자에게 통지하는 특정지역의 공장 등에서 제조되도록 규정하고 있다. 또한 공급자는 구매자의 사전동의 없이도 본 계약에서 수행되는 자금의 일부를 자신의 위험부담으로 하도급(下都給)을 줄 수 있도록 규정하고 있다.

제3항은 견본에 관한 규정으로, 공급자는 구매자의 서면지시에 따라 발효일로부터 X일내에 구매자가 합리적으로 요구할 수 있는 상품의 견본을 생산하여야 하고 견본대금은 제조하기 전에 당사자의 상호합의로 정하도록 규정하고 있다. 또한 견본은 구매자가 요구하면 변형되거나 개작될 수 있으며, 견본제작에 구매자가 만족하면 구매사는 이를 공급자에게 서면으로 통지하고 본격적인 생산에 들어갈 수 있도록 규정하고 있다.

(3) 검토사항

플랜트는 그 명세가 복잡하고 복합적이기 때문에 별첨 I과 별첨 II의 시방서에 근거하도록 규정하고 있다. 그러므로 계약당사자는 본 계약의 체결이 별첨 I과 II도 계약의 일부를 구성한다는 사실을 명심하고 이를 정밀하게 검토하도록 하여야 한다.

2 ▸▸ 지급(Payment)

(1) 예 문

"1. Terms of Payment

The Contract Price shall be in an amount not exceeding _____ United States Dollars($_____) and shall be paid by Purchaser to Supplier in Dollars as follow:

(a) The Instalments Payable on or before the last Shipment.

The First Instalment of U.S. Dollars (US$______) shall be paid within fifteen (15) days after the Effective Date.

The Second Instalment of Dollars($ ___) shall be paid upon the (___th) Shipment Date set forth in schedule Ⅲ hereto or on whichever comes earlier. The Third Instalment of Dollars ($ ___) shall be paid on the ____ (_____th) Shipment Date set forth in schedule Ⅲ hereto or on ___ whichever comes earlier. Purchaser shall remit the full amount of each of the Instalments in immediately available funds by telegraphic transfer to the account of the Export-Import Bank of Korea with Bankers Trust Company New York, U.S.A.(Account Number 04-129-695) in favor of the Supplier.

(b) Principal Amount

The Principal Amount shall be paid in ___(_____) equal (or as nearly equal as possible) semi-annual instalments one such instalment being payable on each Payment Date. The last instalment shall in any event be in the amount necessary to pay in full the Principal Amount outstanding. The Principal Amount and interest thereon shall be evidenced by and paid in accordance with the Notes which shall be executed and delivered by Purchaser to Supplier pursuant to Section 4.01 hereof.

(c) Interest

Supplier agrees to pay interest on the Principal Amount outstanding from time to time on each Interest Payment Date for the Interest Period then ending at the Interest Rate. Interest shall accrue on the basis of the actual number of days elapsed and a year of 360 days. Interest shall accrue from and including the first day of an Interest Period to but not including the last day of such Interest Period.

2. Prepayment

Purchaser may, without premium or penalty and upon the giving of thirty (30) days prior written notice to Supplier, prepay, in whole or in part, the Principal Amount on any due date of a Note, provided that such prepayment is accompanied by payment of all interest and other amounts then due hereunder. Partial prepayment shall be credited against payment instalments of the Principal Amount in inverse order of maturity."

(2) 예문의 의미

위의 예문은 지급조건으로 지급금액을 **할부금**(instalments), **원금**(principal amount), **이자**(interest)로 나누어 규정하고 원금을 선지급할 수도 있음을 규정하고 있다. 플랜트수출은 일반물품의 수출과 달리 대금지급금액도 한도액을 설정하고 지급시기도 나누어져 있는 것이 특색이다.

먼저 (a)항은 할부지급금을 제1차, 2차, 3차로 나누어 그 금액과 지급시기를 규정하고, 지급방법은 공급자 앞 BTC 구좌를 갖고 있는 EXIM Bank of Korea의 구좌로 T/T 송금을 하도록 규정하고 있다.

(b)항은 원금(principal amount)의 지급시기를 규정하고 있다. 또한 마지막 할부지급금은 미결제된 원금의 합계와 같아야 하며, 원금과 이자액은 Section 4.01에 따라 작성되고 인도된 어음금액으로 입증하도록 규정하고 있다.

(c)항은 공급자의 이자지급의무를 규정한 조항으로, 공급자는 이자기간별 이자지급 일자에 미결제 원금에 대한 이자를 지급하고, 이자는 360일과 실제 경과일수를 기준으로 산정한다고 규정하고 있다. 이자계산은 이자기간의 초일은 포함하지만 말일은 포함하지 않는다.

제2항은 선지급에 관한 규정으로, 구매자는 공급자에게 30일 전 사전서면통지를 하므로 어음의 지급일에는 원금의 전체 또는 일부분을 선지급할 수 있도록 규정하고 있다. 또한 분할 선지급은 원금의 지급할부금에 대하여 만기의 역순으로 대변에 기재된다고 규정하고 있다.

3 ▸▸ 담보(Security)

(1) 예 문

"1. Notes
Purchaser shall, within three(3) Banking Days before the Last Shipment Date, duly execute and deliver to the Supplier _____( ) Notes respectively numbered "1" to "_______" inclusive, evidencing the Purchaser's obligation to pay to the Supplier the Principal Amount plus Interest thereon.

2. Guarantee [Stand-by Letter of Credit]
Within three (3) Banking Days before the Last Shipment Date. Purchaser shall furnish supplier with the Guarantee [Stand-by Letter of Credit] duly executed by the guarantor [Stand-by L/C Bank]."

(2) 예문의 의미

위의 예문은 구매자가 공급자에게 자신의 구매대금에 관한 **담보제공**을 규정한 조항이다. 담보의 종류는 어음(Note)과 보증신용장(Stand-by L/C)이다. 먼저 구매자는 공급자에게 최종선적일전 3은행영업일내에 자신이 지급할 원금과 이자의 지급의무를 입증하는 뜻에서 어음을 발행하여 인도하도록 규정하고 있다. 또한 이와 함께 구매자는 공급자에게 은행이 발행한 보증신용장을 제공하도록 규정하고 있다.

(3) 검토사항

위의 예문에서 **어음**은 지급금액을 입증하는 것이고 **보증신용장**은 이에 대한 지급을 보증하기 위하여 은행이 발행한 지급확약이다. 일반적으로 플랜트수출의 경우는 그 금액이 크고, 지급시기가 나누어져 있기 때문에 지급을 확실히 하기 위하여 공급자가 보증신용장을 요구할 수 있다.

4 ▸▸ 선적(Shipment)

(1) 예 문

"1. Shipment Schedule

Supplier shall cause shipment of the Commodities at any Korean port reasonably designated by supplier not later than the end of each month commencing from ___ to ___ in accordance with Schedule Ⅲ attached hereto. The Last Shipment Date shall be made not later than _____, excluding delays due to such cause as defined in Article 7 hereof.

2. Shipping Advice

Shipping advice shall be given by Supplier to Purchaser promptly after the on-board date of the Bill of Lading and shall contain such information as the contract number, loading port, brief description of the commodities shipped, name of vessel, expected time of arrival, invoice amount of shipment, and the name of the claim settling agent (if necessary) in Korea.

3. Title and Risk of Loss

Title to and risk of loss of the Commodities shall pass to Purchaser when the Commodities have effectively passed the ship's rail at the port of shipment.

4. Packing and Marking

Commodities shall be packed in accordance with standard export packing methods and shall be marked in accordance with the reasonable instruction of Purchaser.

5. Insurance, Freight, Export License

Supplier shall be responsible for insuring against all risks in maritime transportation from the time the commodities effectively pass the ship's rail at the port of shipment and shall pay freight for the maritime transportation of the Commodities. Supplier at its own expense will obtain all necessary permits or licenses to export the Commodities prior to the relevant Shipment Date thereof."

(2) 예문의 의미

위의 예문은 "Shipment"란 표제를 사용했지만 내용은 선적계획, 선적통지, 권리와 손실위험, 포장 및 하인 그리고 보험, 운임, 수출승인 등을 규정하고 있다.

제1항은 선적시기에 관한 규정으로 공급자는 첨부된 별표 Ⅲ에 따라 선적하며 최종 선적일을 제한하고 있다.

제2항은 선적통지에 관한 규정으로 본선적재 후 곧바로 통지하되, 통지내용에는 상품명세, 적재항, 계약번호, 선명, 도착예정일, 송장금액 및 한국내의 클레임해결 대리점명까지 명기하도록 규정하고 있다.

제3항은 권리(title)와 손실위험에 관한 규정으로 상품이 선적항의 본선난간을 통과할 때 상품에 대한 권리와 손실위험이 공급자에게서 구매자에게로 이전됨을 규정하고 있다.

제4항은 포장 및 하인에 관한 규정으로, 특히 하인은 구매자의 지시에 따르도록 하고 있다.

제5항은 공급자가 상품이 선적항의 본선난간을 유효하게 통과한 때로부터 해상운송중의 전 위험을 담보할 부보책임을 지며, 상품의 해상운임을 부담하도록 규정하고 있다. 또한 공급자는 선적일자 전 수출에 필요한 모든 허가 또는 승인을 자신의 비용부담으로 취득하도록 규정하고 있다.

5 ▸▸ 검사(Inspection)

(1) 예 문

"1. Time and Place of Inspection

Prior to each Shipment Date, Purchaser or its agent or representative shall at its own expense inspect the Commodities at the Factory or such other place as may be notified by Supplier to Purchaser. Supplier shall provide Purchaser with all reasonable assistance in conducting the inspection. Supplier shall give Purchaserdays prior notice of the date on and the place at which the relevant Commodities will be ready for final inspection. If Purchaser fails to conduct inspection at such place within ....days from the date stated in Supplier's notice, Supplier may conduct the final inspection without Purchaser being present, and in such case the Purchaser shall be obligated to accept such Commodities as are determined by Supplier to be in conformance with this Agreement.

2. Result of Inspection

Any Commodity or any accessory or part thereof failing to comply within X% of the Specification shall be deemed a defective Commodity and Supplier shall replace such Commodity, accessory or part with a conforming commodity, accessory or part at its own expense. For inspected Commodities deemed to be conforming with the Specifications, Purchaser shall issue to Supplier a written certificate substantially in the form of Schedule Ⅳ to that effect (the "Certificate of Acceptance"), and such issuance shall constitute Purchaser's final and binding acceptance of the Commodities so inspected."

(2) 예문의 의미

위의 예문 제1항은 검사의 시기와 장소에 관하여 다음과 같이 규정하고 있다. 구매자는 매 선적일전에 자신이나 자신의 대리인으로 하여금 공장이나 자신에게 통지한 장소에서 자신의 비용부담으로 상품을 검사하여야 한다. 공급자는 구매자에게 검사를 수행함에 있어 합리적인 지원을 하여야 한다. 공급자는 구매자에게 관련 상품이 최종검사준비가 될 일자와 장소에 관하여 사전통지를 하여야 한다. 만약 구매자가 공급자가 통지한 일자 내에 예정된 장소에서 검사를 수행할 수 없으면 공급자는 구매자가 참석하지 않는 상태로 최종검사를 수행할 수 있으며 그러한 경우 구매자는 본 계약에 따라 공급자가 결정한 상품을 수락할 의무가 있다.

제2항은 검사결과 상품이나 그 부분품이 사양서의 기준을 X% 이상 충족하지 못하면 이는 하자 있는 상품으로 간주하여 공급자는 자신의 비용부담으로 이

를 일치하는 상품이나 부분품으로 대체하여야 한다.

검사결과 사양서와 일치하는 상품에 대해서는 구매자는 공급자에게 별표 Ⅵ에 있는 수락증명서(Certification of Acceptance)를 발급하여야 하며 이를 발급하는 것은 구매자의 최종 구속력을 나타낸다고 규정하고 있다.

6 ▸▸ 보증(Warranty)

(1) 예 문

"1. Warranty

Subject to the limitations set forth below, Supplier warrants that the Commodities will be free from defects in material and workmanship and undertakes to repair or replace free of charge any defective parts, including repaired or replaced parts, in the Commodities provided, however, that the parties expressly acknowledge and agree that this warranty is limited to only such defects in the commodities which are (Ⅰ) due solely to defective material and/or poor workmanship on the part of supplier and/or its sub-contractors, (Ⅱ) discovered within twelve (12) months after the shipment date of the applicable commodity and (Ⅲ) for which notice thereof is duly given to supplier as provided in Article 8.02 below.

2. Notice of Defects

Purchaser shall notify Supplier in writing, or by telex confirmed in writing, within thirty (30) days after discovery of any defects for which claim is made hereunder. Purchaser's failure to give Supplier such notice within thirty (30) days after discovery of the defect shall constitute and absolute, irrevocable and unconditional waiver of any and all claims arising out of or in any way connected with such defect.

3. Remedy of Defects

Upon receipt of notice, Supplier shall promptly deliver the replacement part(s) free of charge on C.I.F., or such other port as may be reasonably designated by Purchaser.

4. Disclaimer

Purchaser expressly acknowledges and agrees that the warranty contained herein shall not extend to material which ages or deteriorates due to ordinary wear an tear, or to defects or conditions caused, in whole or in part, by deficiencies in supplies, service, or facilities furnished by purchaser. In addition, this warranty does not extend to commodities that have been altered or repaired by personnel unauthorized by supplier, or which have been subject to misuse, neglect, improper maintenance, accident, or improper installation or storage by purchaser, its customers or personnel acting at purchaser's direction or behalf.

5. Purchaser's responsibility

Purchaser shall indemnify and hold Supplier harmless against any and all claims, proceedings, losses, liabilities, suits, judgments, costs; expenses, penalties or fines for injury or damage to any property or person arising out of or in any way connected with the Commodities. For so long as this Agreement shall remain in force, Purchaser shall procure from a reputable insurance company a Comprehensive General Liability Insurance Policy(or its equivalent) in the minimum amount of US$____, per occurrence, and shall at its own expense cause Supplier to be listed as a named insured in such policy.

6. Service Engineer

Upon Purchaser's request, Supplier shall dispatch a service engineer to a location reasonably designated by Purchaser to assist Purchaser in providing efficient service to its customers for the period of warranty hereunder. Purchaser shall pay to Supplier all costs associated with such service engineer including but not limited to, salary, transportation, communications, and housing."

(2) 예문의 의미

산업설비 등에 관한 플랜트수출에서는 **품질보증**이 매우 중요하다. 위의 예문도 "보증"에 대하여 상세한 규정을 두고 있다. 즉, 보증조건, 하자통지, 하자구제, 보증배제, 구매자책임 및 기술자파견 등을 규정하고 있다.

제1항은 공급자의 보증내용을 규정한 조항으로, 공급자는 자신이 공급하는 상품이 재료와 기술면에서 하자가 없으며, 수리 및 대체부품을 포함하여 어떤 하자부분도 무료로 수리하고 대체할 것을 약속하고 있다. 단, 그러한 하자가 공급자나 하청계약자의 하자있는 재료사용이나 서투른 기술에 기인하거나, 그러한 하자가 선적 후 12개월 내에 발견되거나 하자통지가 약정된 기간 내에 주어졌음이 명백한 경우에 한한다고 규정하고 있다.

제2항은 하자통지에 관한 규정으로, 구매자는 클레임의 원인이 될 하자를 발견한 후 30일 이내에 서신이나 추후에 서신으로 확인된 전보로 공급자에게 통지하여야 하며 구매자가 하자발견 후 30일 이내에 공급자에게 통지하지 못하면 그러한 하자에 관한 클레임을 무조건 포기한 것으로 간주된다고 규정하고 있다.

제3항은 하자의 구제에 관한 규정으로, 공급자는 통지를 받은 즉시 구매자가 지정한 항구까지 무료로 대체품을 신속히 인도하도록 규정하고 있다.

제4항은 담보배제조항으로, 본 조항의 보증은 통상적 누손에 따른 노후화나 변질, 구매자가 제공하는 공급품, 서비스 또는 시설상의 하자로 야기된 하자에까지 확대되지 않음을 구매자가 인정하고 동의함을 규정하고 있다. 나아가 본 보증은 공급자가 승인하지 않는 사람에 의한 변경이나 수리 또는 구매자나 구매자의 고객 또는 대리인에 의한 오용, 태만, 부적절한 유지 또는 부적절한 설치 등으로 발생한 하자에까지 확대되지 않는다.

제5항은 구매자의 책임조항이다. 여기서 구매자는 본 상품과 관련된 청구권, 소송, 손실, 비용, 인명이나 재산에 대한 상해나 손해에 따른 벌금 등에 대하여 공급자에게 보상하고 책임을 지도록 규정하고 있다. 또한 본 계약의 유효기간 내 구매자는 평판있는 보험회사로부터 X달러 이상의 보험금액으로 포괄적인 책임보험증권을 취득하고 여기에 공급자를 피보험자로 명기되도록 하여야 한다고 규정하고 있다.

제6항에는 공급자는 구매자의 요청이 있을 시 본 계약의 보증기간내 구매자의 고객에게 효율적인 서비스를 제공함에 있어 구매자를 돕기 위하여 그가 지정한 장소에 기술자를 파견하고 이에 따른 모든 비용을 부담할 것을 규정하고 있다.

7 ▸▸ 불이행(Default)

(1) 예 문

"1. Event of Default

Each of the following events and occurrences shall constitute an event of default("Event of Default"):

(a) Purchaser fails to pay on the due date any of the First Instalment, Second Instalment or Third Instalment.

(b) Purchaser rejects any shipment of the Commodities following the issuance of a Certificate of Acceptance with respect to such shipment.

(c) Purchaser fails to execute and deliver the Notes in accordance with Article 4.01 or the Guarantor [L.C Bank] fails to execute and deliver the Letter of Guarantee [Stand-by Letter of Credit] in accordance with Article 4.02.

(d) Purchaser fails to perform any of its obligations with respect to any of the security instruments provided by it under Article 4 hereof.

(e) Purchaser fails to pay on the relevant due date any payment of principal, interest, expenses or any other amount which it is obligated to pay under the terms of the Notes.

(f) Purchaser fails to perform or violates any provision of this Agreement or the Notes.

(g) Any governmental consent, filing, license or approval granted or required in connection with this Agreement or any Note expires or is terminated, revoked, withdrawn or modified in any way or any new law or decree is issued which in supplier's opinion would prevent

Purchaser from fulfilling its obligations hereunder or under any Note.

(h) The whole or a substantial part of the assets of Purchaser is confiscated or attached.

(i) Purchaser fails to pay when due any indebtedness or fails to observe or perform any term, covenant or agreement contained in any agreement by which it or its assets is bound evidencing or securing any indebtedness, and the effect of such failure is to accelerate, or to permit the acceleration of the maturity of such indebtedness.

(j) Any change occurs in the ownership or control of Purchaser or Guarantor [L/C Bank] which in the reasonable opinion of Supplier constitutes a material adverse change affecting the financial condition or operations of Purchaser or Guarantor [L/C Bank], respectively.

(k) Purchaser or Guarantor [L/C Bank] suspends or discontinues its business operations, whether voluntarily or involuntarily, for a period of ten (10) or more days.

(l) Purchaser or the Guarantor [L/C Bank] becomes insolvent or unable to pay any money due under any agreement or document evidencing, securing, guaranteeing or otherwise relating to indebtedness in excess of $1,000,000 or its equivalent in any other currency when due or commits or permits any act of bankruptcy, which term shall include (i) the filing of a petition in any bankruptcy, reorganization, winding-up or liquidation proceeding or other proceeding analogous in purpose or effect, (ii) the failure by Purchaser or the Guarantor [L/C Bank] to have any such petition filed by another party discharged within thirty(30) days, (iii) the application for or consent to the appointment of a receiver or trustee for the bankruptcy, reorganization, winding-up or liquidation of Purchaser or the Guarantor, [L/C Bank], (iv) the making by Purchaser or the Guarantor [L/C Bank] of an assignment for the benefit of its creditors, (v) the admission in writing by Purchaser or the Guarantor [L/C Bank] of its inability to pay its debts, (vi) the passing of a resolution by, or the entry of any court order or judgment confirming the bankruptcy or insolvency of, Purchaser or the Guarantor [L/C Bank] or approving any reorganization, winding up or liquidation of Purchaser or the Guarantor [L/C Bank] or of a substantial portion of their respective properties or assets, or (vii) any creditor of the Guarantor [L/C Bank] exercises a contractual right to assume the financial management of the Guarantor [L/C Bank].

(m) The Guarantor [L/C Bank] attempts to repudiate, rescind, limit or annul the Letter of Guarantee [Stand-by Letter of Credit]; or any legislation or regulation is proposed, enacted or promulgated the effect of which would be to repudiate, rescind, limit or annul the Letter of Guarantee [Stand-by Letter of Credit]; or the Guarantor [Stand-by L/C Bank] fails to comply with any legislation or regulations concerning its organization or authority or any change is made in such legislation or regulations which, in the reasonable opinion of supplier, has a material adverse effect on the ability of the Guarantor [Stand-by L/C Bank] to meet its obligations under the Letter of Guarantee [Stand-by Letter of Credit].

(n) It becomes unlawful for Purchaser to perform any obligation under this Agreement or the Notes, or for the Guarantor [Stand-by L/C Bank] to perform any obligation under the Letter of Guarantee [Stand-by Letter of Credit].

(o) Any competent governmental authority takes (i) any action to condemn, seize, requisition or otherwise appropriate any substantial portion of the properties or assets of Purchaser(either with or without payment of compensation). (ii) any action to dissolve, liquidate or terminate the existence of the guarantor [Standby L/C Bank] or to divest the Guarantor [Stand-by L/C bank] of any material portion of its properties or assets, or (iii) any action relating to Purchaser or the Guarantor [Stand-by L/C Bank] which, in the opinion of Supplier, adversely affects Purchaser or the Guarantor's [Stand-by L/C Bank] ability to pay its indebtedness under this Agreement, the Notes or the Letter of Guarantee [Stand-by Letter of Credit].

(p) Any circumstances occur which in the opinion of Supplier give reasonable grounds for belief that Purchaser or the Guarantor

[Stand-by L/C Bank] may not(or may not be able to) perform its obligations under this Agreement, the Notes or the Letter of Guarantee[Stand-by Letter of Credit].

(q) Supplier fails to manufacture the samples to the satisfaction of Purchaser in accordance with Article 2.03 hereof within ( ) days after the Effective Date.

(r) Supplier fails to ship Commodities accepted by Purchaser within ( ) days after Purchaser's issuance of a Certificate of Acceptance therefor.

(s) Supplier breaches any of its obligations hereunder and such breach is not cured or steps satisfactory to Purchaser have not been taken to effect cure within thirty (30) days of Purchaser's written notice to Supplier.

2. Consequences of Default

(a) Upon the occurrence of any of the Events of Default specified in Article1 (a) or (b), successive Shipment Dates shall be postponed until such Event of Default is cured; provided, however, that if any such Event of Default continues for a period of fifteen (15) days, Supplier may, at its option, rescind this agreement by giving Purchaser notice to such effect. In the event of such rescission, Supplier shall be entitled to retain all or any part of the Instalments paid by Purchaser hereunder.

(b) Upon the occurrence of any of the Events of Default specified in article1 (c)-(p), and at the option of Supplier, the obligations of Supplier hereunder shall immediately cease; Supplier may declare, by notice to Purchaser without presentment, demand, notice or protest, all of which are hereby expressly waived by Purchaser, the principal of any Instalment and the principal and accrued interest on the Principal Amount payable hereunder and all other amounts payable hereunder immediately due and payable together with Default Interest accrued on all such sums from the date of such declaration.

(c) Upon occurrence of any of the Events specified in Article1 (q)-(s), Purchaser may terminate this Agreement; provided, however, that all amounts then due and payable to Supplier hereunder shall have been paid in full. In the event of such termination, Supplier shall refund the Instalments paid by Purchaser hereunder.

(d) All expenses incurred by either party in enforcing its rights hereunder, including the fees and expenses of counsel, shall be paid by the other party".

(2) 예문의 의미

위의 예문은 "불이행"에 대하여 먼저 불이행 사유와 그 결과로 나눈 뒤, 계약 불이행의 경우를 19가지로 나누고, 그 결과를 4가지로 나누어 다음과 같이 규정하고 있다.

먼저 **불이행의 경우를 보면**

(a) 구매자가 3회의 할부금을 약정된 일자에 지급하지 못한 경우,

(b) 구매자가 선적에 관한 인수증명서(Certification of Acceptance)의 발행 후 상품선적을 거절한 경우,

(c) 구매자가 제4조 제1항에 따라 어음의 작성과 인도를 하지 않거나 보증인이 제4조 제2항에 따라 보증신용장의 발행과 인도를 하지 않는 경우,

(e) 구매자가 원금, 이자 및 어음발행조건에서 부담한 다른 비용을 약정된 일자에 지급하지 못한 경우,

(f) 구매자가 본 계약이나 어음의 조항을 이행하지 않거나 위반한 경우,

(g) 본 계약이나 어음에 관한 필요한 정부의 동의, 청원, 승인이나 허가가 만료, 종료, 취소, 철회 또는 수정되거나 공급자의 견해로 보아 본 계약이나 어음상 구매자로 하여금 자신의 의무를 이행하지 못하게 하는 법령이 발효된 경우,

(h) 구매자의 자산의 전부 또는 일부가 몰수되거나 압류된(attached) 경우,

(i) 구매자가 채무만기일에 지급을 못하거나, 본 계약서에서 자신이나 자신의 자산이 채무의 보증이나 입증을 하기로 한 조건이나 약정내용을 이행하지 못하여 채무의 만기일을 앞당긴 경우,

(j) 공급자의 합리적 견해로 보아, 구매자나 보증은행의 재정상태나 운영에 중대한 역효과(adverse change)를 주는 구매자나 보증은행의 소유권이나 통제에

변화가 생긴 경우,

(k) 구매자나 보증은행이 자발적이든 비자발적이든 10일 이상 영업을 정지하거나 중단한 경우,

(l) 구매자나 보증은행이 지급불능이 되거나 미화 100만불 이상이나 이에 상응하는 금액을 만기가 도래했을 때 채무를 입증하거나, 담보하거나 보증하거나 또는 관련되는 서류에 따라 지급할 금액을 지급할 수 없거나, 아래의 파산행위를 범하거나 허용한 경우, (i) 파산, 재조직, 청산절차 또는 효과 면에서 유사한 절차에 대한 청원, (ii) 구매자나 보증은행이 계약상대방에 의한 청원을 30일 이내에 기각하지 못하고 실패, (iii) 구매자나 보증은행의 파산, 재조직 또는 청산을 위한 관재인의 신청과 임명에 대한 동의, (iv) 구매자나 보증은행의 사해행위, (v) 구매자나 보증은행이 채무이행능력이 없음을 인정, (vi) 구매자나 보증은행의 파산이나 지급불능의 확인 또는 구매자나 보증은행 또는 그들 각자의 재산의 실질적인 부분에 대한 재조직 또는 청산 등을 승인하는 결의의 통과 또는 법원의 명령이나 판결, (vii) 보증은행의 채권자가 보증은행의 경영을 맡게 될 계약상의 권리행사 등이다.

(m) 보증은행이 보증장(보증신용장)을 거부, 취소, 제한 또는 무효화하려고 시도하는 경우, 또는 보증장(보증신용장)을 거부, 취소, 제한 또는 무효화하는 효과를 갖는 법규가 제정되거나 공표된 경우 또는 보증은행이 그것의 조직과 권한에 관한 법규에 따를 수 없거나 공급자의 합리적 의견에 따라 법규상의 어떤 변화가 보증장(보증신용장)하에서 보증은행이 자신의 의무를 충족시키는데 중대한 역효과를 주는 경우

(n) 구매자가 본 계약이나 어음상 자신의 의무를 이행하는 것 또는 보증은행이 보증장(보증신용장)하의 자신의 의무를 이행하는 것이 불법적인 것으로 된 경우

(o) 관할정부당국이 다음의 조치를 위하는 경우, (i) 보상금의 지급여부를 떠나 구매자의 재산이나 자산의 실질적인 부분을 수용, 압류, 징발 또는 착복하는 행위, (ii) 보증은행의 존재를 해산, 청산 또는 종료하거나 보증은행의 재산이나 자산의 실질적 부분을 박탈하는 행위, (iii) 공급자의 견해로 보아 본 계약, 어음 또는 보증장(보증신용장)하에서 구매자가 보증은행의 채무변제능력에 역효과를 부여하는 구매자나 보증은행에 대한 행위

(p) 공급자의 견해로 보아 구매자나 보증은행이 본 계약, 어음 또는 보증장(보증신용장)하의 자신의 의무를 이행할 수 없다는 신념에 합리적 근거를 부여할 상황이 발생한 경우,

(q) 공급자가 발효일 이후 X일 이내에 본 계약 제2조 제3항에 따라 구매자가 만족할 견본을 제조하지 못하는 경우

(r) 공급자가 구매자의 인수증명서 발급 후 X일 이내에 구매자가 승낙한 상품을 선적하지 못한 경우

(s) 공급자가 본 계약상의 자신의 의무를 위반하고 그러한 위반이 구매자의 서면통지 후 30일 이내에 치유되거나 치유하기 위한 만족할 만한 조치가 취해지지 않는 경우 등이다.

불이행의 결과에 대하여는,

(a) 앞의 제9조 제1항 (a)호와 (b)호에 명기된 불이행사유가 발생한 경우에는, 그러한 불이행사유가 치유될 때까지 잇따른 선적일자들이 연기된다. 단, 그러한 불이행사유가 15일 동안 지속된다면 공급자는 자신의 선택 하에 구매자에게 그러한 취지를 통지하므로 본 계약을 취소할 수 있다. 계약취소시 공급자는 본 계약에서 구매자가 지급한 할부금액의 전부 또는 일부를 보류할 권리가 있다.

(b) 앞의 제9조 제1항 제(c)호에서 제(p)호까지에 명기된 불이행사유가 발생한 경우에는 공급자의 선택에 따라 본 계약하의 공급자의 의무는 종료된다. 즉, 공급자는 진술없이 구매자에게 통지하므로 구매자가 명시적으로 포기한 모든 것, 본 계약에서 지급할 할부금액의 원금, 원금과 원금에 대한 이자 및 본 계약에서 만기가 되었거나 지급해야 할 모든 다른 금액 및 그러한 선언일자로부터 그러한 모든 금액에 부과된 불이행금액에 대한 이자 등을 선언, 요구, 통지 또는 주장할 수 있다.

(c) 앞의 제9조 제1항 제(q)호에서 제(s)호에 명기된 사건이 발생한 경우에는 구매자는 본 계약을 종료할 수 있다. 단, 본 계약하에서 공급자에게 지급하여야 할 모든 금액은 지급되어야 한다. 계약종료시 공급자는 본 계약하에서 구매자가 지급한 할부금을 상환하여야 한다.

(d) 본 계약하에서 자신의 권리를 이행하면서 각자가 지출한 비용, 즉 상담관련 비용 등은 각자가 부담하여야 한다.

8 ▸▸ 특허, 상표, 저작권(Patent, Trademark, Copyright)

(1) 예 문

"Nothing contained herein shall be construed as transferring any patent, trademark or copyright in the Commodities or any part thereof, all such rights being hereby expressly reserved to the true and lawful owners thereof."

(2) 예문의 의미

위의 예문은 본 계약상 어떤 조항도 상품이나 그 일부분에 내재된 특허, 상표 또는 저작권을 양도하는 것으로 해석되지 않으며 그러한 모든 권리는 본 계약을 통하여 적법한 소유자가 보유함을 명시적으로 규정하고 있다.

(3) 검토사항

플랜트수출계약은 하드웨어와 소프트웨어가 결합하여 수출되기 때문에 소프트웨어에 지식재산권(intellectual property right)이 포함될 수 있다. 이 경우에도 구매자는 일정기간 동안 지식재산권의 사용권을 가질 뿐이며 이러한 권리를 양도받는 것이 아님을 규정할 필요가 있어 본 조항이 삽입되었다.

9 ▸▸ 비밀유지(Confidentiality)

(1) 예 문

"Supplier shall retain all rights with respect to the specifications, plans, working drawings, technical descriptions, calculations, test results and other data, information and documents concerning the design and manufacture of the

Commodities, and Purchaser hereby agrees not to disclose the same or divulge any information contained therein to any third parties without the prior written consent of the supplier except to key employees involved in the usual operation or maintenance of the Commodities."

(2) 예문의 의미

위의 예문은 공급자가 시방서, 설계도, 작업도면, 기술명세, 계산서, 실험결과 및 다른 자료, 상품의 디자인이나 제조에 관한 정보 및 문서에 관한 모든 권리는 보유하며, 구매자는 공급자의 사전 서면동의가 없이는 이를 제3자에게(단, 상품에 관한 통상적 작업과 유지에 관련된 핵심직원은 제외) 공개하거나 누설하지 않을 것을 약속한다는 내용을 규정하고 있다.

(3) 검토사항

플랜트수출계약이 Turnkey계약형태를 취할 경우 수출과정에서 많은 복합적 기술이 결합된다. 이 경우 구매자는 계약이행과정에서 알게 된 이러한 기술정보, 노하우 및 지식재산권에 관하여 비밀을 유지할 것을 약속하게 된다.

10 ▸▸ 주권면제의 포기(Waiver of Sovereign Immunity)

(1) 예 문

"Purchaser represents and warrants that this Agreement is a commercial rather than public or governmental act and that Purchaser is not entitled to claim immunity from legal proceedings with respect to itself or any of its properties or assets on the grounds of sovereignty or otherwise under any law or in any jurisdiction where an action may be brought for the enforcement of any of the obligations arising under or relating to this

> Agreement or the Notes. To the extent that Purchaser or any of its properties or assets has or hereafter may acquire any right to immunity from set-off, legal proceedings attachment prior to judgment, other attachment or execution of judgment on the grounds of sovereignty or otherwise. Purchaser for itself and its properties and other assets hereby irrevocably waives such right to immunity in respect of its obligations arising under this agreement, the Notes and all documents executed in connection herewith."

(2) 예문의 의미

위의 예문은 **주권면제의 포기조항**으로, 구매자는 본 계약이 공공적·정부적 행위가 아닌 상업적 행위이며, 본 계약이나 어음과 관련하여 당사자의 의무이행을 강행하기 위하여 소송이 제기될 때 자신이나 자신의 재산과 관련하여 법률인 재판지에서 주권을 이유로 면책을 주장할 권리가 없음을 표시한 조항이다.

그렇지만 이러한 면제의 포기는 구매자나 구매자의 재산이 상쇄, 재판권, 소송절차압류 또는 주권을 이유로 재판의 집행 등으로부터 면책권을 획득하거나 획득할지 모르는 범위까지 그 효과가 미친다.

구매자는 자신과 자신의 재산에 대하여 본 계약 하에서 그리고 본 계약과 관련된 어음이나 서류에서 자신의 의무에 관하여 그러한 면책권을 포기한다는 점을 약정하고 있다.

참고문헌

대한상사중재원, 모범상거래계약서집, 1992

박명섭・오세영・박우진, 글로벌비즈니스무역영어, 우용출판사, 2005

변종원, 기술수출 노하우 및 국제계약 실전사례: 국제계약과 무역 담당자를 위한 샘플 중심의 실무 지침서, 인바이로넷, 2003

양영환・오원석, 무역영어, 삼영사, 2001

이상도・이재홍・김영대, 국제계약: 法・실무・계약서작성, 청림각, 1984

이헌영, 국제계약사례집, 바른지식, 2004

전창원, 온・오프라인 영어, 무역연구원, 2001

전창원, 기본무역영어, 무역연구원, 2003

최석범 외, 핵심무역영어, 명경사, 2003

한국무역협회, 한국무역계약사례, 한국무역협회, 2003

한국산업은행, 국제계약사례집, 한국산업은행, 2000

한국수출입은행, 영문국제 계약해설, 2004

허재관, 국제계약실무편, 청해기획, 1996

홍무부, 영문국제계약, 경영문화원, 1985

현대경영정책연구소, 무역 및 국제계약서식집, 행법사, 1998

Ashley, A., *Commercial Correspondence*, Oxford university press, 2003

Baugh, L. Sue, Fryar, Maridell, Thomas, David A., *How to Write First-Class Business Correspondence*, NTC Business Book, 1995

Blumenthal, Lassor A., *Successful Business Writing: How to Write Effective Letters, Proposals, Resumes, Speeches*, Perigee Books, 1985

Bly, Robert W., *The Encyclopedia of Business Letters, Fax Memos, and E-Mail*, Career Press, 1999

Bond, Alan, *300+ Successful Business Letters for All Occasions*, Barron's Educational Series, 2005

Geffner, Andrea B., *Business Letters*, Barron's, 1998

Kurdyla, Francis J., FAX 영어, 코리아 헤럴드, 1996

Lindsell-Roberts, Sheryl, *Strategic Business Letters and E-mail*, Houghton Mifflin, 2004

Muckian, Michael, Woods, John A., *Business Letter Handbook: How to Write Effective Letters & Memos for Every Business Situation*, Adams Media Corporation, 1993

Poe, Roy W., *The McGraw-Hill Handbook of Business Letters*, McGraw-Hill, 2005

Shurter, Robert L., *Effective Letters in Business*, McGraw-Hill, 1984

Yasumasa, Someya, E-mail 영작클리닉, 다락원, 2004

찾아보기

A~Z

저자 소개

오원석

학력 및 경력

- 성균관대학교 졸업
- American Graduate School of International Management 졸업
- 성균관대학교 대학원 수료(경제학박사)
- University of Washington Law School에서 연구(Visiting Scholar)
- 동아대학교 무역학과 교수
- 성균관대학교 무역대학원장
- 성균관대학교 무역연구소장
- (사)한국무역상무학회 회장
- 성균관대학교 경영학부장, 경영대학원장, 경영전문대학원장
- 성균관대학교 경영전문대학원 W-AMP원장
- 한국무역보험학회 회장
- 현, 성균관대학교 명예교수
  한국교통대학교 석좌교수
  대한상사중재원 중재인
  (사)한국무역상무학회 및 한국무역보험학회 고문

저 서

- 국제비즈니스계약(공저, 삼영사)
- 무역상무(공저, 삼영사)
- 무역보험(공저, 삼영사)
- 신용장론(공저, 삼영사)
- 무역계약론(삼영사)
- 무역학원론(공저, 삼영사)
- 최신무역관습(삼영사)
- 국제무역의 이해(공저, 삼영사)
- 국제표준은행관습(공저, 삼영사)
- 인터넷 무역론(공저, 법문사)
- 무역계약과 결제(삼영사)
- 무역상무론(공저, 법문사)
- 국제운송론(공저, 박영사)
- 무역상무의 이해(문영사)
- 국제상사계약원칙 2004(공역, 법문사)
- UN통일매매법(역서, 삼영사)
- 국제운송·보험론(공저, 법문사)
- 국제물품매매법의 이해(공저, 삼영사)
- 최신무역상무론(공저, 법문사)
- 무역영어(공저, 삼영사)
- 국제운송물류(공저, 탑북스)
- 글로벌 무역학개론(공저, 탑북스)

이병문

학력 및 경력
- 성균관대학교 무역학과 졸업
- London School of Economics and Political Science, Dep. of Law (LLM)
- University of Warwick, School of Law (PhD)
- University of Texas, Austin, Law School에서 연구(Visiting Scholar)
- Pennsylvania State University, Dickinson Law School에서 연구(Visiting Scholar)
- 현, 숭실대학교 글로벌통상학과 교수
  숭실대학교 국제처장
  대한상사중재원 중재인

저 서
- On and Off Line 무역실무(공저, 두남)
- 글로벌 무역학개론(공저, 탑북스)

글로벌시대의 주요 국제비즈니스계약 포함

무역영어 [제2판]

2015년 8월 28일 제1판 1쇄 발행
2019년 8월 13일 제1판 4쇄 발행
2020년 2월 27일 제2판 1쇄 발행
2022년 8월 25일 제2판 3쇄 발행

저 자 오원석 · 이병문
발행인 고 성 익

05027
발행처 서울특별시 광진구 아차산로 335 삼영빌딩
도서출판 三英社
등 록 1972년 4월 27일 제2013-21호
전 화 737-1052 · 734-8979 FAX 739-2386

정가 27,000원

ISBN 978-89-445-0508-9-93320